LERN-LEHR-THEORETISCHE DIDAKTIK

Gerald A. Straka
Gerd Macke

LERN-LEHR-THEORETISCHE DIDAKTIK

LERNEN
ORGANISIERT
SELBSTGESTEUERT
FORSCHUNGSGRUPPE

Waxmann Münster / New York
München / Berlin

Die Deutsche Bibliothek – CIP-Einheitsaufnahme

Lern-Lehr-Theoretische Didaktik /
Gerald A. Straka, Gerd Macke. – Münster ;
New York ; München ; Berlin: Waxmann, 2002
(Lernen, organisiert und selbstgesteuert – Forschung – Lehre – Praxis ; Bd. 3)
ISBN 3-8309-1165-3

Lernen, organisiert und selbstgesteuert
Forschung – Lehre – Praxis
hrsg. von Gerald A. Straka

ISBN 3-8309-1165-3

© Waxmann Verlag GmbH, 2002
Postfach 8603, D-48046 Münster

http://www.waxmann.com
E-Mail: info@waxmann.com

Umschlaggestaltung: Pleßmann Kommunikationsdesign, Ascheberg
Satz: Insa Warms-Cangalovic
Druck: Zeitdruck GmbH, Münster
Gedruckt auf alterungsbeständigem Papier, DIN 6738

Inhaltsverzeichnis

Vorwort und Danksagung

Erste Überlegungen zum Ansatz einer Lern-Lehr-Theoretischen Didaktik (LLTD) finden sich im Zeitschriftenbeitrag „Mehrdimensionale Zielerreichung in Lehr-Lern-Prozessen" (Eigler et al. 1976). In der Dissertation „Lernen als Prozess – Überlegungen zur Konzeption einer operativen Lehr-Lern-Theorie" (Macke 1978) wurden sie theoretisch vertieft und systematisiert. An dieser theoretischen Grundlegung orientierten sich dann die mehr anwendungsbezogenen Monographien „Lehren und Lernen in der Schule, eine Einführung in Lehr-Lern-Theorien" (Straka & Macke 1979, 1981[2]), „Lehr-lern-theoretische Aspekte der Unterrichtsplanung" (Macke & Straka 1981) und „Lernen, Lehren und Bewerten" (Straka 1983). Weiterführende theoretische Überlegungen (Straka 1984, 1986) und Erfahrungen aus der jeweiligen Lehr-, Beratungs- und Forschungspraxis der Autoren gingen einerseits in die Monographie „Auf dem Weg zu einer mehrdimensionalen Theorie selbstgesteuerten Lernens" (Straka 1998) ein, andererseits in die Reihe „Besser Lehren. Praxisorientierte Anregungen und Hilfen für Lehrende in Hochschule und Weiterbildung" (Arbeitsgruppe Hochschuldidaktische Weiterbildung an der Albert-Ludwigs-Universität Freiburg 1998, 2000).

Diese Abhandlung möchte – ganz in der Tradition des Studienbuchs „Lehren und Lernen in der Schule" – bestehende lern-lehr-theoretische Ansätze vorstellen, zur Auseinandersetzung mit ihnen anregen und so zu lern-lehrtheoretischem Denken hinführen. Als Basis für eine erste Auseinandersetzung mit den Ansätzen werden im ersten und einführenden Kapitel erste lern-lehrtheoretische Grundlagen skizziert. Sie dienen als vorstrukturierende Lesehilfe für die im Anschluss dargestellten Ansätze, die implizit oder explizit lern-lehrtheoretisch ausgerichtet sind. Die Ansätze selbst haben wir bewusst in möglichst enger Anlehnung an das Original und die dort verwendete Sprache dargestellt. Mit den elf Lehrtexten wird Lehrmaterial bereit gestellt, das unter verschiedenen Fragestellungen durchgearbeitet und strukturiert werden kann. Ergebnisse, Aufgaben und weitergehende Fragen sollen schrittweise in die Homepage „Lern-Lehr-Theoretische Didaktik" eingestellt werden. Interessierten wird empfohlen, die Homepage www.los-forschung.de gelegentlich aufzusuchen.

Dargestellt werden das als „lerntheoretisch" bezeichnete „Berliner Modell" und das von Wolfgang Schulz daraus entwickelte „Hamburger Modell". Es folgen zwei Ansätze, die an Stufen- bzw. Phasenmodellen des Lernens orientiert sind: Heinrich Roths in seiner „Pädagogischen Psychologie des Lehrens und Lernens" entfalteter Ansatz und die „Leittextmethode". Die Theorie der „operanten Konditionierung" Skinners und ihre konsequente Umsetzung in Form des „programmierten Unterrichts" können als ein Prototyp dafür angesehen werden, wie eine Lernart zur Grundlage des Lehrens gemacht werden kann. Es folgen drei Ansätze mit unterschiedlicher kognitiver Orientierung, die die enge behavioristische Sichtweise überwinden: Aeblis „Psychologische Didaktik", Ausubels Theorie des „bedeutungsvollen Lernens und Lehrens" und Bruners „Entdeckungslernen". Den Abschluss bilden die derzeit diskutierten Ansätze der „kognitiven Meisterlehre", der „verankerten Unterweisung" und des Lehrens und Lernens als „Gestalten problemorientierter Lernumgebungen" der Gruppe um Mandl. Insgesamt sind die Ansätze so angeordnet, dass auch die Entwicklung der Theoriebildung des Lernens und Lehrens nachvollziehbar wird.

Die Lehrtexte möchten den Leser dazu anregen, die eingangs absichtlich allgemein gehaltenen Merkmale einer Lern-Lehr-Theorie zu konkretisieren, sich einen Einblick in und einen Überblick über lern-lehr-theoretisches Denken zu erarbeiten und eigenständig zu beurteilen, welchem der vorgestellten Ansätze das Prädikat „Lern-Lehr-Theorie" zugewiesen werden kann.

Im abschließenden Kapitel stellen wir unsere bisherigen Überlegungen zu einer Lern-Lehr-Theoretischen Didaktik auf eine neue begriffliche und theoretische Grundlage: konsequenter als bisher gehen wir von den Begriffen „Handeln" und „Information" aus und interpretieren sie pädagogisch. Das Wechselspiel von Handeln und Information und das mit diesem Wechselspiel verbundene motivationale und emotionale Erleben werden als die Bedingungen gesehen, die zusammenspielen, wenn ein Individuum in den unterschiedlichsten Situationen aktiv wird und dabei bzw. dadurch lernt. Der Logik dieser Überlegungen folgend, wird auch Lehren als ein Handeln aufgefasst, das über Lehrformen, Medien und Lernaufgaben Lernen professionell unterstützt. Insofern rücken Interaktion und Kommunikation in das Zentrum des Zusammenspiels von Lernen und Lehren.

Diese Arbeit wäre nicht ohne die Unterstützung anderer zum Abschluss gekommen. Vor allem möchten wir Frau Insa Warms-Cangalovic dafür danken, dass sie den doch langwierigen Prozess, den unsere Textfassungen durchlaufen haben, ohne Murren mitgetragen hat und mit Sorgfalt und Umsicht für die Gestalt des Manuskripts gesorgt hat, die jetzt vorliegt.

Bremen & Freiburg

Frühjahr 2002   Gerald A. Straka & Gerd Macke

Literatur

Arbeitsgruppe Hochschuldidaktische Weiterbildung an der Albert-Ludwigs-Universität Freiburg. i. Br. (1998, 2000). *Besser Lehren. Praxisorientierte Anregungen und Hilfen für Lehrende in Hochschule und Weiterbildung. Heft 1–10.* Weinheim: Deutscher Studien Verlag.

Eigler, G.; Macke, G.; Nenniger, P.; Poelchau, H. W.; Straka, G. A. (1976). Mehrdimensionale Zielerreichung in Lehr-Lern-Prozessen. *Zeitschrift für Pädagogik,* 22, 181-197.

Macke, G. (1978). *Lernen als Prozess – Überlegungen zur Konzeption einer operativen Lehr-Lern-Theorie.* Weinheim: Beltz.

Macke, G.; Straka, G. A. (1981). Lehr-lern-theoretische Aspekte der Unterrichtsplanung. In *Schriftenreihe des Instituts für Lehrerfort- und –weiterbildung Mainz* (ILF), 34. Mainz: ILF.

Straka, G. A.; Macke, G. (1979, 1981²). *Lehren und Lernen in der Schule.* Eine Einführung in Lehr-Lern-Theorien. Stuttgart/Berlin/Köln/Mainz: Kohlhammer.

Straka, G. A. (1983). *Lernen, lehren und bewerten.* Stuttgart/Berlin/Köln/Mainz: Kohlhammer.

Straka, G. A (1984). Beruflicher Unterricht auf lehr-lern-theoretischer Grundlage. *Die Berufsbildende Schule,* 36, 656-665.

Straka, G. A. (1986). Lehr-Lern-Theoretische Didaktik. In W. Twellmann (Hrsg.), *Handbuch Schule und Unterricht.* Bd. 8.1, Düsseldorf: Schwann. S. 49-60.

Straka, G. A. (1998). *Auf dem Weg zu einer mehrdimensionalen Theorie selbstgesteuerten Lernens.* Bremen: Universitätsbuchhandlung und http://www.los-forschung.de.

Lern-lehr-theoretische Grundlagen

Ziel dieses Kapitels ist es, einen allgemeinen Rahmen für eine Lern-Lehr-Theorie zu entfalten. Ausgehend von der Beziehung eines Individuums zu seiner historisch-kulturell geprägten Umgebung, werden zunächst die Begriffe Umgebungsbedingungen, Verhalten und interne Bedingungen eingeführt und in ein allgemeines Verhaltensmodell integriert. Auf seiner Grundlage wird Lernen definiert, Lehren als spezifisches Arrangement von Umgebungsbedingungen vorgestellt und Interaktion und Kommunikation als Schnittstelle zwischen Lernen und Lehren herausgestellt. Die Überlegungen schließen mit Kernfragen einer Lern-Lehr-Theorie. Sie sollen dem Leser helfen, die dargestellten Ansätze zu analysieren und die absichtlich allgemein gehaltene Begrifflichkeit für sich zu konkretisieren.

1 Von einer lehr- zu einer lern-lehr-theoretischen Perspektive

Die Begriffe *Lehr-Lern-Theorie* und *Lehr-Lern-Forschung* sind in den 70er Jahren in die bundesdeutsche didaktische Diskussion eingegangen. Sie signalisierten damals einen Perspektivenwechsel: Unterricht sollte nicht nur aus der Sicht der Lehrenden thematisiert werden, sondern auch aus der Perspektive der Lernenden. Anders formuliert: Es ging um Theorien über den allgemeinen Gegenstand „Lernen unter Bedingungen von Lehren" und spezieller noch über den Gegenstand „Lernen unter institutionalisierten Bedingungen von Lehren", also über das Lernen im Rahmen von Bildungseinrichtungen wie Schule, Hochschule und Weiterbildung. Zugleich sollte versucht werden, von der Psychologie entwickelte allgemeine Lerntheorien für das Lernen unter institutionalisierten Bedingungen des Lehrens fruchtbar zu machen.

Der Perspektivenwechsel bedeutet auch, das explizit thematisiert werden sollte, was mit dem Begriff „Didaktik" angesprochen ist: Etwas didaktisch zu sehen meint, das Zusammenspiel von Lehren *und* Lernen zum Gegenstand zu machen (Arbeitsgruppe Hochschuldidaktische Weiterbildung an der Albert-Ludwigs-Universität Freiburg 2000, S. 23 ff.). Der Zusammenhang von Lehren und Lernen kann aus zwei Perspektiven gesehen werden: entweder aus der Perspektive von Lehre, indem Lernen als eine von mehreren Bedingungen des Lehrens thematisiert wird, oder aus der Perspektive des Lernens, indem überlegt wird, wie Lehre als Bedingung von Lernen zu gestalten ist. Dem hier skizzierten Ansatz liegt die zweite Sichtweise zugrunde, weswegen abweichend vom vorherrschenden Sprachgebrauch die Bezeichnung *Lern-Lehr-Theorie* verwendet wird.

In diesem Abschnitt werden auf noch allgemeinem, undifferenziertem und eher benennendem Niveau die Umrisse einer Lern-Lehr-Theorie skizziert und drei Kernfragen einer Lern-Lehr-Theorie formuliert. Dieser Abschnitt ist als *vorstrukturierende Lesehilfe*[1] für die folgenden Kapitel gedacht. Die Kernfragen sollen den Leser zum einen zur aktiven Auseinandersetzung mit den dargestellten Ansätzen anregen und ihm helfen, aus den noch vagen Umrissen für sich konkrete Bilder möglicher Lern-Lehr-Theorien zu gewinnen. Zum anderen sollen die Kernfragen ihm helfen für sich zu entscheiden, ob und in welchem Umfang er den dargestellten Ansätzen das Prädikat Lern-Lehr-Theorie verleihen möchte.

Die folgende Skizze des Umrisses einer Lern-Lehr-Theorie beruht auf der Annahme, dass alles menschliche Lernen vom *Verhalten* des Lernenden, den *internen Bedingungen* dieses Verhaltens und den *Umgebungsbedingungen*, die der Lernende vorfindet und gegebenenfalls verändert, abhängig ist. Auf dieser Grundlage lassen sich die Begriffe *Lernen* und *Lehren* und ihre wechselseitigen Abhängigkeiten klären.

2   Verhalten

Mit dem Begriff *Verhalten* bezeichnen wir alle Formen der Aktivität, die Ausdruck der lebendigen Existenz eines Individuums sind und das Individuum als Lebensäußerungen über die ganze Lebensspanne ohne Unterbrechung und von ihm nicht trennbar begleiten. Solche Aktivitäten können auf das Individuum selbst oder auf seine Umgebung bezogen sein: Man kann einer anderen Person die Hand reichen, ein Werkstück bearbeiten, einen Baumstamm sägen, einem herannahendem Auto ausweichen, eine Nachricht in den PC eingeben und über das Internet an einen räumlich weit entfernten Empfänger senden, man kann versuchen, die Aussagen seines Gegenübers zu verstehen, einen Gedanken noch einmal durchzuspielen, ein Buch lesen, ein Bild betrachten oder ein Musikstück hören. Die gewählten Beispiele mögen verdeutlichen, dass Verhalten nicht nur in unterschiedlichen Erscheinungsformen auftreten kann (man kann *sägen, lesen* oder *verstehen*), sondern auch unterschiedlich gerichtet sein kann – nach außen oder nach innen – und dementsprechend ist es beobachtbar und/oder nicht beobachtbar. Zu bedenken ist auch, dass Verhalten immer aktuelles Verhalten ist, an den Augenblick des Vollzugs gebunden und unmittelbar danach bereits Vergangenheit. Zu beachten und für die weiteren Überlegungen wichtig ist auch, dass das Individuum und *sein* Verhalten nicht dasselbe sind, sondern sorgsam voneinander zu unterscheiden sind. Zwar sind das Individuum und sein Verhalten

---

[1] Analog zu einem „Advance Organizer" (Ausubel 1968).

16

unauflösbar miteinander verbunden, es gibt kein Verhalten, das sich vom Individuum *lösen* kann, aber das Individuum überdauert sein Verhalten – es existiert als organismische Einheit fort. Demgegenüber ist das Verhalten als an den Augenblick gebundene Aktivitätsform sofort wieder vergangen (Beispiel: Fahrradglocke – klingeln).

3   Interne Bedingungen

Die angesprochene unauflösbare Verknüpfung von Individuum und Verhalten besagt auch, dass die Möglichkeiten sich zu verhalten im Individuum angelegt sein müssen. Diese im Individuum zu lokalisierenden Verhaltensmöglichkeiten (auch Verhaltens*dispositionen* genannt) – also die Bedingungen des Verhaltens, die das Individuum in eine Situation einbringt, werden wir unter dem Begriff *interne Bedingungen* des Verhaltens zusammenfassen. Man kann sich den Unterschied zwischen den internen Bedingungen des Verhaltens und dem Verhalten selbst am Beispiel einer Ballwurfmaschine einer Tennisanlage verdeutlichen: die Verhaltensdispositionen der Ballwurfmaschine stecken in ihrer Konstruktion als konstruktionsbedingte Möglichkeiten der Maschine, Bälle mit unterschiedlicher Flugbahn in zufälliger Abfolge auf das Spielfeld zu schleudern. Stößt die Maschine einen Ball aus, wird Verhalten realisiert, das mit dem Auftreten und Stillstand des Balls am Boden abgeschlossen ist.

Die Mehrzahl der internen Verhaltensbedingungen sind für außenstehende Beobachter nicht direkt beobachtbar. Sie müssen aus den beobachtbaren Anteilen des Verhaltens (= Indikatoren) – mehr oder weniger zutreffend – erschlossen werden. Dazu bedarf es theoretischer Annahmen, weil *ein und dasselbe Verhalten Indikator für sehr verschiedene interne Dispositionen sein kann.* Interne Bedingungen variieren stark von Person zu Person und sie verändern sich im Verlauf der Zeit. Unterscheidbare Klassen interner Bedingungen sind Kenntnisse, Wissen, Fähigkeiten und Fertigkeiten, Motive und Interessen, Wünsche, Haltungen oder emotionale Dispositionen.

4   Umgebungsbedingungen

Zu den *Umgebungsbedingungen* gehört alles, was sich vom Standpunkt des sich verhaltenden Individuums außerhalb seiner individuellen Sphäre befindet: seine Umwelt mit allen ihren physikalischen Gegenständen und den Kräften, die auf die Gegenstände und zwischen ihnen wirken, alle Personen wie Lehr- und Ausbildungskräfte, Mitschüler und andere Auszubildende, deren Erscheinung und

Verhalten, die sozialen Beziehungen und Systeme, die zwischen Personen bestehen oder sich zwischen ihnen herausbilden, und Normen und Werte, die im
gesellschaftlichen Kontext historisch-kulturell bedingt wirksam werden (beispielsweise nicht zu betrügen, Angehörige aus anderen Kulturen zu achten oder
sich beim Begrüßen die rechte Hand zu reichen).

5   Das allgemeine Verhaltensmodell

Um die Zusammenhänge und die Wechselwirkungen zwischen den drei Elementen *interne Bedingungen, Verhalten* und *Umgebungsbedingungen* darstellen und
herausarbeiten zu können, wie die Zusammenhänge und Wechselwirkungen gedacht werden können, soll in modifizierter Form auf ein sehr einfaches *allgemeines Verhaltensmodell* (Klauer 1973, S. 42) zurückgegriffen werden (vgl.
Abb. 1).

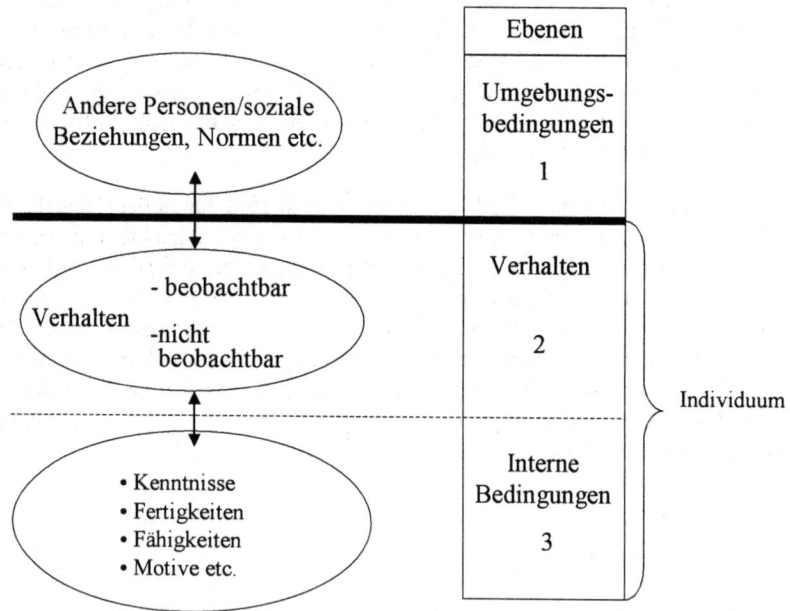

Abb. 1: Allgemeines Verhaltensmodell

Im Unterschied zu Klauer bilden wir drei Ebenen, die als Kontinuum in der Zeit
zu denken sind. Im Modell wird zunächst zwischen dem Individuum (Ebenen 2

18

und 3) und seiner historisch-kulturell geformten Umgebung (Ebene 1) unterschieden. Die Sphäre des Individuums umfasst die Ebenen seines (aktuellen) Verhaltens (Ebene 2) und die internen Bedingungen, die das Verhalten ermöglichen (Ebene 3).

Die zu einem bestimmten Zeitpunkt ausgebildeten internen Bedingungen ermöglichen dem Individuum jenes Verhalten, mit dem es sich mit seiner Umgebung auseinandersetzen kann. Sie bestimmen die Art und Weise, wie das Individuum seine Umgebung wahrnimmt und welches Bild es sich von dem macht, was um es herum zu beobachten ist. Beispielsweise können Zeugen einen Unfall sehr unterschiedlich wahrnehmen und die Zusammenhänge von Ursachen und Wirkungen sehr unterschiedlich interpretieren.

An dieser Stelle wird deutlich, dass im allgemeinen Verhaltensmodell ein Begriff fehlt, der zu beschreiben erlaubt, wie die Umgebung auf das Individuum und sein Verhalten wirkt. Es ist ja in den wenigsten Fällen so, dass unsere Umgebung mittels physikalischer Kräfte wie Wind, Wärme oder Kälte direkt auf uns einwirkt und unser Verhalten beeinflusst. In allen komplexeren sozialen Situationen sind es unsere Interpretationen der Gegebenheiten und Ereignisse, die Einfluss auf unser Verhalten haben. Diese interpretativ vermittelte und mehr *indirekte* Wirkung der Umgebung auf unser Verhalten lässt sich am besten über einen Informationsbegriff fassen: Wirksam wird in den wenigsten Fällen unsere Umwelt selbst, sondern wirksam werden die Informationen, die wir über unsere Umwelt haben oder die wir uns über sie bilden. Die Notwendigkeit, beim Sprechen über Verhalten und Lernen zwischen Umwelt und Informationen *über* unsere Umwelt unterscheiden zu müssen, soll hier nur angesprochen werden. Systematisch ausgeführt wird der Zusammenhang vor dem Hintergrund der im Folgenden vorgestellten Ansätze erst im Schlusskapitel. Deutlich werden sollte an dieser Stelle nur, dass das hier vorgestellte allgemeine Verhaltensmodell nicht *behavioristisch*, sondern durchaus *konstruktivistisch* zu verstehen ist.

Das allgemeine Verhaltensmodell zeigt aber auch in dieser einfachen Form schon, welche besondere Stellung dem Verhalten zukommt: nur über das Verhalten des Individuums hat die Umgebung Zugang zu dessen internen Bedingungen, nur durch Verhalten kann ein Individuum auf seine Umgebung einwirken.

6 Lernen

Jede Auseinandersetzung des Individuums mit seiner Umgebung kann Folgen haben. Ist das Verhalten auf die Umgebung gerichtet, kann sie verändert werden (beispielweise, wenn ein Werkstück im Rahmen einzuhaltender Vorgaben und Toleranzen bearbeitet wird). Ist das Verhalten auf die internen Bedingungen des Individuums gerichtet – will das Individuum beispielsweise neues Wissen über das Bearbeiten von Werkstücken erwerben oder seine Fertigkeiten beim Bearbeiten von Werkstücken verbessern –, so können sich auch die internen Bedingungen verändern. Sind diese Veränderungen der internen Bedingungen relativ überdauernd bzw. nachhaltig, sagt man, dass gelernt wurde.

Damit *Lernen* als ein Vorgang, der mit relativ dauerhaften Veränderungen der internen Bedingungen verbunden ist, angemessen erfasst werden kann, muss also der bislang ausschließlich unter strukturellen Aspekten dargestellte Individuum-Umgebungs-Bezug durch einen zeitlichen Gesichtspunkt ergänzt werden. Die Veränderungen ereignen sich zwischen zwei Zeitpunkten und können in diesem Zusammenhang beschrieben werden als die Veränderungen der internen Bedingungen, die zwischen den beiden Zeitpunkten eingetreten sind. Funktional betrachtet sind die internen Bedingungen zum Zeitpunkt t_1 *Lernvoraussetzungen*. Entsprechend sind die nachhaltig veränderten internen Bedingungen zum Zeitpunkt t_2 *Lernergebnisse*, die in einem späteren Lernprozess dann wieder die Funktion von Lernvoraussetzungen haben können. Dasjenige Verhalten, das der Funktion nach zu einer nachhaltigen Veränderung der internen Bedingungen beigetragen hat, kann als *Lernverhalten* bezeichnet werden, um es so von Verhaltensweisen abzugrenzen, die andere Funktionen erfüllen (etwa die Funktion, ein Werkstück herzustellen).

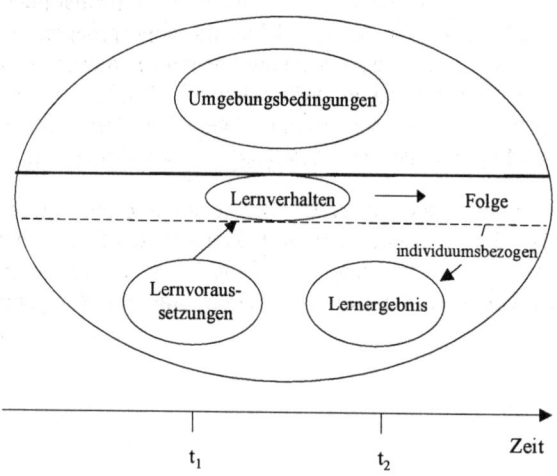

Abb. 2: Lernen als überdauernde Veränderung interner Bedingungen

20

Die Aussage, dass dann – und nur dann – *gelernt* wurde, wenn individuelles Verhalten zu überdauernden Veränderungen der internen Bedingungen dieses Verhaltens führt, hat zwei wichtige Konsequenzen:

- Ob gelernt wurde, kann immer nur im Nachhinein erschlossen werden sei es vom Individuum selbst oder von anderen.

- Alles Lernen ist mit individuellem Verhalten verbunden, das – im Unterschied zu vielen anderen Verhaltensweisen – dem lernenden Individuum niemand abnehmen kann oder das an andere nicht delegiert werden kann. Ein Werkstück für mich herstellen kann auch ein Kollege. Lernen, wie ein Werkstück bearbeitet wird, kann ich nur, indem ich selbst ein Werkstück bearbeite.

7   Lehren

Bislang haben wir nur sehr allgemein von Umgebungsbedingungen gesprochen. Lernen unter Bedingungen von *Lehren* (bzw. Unterricht) bedeutet, dass Umgebungsbedingungen gegeben sind, die mittels *Lernaufgaben*[2], *Medien*, *Lehrformen*[3] und *Lehrtätigkeiten* im Hinblick auf festgesetzte Lehrziele arrangiert werden. *Lehrzielen* beschreiben Art und Ausmaß der angestrebten überdauernden Veränderungen der internen Bedingungen beim Adressaten aus dem Blickwinkel des Lehrens. Lehrziele sind wie alle Ziele im Kontext sozialer Handlungsbedingungen zu legitimieren – etwa mittels bildungstheoretischer Überlegungen oder unter Rückgriff auf Vorgaben in Lehrplänen.

8   Interaktion und Kommunikation als Verbindungsglied zwischen Lernen und Lehren

Lernen unter Bedingungen von Lehre bedeutet, dass den Lernenden ein begründetes und gezielt gestaltetes Arrangement von Umgebungsbedingungen angeboten wird. Von den internen Bedingungen und damit dem möglichen Verhalten des Lernenden hängt es ab, *ob* er dieses Angebot annimmt und *wie* er es interpretiert und versteht. Welche Ergebnisse Lehrangebote erzeugen, welche nachhaltigen Veränderungen interner Bedingungen sie zur Folge haben, ist also nie eineindeutig festgelegt und nicht vorhersehbar. Damit Lernergebnisse sichergestellt werden können, die von Lehrenden angestrebt werden, müssen Lehrende

---

[2] Eigentlich muss man von „Potentiellen Lernaufgaben" sprechen, weil das Individuum selbst bestimmt, wie es seine Umgebung aufnimmt, es also vom Individuum abhängig ist, ob eine Aufgabe zur Lernaufgabe wird.
[3] Ursprünglich wurde der Begriff „Sozialformen" verwendet (Straka & Macke 1979).

21

und Lernende solange miteinander *interagieren* und *kommunizieren*, bis die Lernenden mit einer gewissen Wahrscheinlichkeit die internen Bedingungen aufgebaut haben, die erzeugt werden sollen. Weil diese wechselseitige Verständigung prinzipiell nur über das gegenseitige Beobachten von Verhalten bzw. Verhaltensprodukten und die jeweilige Interpretation der Beobachtungen möglich ist, kommt der Kommunikation zwischen den Beteiligten ein hoher Stellenwert zu. Erschwert wird die Kommunikation zusätzlich dadurch, dass alle Beobachtungen unter vier unterscheidbaren Fragestellungen interpretiert werden können (Schulz von Thun 1981):

(1)   Was wird damit ausgedrückt? (= *Sachinhalt*)
(2)   Wie steht der Andere zu mir? (= *Beziehung*)
(3)   Was ist das für einer? (= *Selbstoffenbarung*)
(4)   Was soll ich tun? (= *Appell*)

9   Kernfragen einer Lern-Lehr-Theorie

Für die drei Ebenen interne Bedingungen, Verhalten und Umgebung, die beim Lernen und Lehren aufeinander zu beziehen sind, lassen sich *drei Kernfragen einer Lern-Lehr-Theorie* formulieren, die für Planung und Analyse von Unterricht abzuarbeiten sind:

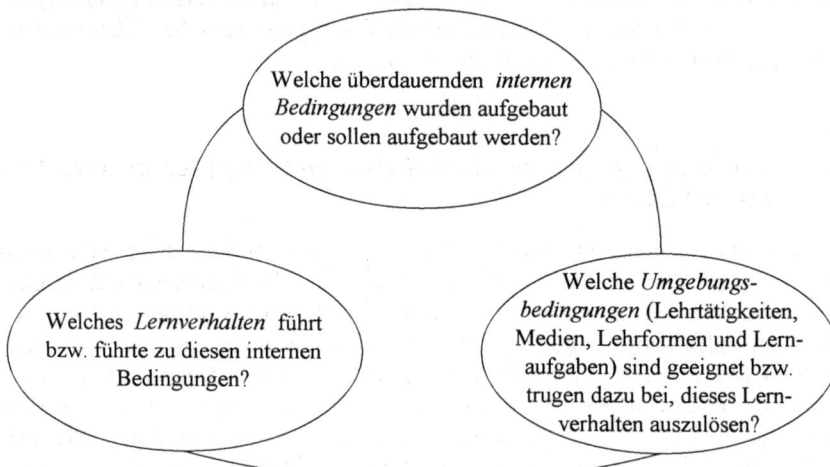

Abb. 3: Kernfragen einer Lern-Lehr-Theorie

Diese drei Kernfragen einer Lern-Lehr-Theorie müssen nicht linear abgearbeitet werden. So kann vom Lernverhalten ausgegangen werden, dann können die internen Bedingungen erschlossen und schließlich die bereitzustellenden Umgebungsbedingungen bestimmt werden. Wichtig ist, sich die bestehenden oder aufzubauenden Beziehungen zu verdeutlichen und auf diese Weise den Funktions- bzw. Implikationszusammenhang (Blankertz 1974) zwischen Lehrzielen, Lernverhalten und Umgebungsbedingungen zu ermitteln.

Wir laden die Leser dazu ein, die in den folgenden Kapiteln dargestellten Ansätze im Lichte dieser drei Kernfragen durchzuarbeiten, sich so erste Konkretisierungen einer Lern-Lehr-Theorie zu erarbeiten und das Erarbeitete dann mit den im Schlusskapitel formulierten Überlegungen zu einer lern-lehr-theoretischen Didaktik zu vergleichen und so für sich zu bewerten.

Literatur

Arbeitsgruppe Hochschuldidaktische Weiterbildung an der Albert-Ludwigs-Universität Freiburg. i. Br. (2000). *Besser Lehren. Praxisorientierte Anregungen und Hilfen für Lehrende in Hochschule und Weiterbildung. Heft 9.* Weinheim: Deutscher Studien Verlag.

Ausubel, D. P. (1968). *Educational psychology: A cognitive view.* New York: Holt, Rinehart & Winston.

Blankertz, H.(1974[8]). *Theorien und Modelle der Didaktik.* Grundfragen der Erziehungswissenschaft. Bd. 6. München: Juventa.

Klauer, K.-J. (1973). *Revision des Erziehungsbegriffs.* Düsseldorf: Pädagogischer Verlag Schwann.

Schulz von Thun, F. (1981). *Miteinander reden 1: Störungen und Klärungen. Allgemeine Psychologie der Kommunikation.* Reinbek: Rowohlt.

Straka, G. A. & Macke, G. (1979). *Lehren und Lernen in der Schule.* Stuttgart: Kohlhammer.

Lehrtext 1

Das Berliner Modell zur lerntheoretischen Strukturierung von Unterricht[1]

Mit ihrem Ansatz wollen Heimann, Otto und Schulz (1965) zu einem theoretisch gesteuerten Lehrerverhalten beitragen. Unter *Theorie* verstehen sie dabei ein System von widerspruchsfreien Aussagen, das an intersubjektiv verfügbaren Fakten überprüft werden kann. Sie gehen von der Annahme aus, dass der Lehrer eine wissenschaftliche Theorie des Unterrichts benötige, um seinen Unterricht hinreichend begründen zu können, und dass er seinen Unterricht dazu benutzen müsse, seine Unterrichtstheorie laufend zu überprüfen. Auf diesem Wege werden Theorie und Praxis einer wechselseitigen Korrektur unterzogen.

Das Adjektiv „lerntheoretisch" geht auf die in den Ansatz eingegangene didaktische Auffassung von Heimann (1962) zurück, der seine Frage nach den Mitteln, mit denen gesetzte Ziele und Inhalte lernbar zu machen sind, eine „lerntheoretische" nannte (Riedel 1977, S. 53 ff., ferner Blankertz 1974, S. 89 ff., Peterßen 1991, Plöger 1999)[2]. Heimann, Otto und Schulz nehmen diese Frage auf und beziehen Lehren bzw. Unterrichten auf Lernen. *Unterrichten* – als spezifische Form der Lehre – bewirkt bzw. soll langfristige Veränderungen im Menschen bewirken, so dass, auf eine Kurzform gebracht, „Lehren Lernenmachen bedeutet" (Schulz 1965, S. 46). Langfristige Veränderungen im Menschen erfolgen über intern ablaufende Vorgänge, die mit Lernen bezeichnet werden. Dabei ist *Lernen* „(...) ein Ausdruck für Klasse unbekannter Größen – intervenierender Variabler –, die die beobachtbaren Veränderungen von Menschen erklären, soweit sie nicht allein auf Reifungsprozesse zurückgehen" (Schulz 1965, S. 19).

---

[1] Die hier gegebene Darstellung des Ansatzes von Heimann, Otto und Schulz stützt sich auf Schulz (1965). Die Ausführungen von Schulz stellen zum einen eine Weiterführung und Präzisierung der Überlegungen von Heimann (1962) dar; zum anderen sind sie das Ergebnis der Diskussion einer Gruppe an der Pädagogischen Hochschule Berlin. Mit diesem Ansatz wurde eine Ergänzung zur damals vorherrschenden geisteswissenschaftlich-bildungstheoretischen Didaktik angestrebt, weil letztere vor allem unterrichtsmethodische Fragen zu kurz kommen ließ. Schulz vertrat diesen Ansatz bis Ende der sechziger Jahre, um sich dann einem „emanzipatorisch-kritischen" Ansatz zuzuwenden, der später zum im Anschluss dargestellten „Hamburger Modell" führte (Schulz 1972, 1976, 1980).
[2] Häufig wird auch auf die folgenden Ausführungen verwiesen: „Die Didaktik wird hier als Theorie des Unterrichts verstanden, der Unterricht als Ort, wo die ungelösten Fragen der didaktischen Gesamtsituation als konkret zu lösende Lehr- und Lernprobleme auftreten. (...) Die Begriffsbildung orientiert sich weniger an einer bildungstheoretischen als an einer schlichten lerntheoretischen Auffassung von Unterricht" (Heimann 1965, S. 9).

1   Strukturmomente von Unterricht

Unterricht kann allgemein mit vier Momenten, über deren Auswahl der Lehrende entscheiden kann (*Entscheidungsmomente*) beschrieben werden. Hinzu kommen zwei Momente, die dem Lehrenden vorgegeben sind, die er nur als Voraussetzungen oder Bedingungen in sein Handeln einbeziehen kann (*Voraussetzungs- oder Bedingungsmomente*): „Mindestens sechs Momente konstituieren in ihrem Zusammenwirken Unterricht als absichtsvoll pädagogisches Geschehen: Die pädagogischen *Intentionen* (Absichten), die *Themen* des Unterrichts (Inhalte, Gegenstände), mit denen die Absichten verfolgt werden, die *Methoden* (Verfahren), die zur Bewältigung von Intentionen und Themen dienen sollen, schließlich die *Medien* (Mittel) der Verständigung zwischen den am Unterricht Beteiligten über Absichten, Gegenstände und Verfahren sind Strukturmomente, über deren Auswahl der Unterrichtende oder dessen Vorgesetzte entscheiden müssen" (Schulz 1965, S. 23). Hinzu kommen *anthropogene Voraussetzungen* der am Unterricht Beteiligten und die sozial-kulturellen Voraussetzungen als der gesellschaftliche Kontext, innerhalb dessen Unterricht abläuft (Voraussetzungs- oder Bedingungsmomente).

1.1   Voraussetzungs- oder Bedingungsmomente

Die Voraussetzungs- bzw. Bedingungsmomente umfassen die anthropogenen und die sozial-kulturellen Voraussetzungen von Unterricht. Die *anthropogenen Voraussetzungen* werden bestimmt durch Anlagen und Erfahrungen der am Unterricht Beteiligten (d. h. der Lehrer und Schüler); sie werden durch Variablen wie Lehr- und Lernkapazität, Geschlecht, Alter, Milieu, Individuallage erfasst. Die *sozial-kulturellen* Voraussetzungen von Unterricht beziehen sich darauf, dass Schule und Unterricht unaufhebbar mit den jeweiligen gesellschaftlichen Rahmenbedingungen verbunden sind. Sie umfassen z. B. „(...) die Tendenzen zur Wahrung bestimmter gesellschaftlicher Traditionen und zur Durchsetzung moderner Trends (...)" (Schulz 1965, S. 37) und führen dazu, dass bestimmte Schulordnungen, Lehrpläne, Ausstattungen, Kollegien, Formen der Schülerauslese, Klassenfrequenzen etc. gegeben sind, die den Unterricht beeinflussen.

1.2   Entscheidungsmomente

Das Entscheidungsmoment *Intentionalität* drückt die pädagogischen Absichten aus, die dem Unterrichtsprozess zugrunde liegen. Sie kann sich auf die kognitive, emotionale und pragmatische Dimension beziehen:

- *Kognitive Intentionen* liegen vor, wenn Informationen geordnet, verbunden, getrennt bzw. für neue Zwecke umgestellt werden sollen (bei diesen Intentionen geht es also beispielsweise um „Kenntnisnahmen von Sachverhalten",

26

um das „Erfassen von Erkenntniszusammenhängen", um „Haltungen gegenüber dem kognitiven Bereich" oder um „Überzeugungen");

- *Emotionale Intentionen* beziehen sich auf „Lust- oder Unlustgefühle" sowie entsprechende Zustände des Menschen, die beim Wahrnehmen von Personen oder Gegenständen entstehen können, (beispielsweise „eine gewisse emotionale Bewegtheit" [= „Anmutungen"], auf Erlebnisse, d. h. das „Gefühl, lebensbedeutsame Eindrücke erfahren zu haben" [= „Erlebnis"] oder Haltungen, die aus Erlebnissen gegenüber den Erlebnisbereichen entstehen [= „Gesinnungen"];

- *Pragmatische Intentionen*, d. h. „Fähigkeiten", „Fertigkeiten" und „Gewohnheiten", die „(...) unmittelbar auf äußere Aktivität gegenüber der Welt der Sachen und der Mitlebenden" (Schulz 1965, S. 26) ausgerichtet sind.

Die *Thematik* besteht als selbstständiges Moment des Unterrichts aus dem Inhalt (Gegenstand, Thema), über den die kognitiven, emotionalen oder pragmatischen Intentionen verwirklicht werden sollen. Die Verbindung von Intentionalität und Thematik ergibt das *Unterrichtsziel*[3].

Die *Methodik* umfasst die Verfahrensweisen, mit denen der Unterrichtsprozess strukturiert werden kann. Heimann, Otto und Schulz geben eine – aus ihrer Sicht – unvollständige Aufzählung methodischer Elemente und ordnen sie nach verschiedenen Aspekten:

(1) *Methodenkonzeptionen* sind Verfahrensweisen, „(...) die von einem Gesamtentwurf des Unterrichtsverlaufs her die einzelnen Unterrichtsschritte determinieren" (Schulz 1965, S. 31) (Beispiele: ganzheitlich-analytische Verfahren, Projektverfahren).

(2) *„Artikulationsschemata* strukturieren den Unterrichtsprozess nach den vermuteten Lernphasen der Schüler und den ihnen jeweils zugeordneten Lernhilfen der Lehrer oder Mitschüler" (Schulz 1965, S. 32, kursiv d. V.). Neben den Artikulationsschemata von Herbart, Kerschensteiner und Neubert wird vor allem auf das Artikulationsschema von Roth (in diesem Buch) verwiesen, das die sechs Stufen Motivation (1); Schwierigkeit (2); Lösung (3); Tun und Ausführen (4); Behalten und Einüben (5); Bereitstellen, Übertragen und Integration (6) unterscheidet.

---

[3] Zu dieser Fassung des Terminus Unterrichtsziel vgl. Klauers Definition von Lehrziel (Klauer 1974, S. 35 ff).

(3) *„Sozialformen* des Unterrichts variieren das Verhältnis zwischen dem Lernen von etwas und dem Lernen mit anderen" (Schulz 1965, S. 32, kursiv d. V.) (Beispiele: Frontalunterricht, Einzelunterricht).

(4) „Die *Aktionsformen* des Lehrens sind die Weisen, in denen der Lehrende agiert" (Schulz 1965, S. 32, Hervorhebung d. V.). Sie können z. B. danach eingeteilt werden, ob der Lehrende sich direkt (Beispiele: Lehrervortrag, Lehrerfrage) oder indirekt an den Lernenden wendet (beispielsweise über vorbereitetes Lernmaterial, schriftliche Arbeitsanweisungen)[4].

Als *Medien* werden „(...) alle Unterrichtsmittel bezeichnet, derer sich Lehrende und Lernende bedienen, um sich über Intentionen, Themen und Verfahren des Unterrichts zu verständigen" (Schulz 1965, S. 34) (Beispiele: Unterrichtsfilme, Tafelanschrieb).

2 Lehren

Lehren umfasst die Analyse und Planung von Unterricht. Während bei der Unterrichtsanalyse zwei didaktische Reflexionsstufen angegeben werden, sind bei der Unterrichtsplanung Prinzipien sowie Struktur- und Verlaufsplanung zu unterscheiden.

2.1 Unterrichtsanalyse

Die erste didaktische Reflexionsstufe umfasst die *Strukturanalyse von Unterricht*. Mit ihr wird umgesetzter oder geplanter Unterricht im Lichte des zuvor dargestellten Ansatzes von Heimann, Otto und Schulz untersucht und beschrieben.

Die zweite didaktische Reflexionsstufe, auch *Bedingungsprüfung* genannt, verlässt die Ebene der Beschreibung indem sie nach den Bedingungen fragt, die zu der in der ersten didaktischen Reflexionsstufe ermittelten Unterrichtsstruktur geführt haben. Diese Bedingungsprüfung umfasst eine Normenkritik, eine Faktenbeurteilung und eine Formenanalyse:

- Die *Normenkritik* erstreckt sich auf die Vorschriften und Forderungen, die in den anthropogenen und sozial-kulturellen Voraussetzungen enthalten oder in diese eingegangen sind (beispielsweise das Weltbild von Lese- und Geschichtsbüchern).

---

[4] Die *Urteilsformen* werden wegen des wertenden Verhältnisses zwischen Lehrenden und Lernenden im Modell von Heimann, Otto und Schulz zwar angesprochen, aber nicht weiter behandelt.

- Die *Faktenbeurteilung* bezieht sich auf empirisch überprüfbare Sachverhalte, die bei der Planung und Analyse von Unterricht berücksichtigt werden müssen (Beispiel: Der Zusammenhang zwischen Intelligenz, lehrzielrelevantem Eingangswissen und Höhe des Lernergebnisses).

- Die *Formenanalyse* befragt die Gestaltungsformen des Unterrichts auf ihre historischen Wurzeln und ihre praktische Bewährung hin (Beispiel: Die Entstehung von Frontal- und Gruppenunterricht und ihre Effekte).

2.2 Unterrichtsplanung

Zur Planung von Unterricht werden drei allgemeine Planungsprinzipien, eine Strukturplanung und eine Verlaufsplanung unterschieden:

(1) Bei der Planung von Unterricht sind die folgenden allgemeinen Prinzipien zu berücksichtigen:

- „Das *Prinzip der Interdependenz*, der widerspruchsfreien Wechselwirkung der Planungsmomente (...)" (Schulz 1965, S. 45).

  Diesem Prinzip wird beispielsweise nachgekommen, wenn ausgehend von der zunehmenden Eigenständigkeit der Schüler vor der Schulentlassung (anthropogene Voraussetzungen) und der in unserer Gesellschaft vorkommenden Planung individueller Reisen (sozial-kulturelle Voraussetzungen), Schüler der neunten Jahrgangsstufe Hauptschule selbstständig eine Reise planen (Intention) mit dem Thema „Hafenreise" und dabei arbeitsteilige Verfahren (Methoden) und Kursbücher (Medien) verwenden.

- „Das *Prinzip der Variabilität*, der absichtsvollen Bereitstellung von Alternativen, der Zulassung von Variationen, der nachträglichen Korrektur von Unterrichtszielen und der Elastizität beim Ansteuern dieser Ziele meint: Der Unterrichtsplan wird erst unter Mitsteuerung der Schüler fertig" (Schulz 1965, S. 45). Werden beispielsweise nicht vorhergesehene Erfahrungen der Schüler im Unterricht berücksichtigt, wird nach diesem Prinzip verfahren.

- Das *Prinzip der Kontrollierbarkeit* didaktischer Entwürfe bezieht sich auf den Vergleich von geplanten und tatsächlich realisierten Maßnahmen im Unterricht (= Erfolgskontrolle), indem beispielsweise die geplante und tatsächlich gebrauchte Zeit für jeden einzelnen Lernschritt aufgeschrieben und miteinander verglichen wird.

(2) Die *Strukturplanung des Unterrichts* bezieht sich auf die Planung sowohl ganzer Unterrichtseinheiten als auch einzelner Unterrichtsstunden unter Berücksichtigung sämtlicher Strukturmomente des dargestellten Unterrichtsmodells.

(3) Bei der *Verlaufsplanung von Unterricht* wird empfohlen, vom erwarteten Schülerverhalten auszugehen, ihm geplantes Lehrerverhalten gegenüberzustellen und ggf. einen didaktischen Kommentar anzuschließen, wie im folgenden Beispiel veranschaulicht:

Erwartetes Schülerverhalten	Geplantes Lehrerverhalten	Didaktischer Kommentar
Schüler spielen die Diskussion von Verkehrsteilnehmern nach einem Unfall.	Lehrer regt an, dass in mehreren Variationen ein Schüler als Polizist hinzutritt oder der Lehrer spielt selbst einen besonders unsachlichen Polizisten.	Die Polizistenrolle mit ihrer notwendig der objektiven Klärung dienenden Funktion wird allmählich herausgearbeitet (Schulz 1965, S. 47).

Diese Schrittfolge wird wie folgt begründet: „Es ist keine formale Spielerei, wenn hier im Gegensatz zu dem üblichen Brauch empfohlen wird, die Spalten der Verlaufsplanung mit der für das erwartete Schülerverhalten beginnen zu lassen. Schließlich ist, sofern Lehren Lernenmachen bedeutet, das Schülerverhalten die Hauptsache in einer Unterrichtsstunde, das, was gut geschätzt werden muss, das, was durch Lehrerverhalten gefördert werden soll" (Schulz 1965, S. 46).

Literatur

Blankertz, H. (1974[8]). *Theorien und Modelle der Didaktik*. Grundfragen der Erziehungswissenschaft. Bd. 6. München: Juventa.

Heimann, P. (1962). Didaktik als Theorie und Lehre. In *Die Deutsche Schule 54*. 9, S. 407-427.

Heimann, P. (1965). Didaktik. In P. Heimann, G. Otto und W. Schulz: *Unterricht - Analyse und Planung*. (Auswahl Reihe B. Bd. 1/2.) Hannover (Schroedel) 1965, S. 7-12.

Heimann, P.; Otto, G. & Schulz, W. (1965): *Unterricht - Analyse und Planung.* (Auswahl Reihe B. Bd. 1/2.). Hannover: Schroedel.

Klauer, K. J. (1974). *Methodik der Lehrzieldefinition und Lehrstoffanalyse.* Studien zur Lehrforschung Bd. 10. Düsseldorf: Schwann.

Peterßen, W. H. (1991). Didaktik und Curriculum/Lehrplan. In L. Roth (Hrsg.), *Pädagogik.* München: Ehrenwirth. S. 658-673.

Plöger, W. (1999). *Allgemeine Didaktik und Fachdidaktik.* München: Fink.

Riedel, H. (1977). *Allgemeine Didaktik und unterrichtliche Praxis.* München: Kösel.

Schulz, W. (1965). Unterricht - Analyse und Planung. In P. Heimann, G. Otto und W. Schulz, *Unterricht - Analyse und Planung.* Auswahl Reihe B. Bd. 1/2. Hannover: Schroedel, S. 13-47.

Schulz, W. (1972). Die Didaktik der „Berliner Schule" – revidiert. *betrifft: erziehung* 5. 6, 19-32.

Schulz, W. (1976). Unterricht zwischen Funktionalisierung und Emanzipationshilfe. Zwischenbilanz auf dem Wege zu einer kritischen Didaktik. In H. Ruprecht, H.-K. Beckmann, F. v. Cube und W. Schulz, *Modelle grundlegender didaktischer Theorien.* Hannover: Schroedel. S. 171-200.

Schulz, W. (1980). *Unterrichtsplanung.* München, Wien, Baltimore: Urban und Schwarzenberg.

Lehrtext 2

Das „Hamburger Modell"

Schulz (1980) hat das „Berliner Modell" (Heimann, Otto und Schulz 1965) zum *Hamburger Modell* weiter entwickelt. Mit diesem Modell soll „kein Planungskonzept vorgelegt (...) und auch keine Theorie voll entfaltet werden; Ziel ist die Darstellung eines *allgemeindidaktischen Modells der Unterrichtsplanung, das alle Planungsebenen umfasst*" (Schulz 1980, S. 4, Hervorhebung d. V.). Ausgerichtet auf *leitende Interessen* werden *Perspektiv-, Umriss-* und *Prozessplanung* sowie *Planungskorrektur* unterschieden.

1 Leitende Interessen

Schulz formuliert „leitende Interessen", die auf den Abbau gesellschaftlicher Macht und die Stärkung der Schüler als Subjekte gerichtet sind:

- So führt zum einen das Interesse am *„Abbau unkontrollierter Herrschaft von Menschen über Menschen,* wie sie in unserer Gesellschaft vor allem durch übermächtiges Privateigentum an Produktionsmitteln entsteht (...) [dazu], den Staat und die öffentliche Meinung (...) als demokratisches Korrekturinstrument gegenüber partiellen Ansprüchen zu nutzen" (Schulz 1980, S. 10, Hervorhebung d. V.).

- Zum anderen verlangt „der Dienst am *Anspruch aller Menschen auf größtmögliche Verfügung über sich selbst* (...) den selbstverständlichen Verzicht des Unterrichtenden und seiner Wissenschaft auf eine Behandlung der Schüler als Objekte, über die man verfügt" (Schulz 1980, S. 12, Hervorhebung d. V.).

Diese „leitenden Interessen" haben zur Folge, dass

- der *„Prozess der Unterrichtsplanung* letztlich *eine Interaktion* zwischen Unterrichtsteilnehmern sein sollte und damit Teil des Unterrichts selbst (...),
- die Schüler sich auf den Unterricht und seine Planung einlassen müssen, die Situation als Unterricht akzeptieren und zu Partizipation bereit sein müssen (...),
- Lehrer auf Indoktrination und Dressur für Zwecke des Auftraggebers oder aus eigener Parteilichkeit auch im Planungsstadium verzichten" (Schulz 1980, S. 12).

Die „dynamische Balance zwischen diesen drei Anforderungen" versucht Schulz mit Hilfe der *Themenzentrierten Interaktion* (TZI) (Cohn 1978) herzustellen, die zu unterrichtlichen Interaktionen in der folgenden Art führen muss: „Alle Teilnehmer, Schüler wie Lehrer, machen sich die Anforderungen klar, die von der Sache her, vom Thema her, aus gesellschaftlichen Vorgaben, wissenschaftlichen Vorarbeiten erwartet werden (T), sie reflektieren auf die Hoffnungen und Ängste, die Vorerfahrungen, die in jedem von ihnen, in ihnen als Person, ausgelöst werden (P), sie überlegen, wie eine Selbstorganisation der Gruppe unter den gegebenen Bedingungen zwischen Sachansprüchen und Ichansprüchen am besten vermittelt" (Schulz 1980, S. 14; vgl. Abb. 1).

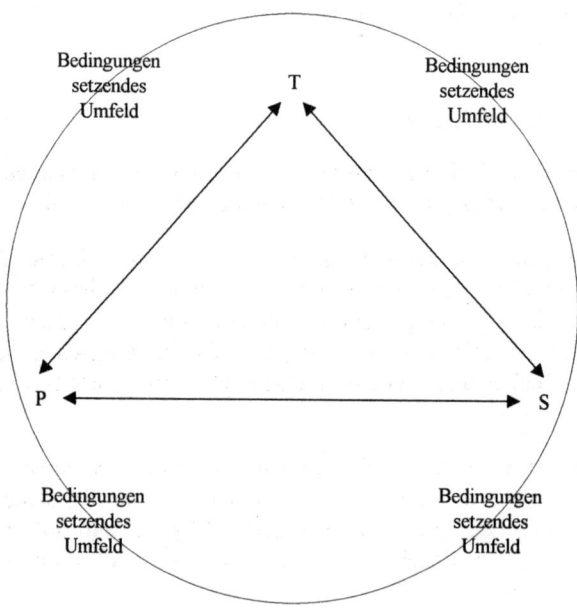

T = Thematischer Aspekt: Die Intention, die gesellschaftlich vorgegebene, wissenschaftsorientierte Thematik als Qualifikationsaufgabe zu erwägen.
P = Personaler Aspekt: Die Intention, sich in die Behandlung der Thematik selbst einzubringen und dabei zu sich selbst zu kommen.
S = Soziierungsaspekt: Die Intention, mit den Gruppenmitgliedern Beziehungen zu unterhalten, die der Themenentfaltung, Ich-Stärkung und der wechselseitigen Hilfe dabei nützen.

Abb. 1: Balance der Aufgaben unterrichtlicher Interaktion zwischen potentiellhandlungsfähigen Subjekten (Schulz 1980, S. 14)

2 Perspektivplanung

Schulunterricht, der über Unterrichtseinheiten, Halbjahre, Jahre, Fächer und Schulstufen hinweg angeboten wird, ist im Rahmen der Perspektivplanung unter übergreifenden Vorstellungen zu begründen und zu betreiben. Dazu wird ein *Richtzielkatalog* in Form einer Matrix entwickelt (vgl. Abb. 2). Ihre Spalten bilden die *Intentionen* (= Absichten) und die Zeilen die *Themen* (= Erfahrungsaspekte)[1]. Die „Intentionen" werden aufgrund leitender Interessen der Erziehungswissenschaft in „Kompetenz", „Autonomie" und „Solidarität" differenziert. „Themen" unter Bezug auf das Konzept der „Themenzentrierten Interaktion" in „Sach-, Gefühls- und Sozialerfahrung". Die Kombination der Intentionen und Themen führt zu einer *heuristischen Matrix* mit neun Feldern (vgl. Abb. 2):

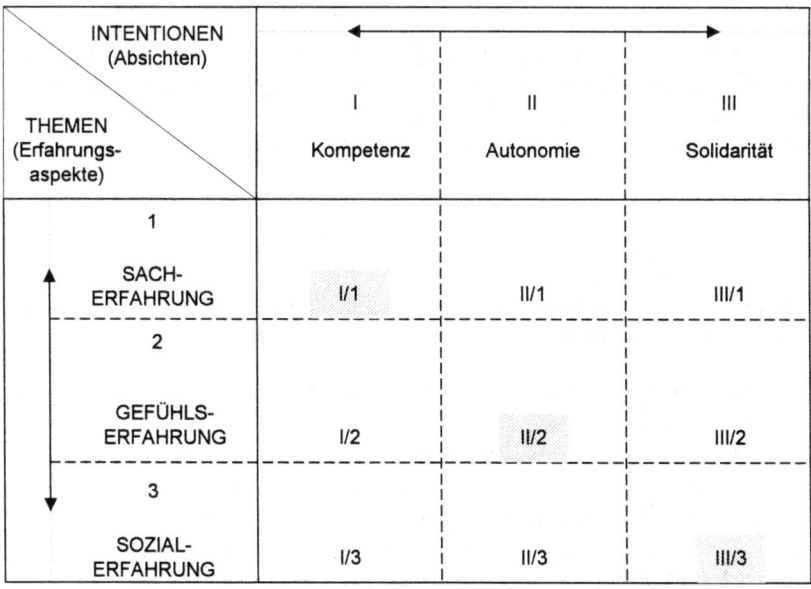

INTENTIONEN (Absichten)			
THEMEN (Erfahrungs-aspekte)	I Kompetenz	II Autonomie	III Solidarität
1 SACH-ERFAHRUNG	I/1	II/1	III/1
2 GEFÜHLS-ERFAHRUNG	I/2	II/2	III/2
3 SOZIAL-ERFAHRUNG	I/3	II/3	III/3

Abb. 2: Heuristische Matrix zur Bestimmung von Richtzielen emanzipatorisch relevanten, professionellen didaktischen Handelns (Schulz 1980, S. 39)

Was diese Felder ausdrücken, soll für die hervorgehobenen Felder der Diagonale dieser heuristischen Matrix beispielhaft beschrieben werden:

---

[1] Intentionen und Themen sind als „Entscheidungsmomente" im „Berliner Modell" enthalten.

Feld I/1 Kompetenzförderung bezogen auf Sacherfahrung

„Alle Absolventen öffentlicher Schulen sollen die Kenntnisse und Fertigkeiten über Natur und Gesellschaft haben, die es ihnen ermöglichen, sich unter den gegebenen Bedingungen durch gesellschaftliche Arbeit zu erhalten und ihre Rechte und Pflichten als Bürger wahrzunehmen" (Schulz 1980, S. 39).

Feld II/2 Autonomieförderung bezogen auf Gefühlserfahrung

„Absolventen unserer öffentlichen Schulen sollen ihre Gefühlserfahrungen bejahen, sich aber auswählend, aufschiebend, differenzierend zu ihnen verhalten, wo Ansprüche anderer kein unmittelbares Ausleben erlauben" (Schulz 1980, S. 40 f.).

Feld III/3 Solidaritätsförderung bezogen auf Sozialerfahrung

„Die Absolventen öffentlicher Schulen sollen begriffen haben, dass Autonomie gegenüber gesellschaftlichen Anpassungszwängen und angesichts der natürlichen Lebensbedingungen auf Dauer nur gemeinsam entwickelt und immer wieder zurückgewonnen werden kann" (Schulz 1980, S. 42).

3   Umrissplanung

Für eine Unterrichtseinheit hat sich die Lehr-Lern-Gruppe bei der Umrissplanung zu verständigen über

- „die unter dieser Perspektive relevanten unterrichtlichen Handlungsziele, hier *Unterrichtsziele (UZ)* genannt,
- die *Ausgangslage (AL)* der lernenden Schüler und ihrer mitlernenden Lehrer,
- die Wege und die Mittel, zusammengefasst, die *Vermittlungsvariablen (VV)*, die von dieser Ausgangslage zu diesen Zielen helfen sollen,
- die *Erfolgskontrollen (EK)*, zumindest die, die Schülern und Lehrern die Selbstkorrektur ihres Handelns ermöglichen" (Schulz 1980, S. 80).

Diese Verständigung muss unter institutionellen Bedingungen von Unterricht und Erziehung und damit der Produktions- und Herrschaftsverhältnisse, welche die Institution Schule determinieren (vgl. Abb. 3) erfolgen, soweit dies nicht schon bei der Perspektivplanung vorgenommen wurde. Unmittelbares Ziel didaktischen Handelns bleiben aber die veränderungsfähigen Bürger und nicht die veränderte Gesellschaft, eine Grundhaltung, mit der ein „Professional" die interaktionistische Planung der Handlungseinheit (mit-)steuern sollte.

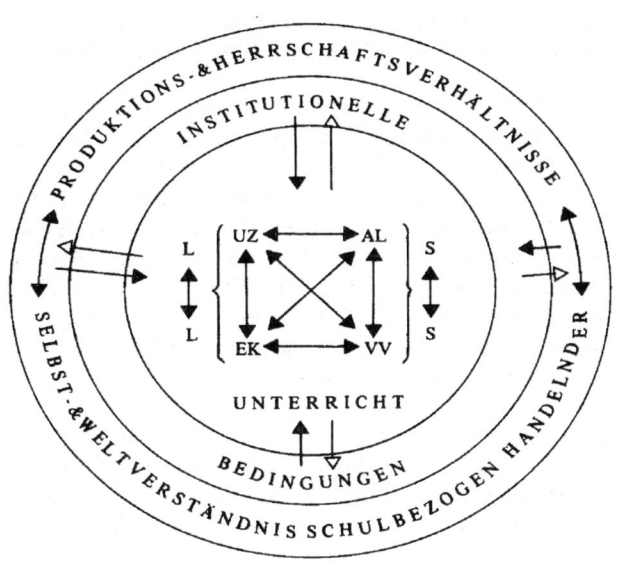

L = Lehrer ⎫ als Partner unterrichts-
S = Schüler ⎭ bezogener Planung

UZ = Unterrichtsziele: Intentionen und Themen
AL = Ausgangslage der Lernenden und Lehrenden

VV = Vermittlungsvariablen wie
　　　Methoden, Medien, schul-
　　　organisatorische Hilfen
EK = Erfolgskontrolle: Selbstkontrolle
　　　der Schüler und Lehrer

Abb. 3: Handlungsmomente didaktischen Planens in ihrem Implikationszusammenhang

Die graphisch vereinfachten komplexen Zusammenhänge in Abb. 3 drücken
Folgendes aus:

L ⟷ L   Es ist wünschenswert, dass mehrere Lehrer zusammen mit den
Schülern fach- und lehr-lern-gruppenübergreifend planen.

S ⟷ S   Nicht der Schüler, sondern viele Schüler mit ihren Beziehungen untereinander sind die Planungspartner ihrer Lehrer.

{　　}   Zwischen Schülern und Lehrern muss über Unterricht in allen seinen Dimensionen Verständigung erzielt werden, „wenn die Schüler
als Subjekte ihrer Selbstproduktion als verantwortlich Handelnde
ihren Lernprozess mitsteuern sollen" (Schulz 1980, S. 81).

37

←→ Lehrer wie Schüler sind von Vorgaben wie Schulpflicht und Einstellung, Rahmenplänen, Schulorganisation, räumlicher und materi-
aler Ausstattung, Fremdkontrolle, Schulaufsicht abhängig.

○ „Der Kreis, der Unterricht und [institutionelle Bedingungen] um-
gibt, wirkt einerseits über die, spannungsreich aufeinander bezogenen, Produktions- und Herrschaftsbedingungen in der Schule direkt
auf die unterrichtlich Handelnden ein, andererseits über die Diskussion der pädagogisch interessierten Öffentlichkeit, deren Mitglieder
sich ihr Selbst- und Weltverständnis in Auseinandersetzungen mit
Produktions- und Herrschaftsverhältnissen und mit den Schulwir-
kungen gebildet haben: Die Unterrichtsteilnehmer gehören diesem
Kreis selbst an; sie haben dementsprechend ihre Perspektivplanung
entwickelt" (Schulz 1980, S. 82 f.).

←→ „Die Doppelpfeile zwischen den Handlungsmomenten Unterrichtsziele, Ausgangslagen, Vermittlungsvariablen und Erfolgskontrollen
verweisen auf den Implikationszusammenhang, in dem diese Momente für die Planenden stehen" (Schulz 1980, S. 83 f.).

Die Handlungsmomente des Unterrichts präzisiert Schulz wie folgt: *„Unterrichtsziele* setzen sich mindestens zusammen aus Absichten oder *Intentionen,*
Kompetenz, Autonomie und Solidarität der Lernenden zu fördern, also ihre Sub-
jektivität zu entfalten, und aus *Themen* aus den einander interpretierenden Erfah-
rungsfeldern von Gegenständen, „Sachen" aus Natur und Gesellschaft, den zwi-
schenmenschlichen Beziehungen, die bei der Beschäftigung gemeinsam mit diesen „Sachen" entstehen und der Gefühlswelt, die sich in der Auseinandersetzung
mit Gegenständen in sozialen Beziehungen aufbaut" (Schulz 1980, S. 83 f.)
(= Aufbau von Sach-, Gefühls- und Sozialerfahrung).

Die *Ausgangslage*, auf die sich die Planenden beziehen, umfasst nicht nur die
der *Schüler* (und ihrer Eltern), sondern auch die der *Lehrer*. Im einzelnen sind
das lang- und mittelfristige Wirkungen vorgängiger und begleitender Sozialisation und Qualifikation, spezifische Vorerfahrungen, Ängste, Hoffnungen und
Motive, die für das in Aussicht genommene Unterrichtsziel bedeutsam sind.

Die *Vermittlungsvariablen* sind ein Sammelname für vermittelnde Methoden
und Medien. Innerhalb der *Methoden* wird zwischen *Verhaltensweisen* in der
unterrichtlichen Interaktion und *lernorganisatorischen Maßnahmen* unterschieden. Die *Medien* gehen unter den Gesichtspunkten *Hilfsmittel* der Unterrichtsteilnehmer oder *Objektivationen von Lehrerfunktionen* wie referieren, trai-
nieren oder prüfen in die Planung ein.

Erfolgskontrollen werden in der Planung unter Schüler- und Lehrerperspektive berücksichtigt, bei *Schülern* als *Selbstkontrollen* ihres Lernprozesses und bei den *Lehrern* als Selbstkontrolle ihrer Förderungsarbeit zwecks Optimierung ihrer Hilfen. „Im Idealfall kontrolliert die Lehr-Lern-Gruppe, bestehend aus Schülern und Lehrern, den Fortschritt ihres Lernprojektes gemeinsam. Inwieweit *Fremd-kontrollen*, vom Schulträger veranlasst und in dessen Auftrag meist vom Lehrer durchgeführt, pädagogisch hilfreich sind, wird an anderer Stelle zu diskutieren sein" (Schulz 1980, S. 84).

Die *Handlungsmomente* „Unterrichtsziele als Verbindung von Intentionen und Themen", „Ausgangslage der Lernenden und Lehrenden", „Vermittlungsvariablen wie Methoden, Medien und schulorganisatorische Hilfen" und „Erfolgskontrollen als Selbstkontrolle der Schüler und Lehrer", sind die „wichtigsten Gesichtspunkte, an die man bei der Planung von Unterrichtseinheiten zu denken hat" (Schulz 1980, S. 84). Sie stehen in einem *Implikationsverhältnis* (Blankertz 1974), das bei der Planung von Unterricht über Interaktion zwischen den an der Planung Beteiligten zu berücksichtigen ist. Mit den bisher skizzierten Handlungsmomenten und den zwischen ihnen bestehenden Implikationen sind nach Schulz alle Planungskonzepte unvereinbar, die das komplexe Planungshandeln auf einen linearen Planungsaufbau reduzieren. Sie sind auch unvereinbar mit „allen Tendenzen zur „Arbeitsteilung" zwischen allein Normen setzenden Auftraggebern, Normen erfüllenden Schülern und zwischen *IST*-Zustand und *SOLL*-Zustand vermittelnden Lehrern, wie sie in sonst durchaus unterschiedlichen kybernetischen Ansätzen und unterrichtstechnologischen Konzepten sichtbar werden" (Schulz 1980, S. 85).

4 Prozessplanung und Planungskorrektur

Die *Prozessplanung* beinhaltet „Transformation, Überführung der Möglichkeiten des Handelns, die sich in der Umrissplanung unter den planungsleitenden Perspektiven ergeben haben, in den Plan, den man zunächst zu realisieren versuchen will, Umsetzen der aufgeklärten Handlungsgrundlagen in einen Entwurf des Handlungsablaufs. (...) Bei der Umrissplanung versucht man, sich der Eindeutigkeit, Widerspruchsfreiheit und dimensionalen Vollständigkeit der Handlungsmomente in ihrem Implikationszusammenhang zu vergewissern (...). Bei der Prozessplanung geht es um die Reihenfolge der Teilziele, der Hilfen und der Selbstkontrollen, die man ihnen antizipierend zugeordnet hat" (Schulz 1980, S. 162).

Die Frage, „wie instrumentelle, soziale und reflexive Ziele in der Prozessplanung miteinander zu verbinden" (Schulz 1980, S. 172) sind, beantwortet Schulz,

39

indem er zwei Fälle unterscheidet: „In der Beteiligung der Schüler an Zielsetzung, Einschätzung der Ausgangslage, am Vorgehen und seiner Kontrolle, am Bedenken seiner Voraussetzungen, vollzieht sich die Integration sozialen und reflexiven Lernens mit instrumentellem. Erst, wo es noch nicht gelingt, die Schüler und/oder Eltern angemessen zu beteiligen, an allen Phasen eines Prozesses, der die Schüler als handlungsfähige Subjekte hervorbringen soll, tritt (...) das Problem der Integration instrumenteller, sozialer, reflexiver Qualifikationen überhaupt auf" (Schulz 1980, S. 172 f.).

Da in der Vorstellung des Hamburger Modells *alle* Mitglieder der Lehr-Lern-Gruppe als handlungsfähige Subjekte den Plan mittragen, sind sie auch für Fehler in der Planung oder Umsetzung (= *Planungskorrektur*) mitverantwortlich. Insofern können alle am Prozess Beteiligten „den Antrag stellen, den Plan zu revidieren, weil neue Erfahrungen dies erforderlich zu machen scheinen. Das ist manchmal unangenehm – für alle Beteiligten –, weil man sich schon auf dem richtigen Weg glaubte. Aber es ist nicht zuletzt ein Zeichen dafür, dass ein zentrales Merkmal pädagogisch wertvoller Erfahrung aktualisiert werden kann: Es handelt sich um Erfahrung, die einen nicht verleitet stehen zu bleiben, sondern weiter zu fragen" (Schulz 1980, S. 178).

Literatur

Blankertz, H. (1974[8]). *Theorien und Modelle der Didaktik*. München: Juventa.

Cohn, R. C. (1978[4]). *Von der Psychoanalyse zur themenzentrierten Interaktion.* Stuttgart: Klett-Cotta.

Heimann, P.; Otto, G. & Schulz, W. (1965). *Unterricht – Analyse und Planung.* Auswahl Reihe B. Bd. 1/2. Hannover: Schroedel. S. 7-12.

Schulz, W. (1980). *Unterrichtsplanung.* München, Wien, Baltimore: Urban und Schwarzenberg.

Lehrtext 3

Heinrich Roths pädagogische Psychologie des Lernens

Roths Leistung ist – mindestens – eine doppelte: Einmal hat er den von der deutschen Pädagogik zwar anerkannten, aber selten systematisch untersuchten Zusammenhang zwischen Lernen und Lehren aufgegriffen; zum anderen hat er mit seiner „pädagogischen Auswertung der Psychologie des Lernens" erstmals die bis dahin vorliegenden umfangreichen angloamerikanischen lerntheoretischen Befunde kritisch aufgearbeitet und geprüft, inwieweit sie für die Organisation schulischer Lehr-Lern-Prozesse verwendbar sind[1]. Dabei ging es Roth darum, Lernen und seine Gesetzmäßigkeiten unter den Bedingungen von Schule zu erforschen[2]. Genauer formuliert: Eine *pädagogisch orientierte Lerntheorie* stellt sich als Aufgabe, „(...) die *steuerungsfähigen* Gelenkpunkte beim Lernprozess zu entdecken, sie den Lehrenden aufzuweisen und ihnen verfügbar zu machen" (Roth 1976, S. 179; Hervorhebung d. V.).

1 Pädagogisch orientierter Lernbegriff

Roth vertritt den Standpunkt, dass sich eine pädagogisch ausgerichtete Lerntheorie nicht allein mit der Anwendung der meist unter Laborbedingungen überprüften Lerngesetze der allgemeinen Lernpsychologie auf Erziehung und Unterricht begnügen kann. Vielmehr hat sie Lernen unter schulischen Bedingungen zu thematisieren. Um diesen Anspruch einzulösen, weitet er den „üblichen Lernbegriff" zu einem *pädagogisch orientierten Lernbegriff* aus: „Pädagogisch gesehen bedeutet Lernen die Verbesserung oder den Neuerwerb von Verhaltens- und Leistungsformen und ihren Inhalten. Lernen meint aber meist noch mehr, nämlich die Änderung bzw. Verbesserung der, diesen Verhaltens- und Leistungsformen *vorausgehenden* und sie *bestimmenden* seelischen Funktionen des Wahrnehmens und Denkens, des Fühlens und Wertens, des Strebens und Wollens, also eine Veränderung der inneren Fähigkeiten und Kräfte, aber auch der durch diese Fähigkeiten und Kräfte aufgebauten inneren Wissens-, Gesinnungs- und Interessenbestände des Menschen. Die Verbesserung oder der Neuerwerb muss aufgrund von Erfahrung, Probieren, Einsicht, Übung oder Lehre erfolgen

---

[1] Roth hat diese Auswertung zuerst 1957 vorgelegt und in späteren Auflagen entsprechend fortgeführt (vgl. insbesondere die bei Roth 1976, S. 179 angegebene Literatur). Eine Auswertung unter anderen Gesichtspunkten findet sich auch in seiner „Pädagogischen Anthropologie" (1971³).
[2] Vgl. auch Macke 1978, S. 1-8 und S. 25-36.

und muss dem Lernenden den künftigen Umgang mit sich oder der Welt erleichtern, erweitern oder vertiefen." (Roth 1976, S. 188).

2 Elemente schulischen Lernens

Um Elemente schulischen Lernens beschreiben und erklären zu können, unterscheidet Roth zwischen „Ausgangslage", „Endlage" und den „Schritten", durch die der Übergang von der „Ausgangslage" zur „Endlage" erfolgt. Entsprechend lauten seine Fragen an die lerntheoretischen Befunde:

(1) Wie ist die *Ausgangslage* beschaffen, die den Lernprozess einleitet?
(2) Welche *Schritte* führen zur Endlage?
(3) Wie muss die *Endlage* beschaffen sein, damit der Lernprozess pädagogisch als abgeschlossen gelten kann?

Als Ergebnis seiner Analyse stellt Roth fest, dass schulisches Lernen *nicht allein durch eine Lernart beschrieben und erklärt werden kann*. Vielmehr müssen die Lernarten nach den Bedingungen der Endlage, nach den Schritten und nach den Bedingungen der Ausgangslage unterschieden werden.

2.1 Klassifikation von Lernarten nach der Endlage

Roth geht davon aus, dass für unterschiedliche Ziele schulischen Lernens (= Endlage) unterschiedliche Lernarten zum Zuge kommen. Dabei unterscheidet er

(1) motorische und geistige Fertigkeiten,
(2) Problemlösen und Arbeitsverfahren,
(3) Wissen und Verhalten,
(4) Interessen, Gesinnungen und Gewohnheiten.

2.2 Klassifikation von Lernarten nach den Lernschritten

Die Ereignisse, durch die der Übergang von der Ausgangs- zur Endlage bewältigt wird, lassen sich nach Roth am besten nach dem Grad der Einsicht oder nach der Art und Weise, wie die Endlage erreicht wird, klassifizieren:

(1) Das „Einzulernende" ist in seiner Endform vorgegeben, das Lernen vollzieht sich meist in Form einer bedingten Reaktion oder, „allgemeiner gesagt, es ist ein Anpassen, Angewöhnen, Übernehmen, Eintrainieren, Einprägen (...)" (Roth 1976, S. 205). In der Schule treten diese auf der untersten Stufe liegenden, aber keinesfalls immer durch andere Lernarten ersetz-

baren Lernarten beispielsweise auf beim Lernen des ABC, des Einmaleins, der richtigen Schreibweise von Wörtern, von fremden Vokabeln.

(2)   „Das Einzulernende ist dem Lernenden nicht bekannt und nicht durch vorwegnehmende Einsicht zu erreichen, die Lösung ist vom Probieren abhängig und wird durch Zufall entdeckt (im strengen Sinne *trial and error*)" (Roth 1976, S. 205; Hervorhebung d. V.). Beispiele für diese Lernart sind Geduldspiele oder das Lösungsverhalten eines Schülers, der bei einer Rechenaufgabe so lange herumrechnet, bis die Division ohne Rest aufgeht.

(3)   „Das Einzulernende ist an *Einsicht, Verstehen, Durchschauen*, allerdings verschiedener Grade, geknüpft" (Roth 1976, S. 205; Hervorhebung d. V.). Diese Lernart wird z. B. für das Verständnis neuer Sachverhalte gefordert.

2.3   Klassifikation von Lernarten nach der Ausgangslage

Jeder Lernprozess beginnt mit einer spezifischen Ausgangslage. Ein Aspekt dieser Ausgangslage ist die *Einstellung* des Lernenden zum Lerngeschehen bzw. *die innere Haltung des Lernenden* zum Lernen. Aufgrund der vorliegenden Einstellung unterscheidet Roth indirektes, direktes und von Dritten angestoßenes Lernen:

(1)   Beim *indirekten Lernen* (unbeabsichtigtes Lernen; „Lernen als Rückwirkung von Handlungen") ergeben sich die Lernprozesse als Folge vollzogener Handlungen von selbst. Sie sind also unbeabsichtigte Neben- oder Folgewirkungen der vollzogenen Handlungen.

Beispiel: Beim Ballspielen fällt einem Jungen der Ball in einen eingezäunten Garten. Um wieder in den Besitz des Balls zu kommen, denkt sich der Junge eine Lösungsstrategie aus (ablaufende nicht beobachtbare Handlungen) und übersteigt den Zaun (ablaufende beobachtbare Handlungen). Bilden sich dabei eine verfügbare neue Lösungsstrategie oder die Fertigkeit, Zäune zu übersteigen aus, sind bei dem Jungen Lernprozesse abgelaufen, die als ungeplante Rückwirkung der Handlung „Wurf des Balls in einen eingezäunten Garten" anzusehen sind.

(2)   Beim *direkten Lernen* (bewusstes Lernen) wird der Lernprozess vom Lernenden absichtlich angestrebt. Es liegt also eine bewusste Lerneinstellung vor.

Beispiel: Ein Kind will Schwimmen lernen. Aus diesem Grund beobachtet es Schwimmer und macht ihre Bewegungen nach, oder es geht zu

Schwimmern und lässt sich von ihnen die Schwimmbewegungen zeigen, um so die erwünschte Fertigkeit zu erwerben.

(3) Das *von Dritten angestoßene Lernen* (Lernen durch Lehren[3]) ist im Allgemeinen beim Lernen unter schulischen Bedingungen gegeben und dadurch gekennzeichnet, dass „(...) die Handlung oder der Lernprozess von einem Dritten, dem Lehrenden, angestoßen wird und auf mehr oder weniger Resonanz im Lernenden stößt" (Roth 1976, S. 209).

Beispiel: Einem Kind wird – da es der Lehrplan so vorsieht – im Sportunterricht das Schwimmen gelehrt, obwohl es den Wunsch Schwimmen zu lernen, nicht hatte.

3 Lernphasen

Roth zieht aus seiner Analyse lerntheoretischer Befunde, die helfen sollte schulisches Lernen angemessen zu beschreiben, zu erklären und zu organisieren, den Schluss, dass es mehrere Lernarten gibt, die sich durch die Endlage, die Ausgangslage, die Schritte zwischen beiden und die Wechselwirkungen zwischen ihnen unterscheiden. Allerdings glaubt Roth, das *Gemeinsame aller Lernarten in den Schritten zwischen Ausgangs- und Endlage und ihrer Abfolge* gefunden zu haben. Für die drei Lernarten „Indirektes Lernen", „Direktes Lernen" und „Von Dritten angestoßenes Lernen" lassen sich die folgenden Lernphasen (Lernschritte, Lernstufen) und eine Abfolge der Lernphasen skizzieren, die den genannten Lernarten gemeinsam sind (vgl. Abb. 1).

Die *Phase der Motivation* dient aufgrund der in ihr ablaufenden Vorgänge (Zustandekommen einer Handlung, Erwachen eines Lernwunsches, Anstoßen des Lernprozesses) der Unterscheidung der drei Lernarten. Ist diese Phase durchlaufen, können in den anschließenden Phasen des Lernprozesses bei jeder Lernart ähnliche Vorgänge ablaufen. Dies soll am Beispiel des Schwimmenlernens veranschaulicht werden: Ein Kind springt ins Wasser, das zu tief zum Stehen ist. Es versucht, mit Schwimmbewegungen, die es bei anderen Personen beobachtet hat, sich über Wasser zu halten, was ihm zum ersten Mal gelingt (Indirektes Lernen). Anders ist die Ausgangssituation, wenn ein Kind, weil seine Freunde es bereits können, schwimmen lernen will. Es äußert gegenüber seinen Eltern den Wunsch, einen Schwimmkurs zu machen (Direktes Lernen). Die Eltern erfüllen diesen Lernwunsch.

---

[3] Roth bezeichnet diese Lernart auch verkürzend mit „Lehren".

Lernarten \ Phasen	INDIREKTES LERNEN (Lernen als Rückwirkung von Handlungen)	DIREKTES LERNEN (Lernen bei bewusster Lerneinstellung)	VON DRITTEN ANGESTOSSENES LERNEN (Lernen aufgrund von Anstößen durch den Lehrer)
1. Motivation	Eine Handlung kommt zustande.	Ein Lernwunsch erwacht.	Ein Lernprozess wird angestoßen. Eine Aufgabe wird gestellt.
2. Schwierigkeit	Die Handlung gelingt nicht. Die zur Verfügung stehenden Verhaltens- und Leistungsformen reichen nicht aus bzw. sind nicht mehr präsent. Ringen mit den Schwierigkeiten.	Die Übernahme oder der Neuerwerb einer gewünschten Leistungsform in den eigenen Besitz macht Schwierigkeiten.	Der Lehrer entdeckt die Schwierigkeiten der Aufgabe für den Schüler bzw. die kurzschlüssige oder leichtfertige Lösung des Schülers.
3. Lösung	Ein neuer Lösungsweg zur Vollendung der Handlung oder zur Lösung der Aufgabe wird durch Anpassung, Probieren oder Einsicht entdeckt.	Die Übernahme oder der Neuerwerb der gewünschten Leistungsform erscheint möglich und gelingt mehr und mehr.	Der Lehrer zeigt den Lösungsweg oder lässt ihn finden.
4. Tun und Ausführen	Der neue Lösungsweg wird aus- und durchgeführt.	Die neue Leistungsform wird aktiv vollzogen und dabei auf die beste Form gebracht.	Der Lehrer lässt die neue Leistungsform durchführen und ausgestalten.
5. Behalten und Einüben	Die neue Leistungsform wird durch den Gebrauch im Leben verfestigt oder wird vergessen und muss wieder neu erworben werden.	Die neue Verhaltens- oder Leistungsform wird *bewusst* eingeübt. Variationen der Anwendungsbeispiele. Erprobung durch praktischen Gebrauch, Verfestigung des Gelernten.	Der Lehrer sucht die neue Verhaltens- oder Leistungsform durch Variation der Anwendungsbeispiele einzuprägen und einzuüben. Automatisierung des Gelernten.
6. Bereitstellen, Übertragung und Integration des Gelernten	Die verfestigte Leistungsform steht für künftige Situationen des Lebens bereit oder wird in bewussten Lernakten bereitgestellt (s. dann die Schritte 5 und 6 beim „Direkten Lernen").	Die eingeübte Verhaltens- oder Leistungsform bewährt sich in der Übertragung auf das Leben oder sie bewährt sich nicht.	Der Lehrer ist erst zufrieden, wenn das Gelernte als neue Einsicht, Verhaltens- oder Leistungsform mit der Persönlichkeit verwachsen ist und jederzeit zum freien Gebrauch im Leben zur Verfügung steht. Die Übertragung des Gelernten von der Schul- auf die Lebenssituation wird direkt zu lehren versucht.

Abb.1: Lernarten

Wieder anders ist die Ausgangslage, wenn Schwimmunterricht im Rahmen des Sportunterrichts erteilt wird und keine entsprechende Lernbereitschaft vorliegt. Dann kommt es darauf an, ob es dem Lehrer gelingt, sein Lehrziel (der Lehrer will Schwimmen unterrichten) zum Lernziel des Schülers (der Schüler will Schwimmen lernen) zu machen.

Neben der Art der Lerneinstellung des Lernenden zur Lernsituation, die Roth zur Charakterisierung der drei ineinander überführbaren Lernarten verwendet, ist für seinen Ansatz kennzeichnend, was er als das *ausschlaggebende Ereignis innerhalb des Lernprozesses* ansieht. Roth tendiert dazu – wohl aufgrund seiner Absicht, pädagogisch relevante Aspekte des Lernens zu fassen –, alles Lernen als von Einsicht getragen zu interpretieren. Dies wird in seiner zusammenfassenden Darstellung der Lernphasen am deutlichsten: „Auf wenige Stichworte gekürzt, können wir festhalten: Zu jedem Lernen gehören ein Antrieb (Stufe der Motivation), ein widerstehendes Objekt als Aufgabe in einer Lernsituation (Stufe der Schwierigkeiten), eine *Einsicht* in einen geeigneten Arbeits- und Lösungsweg (Stufe der Lösung), ein Tun, das diesen Weg als richtigen bestätigt findet (Stufe des Tuns und Ausführens), ein Verfestigen des Gelernten (Stufe des Behaltens und Einübens) und ein Bereitstellen des Gelernten für künftige ähnliche Aufgaben und Situationen durch neue Bestätigungen und Bewährungen (Stufe des Bereitstellens, der Übertragung und der Integration des Gelernten)" (Roth 1976, S. 226; Hervorhebung d. V.).

4   Der Zusammenhang von Lernen und Lehren

Gemäß seiner Absicht, die *steuerungsfähigen Gelenkpunkte* schulischer Lernprozesse aufdecken zu wollen und sie dem Lehrenden verfügbar zu machen, bleibt Roth nicht bei seiner überwiegend kognitiv orientierten Beschreibung der Phasen des Lernprozesses stehen. Er zieht vielmehr Konsequenzen für das *Lehren*, indem er jeder Phase des Lernprozesses systematisch Lernhilfen zuzuordnen versucht. Dabei betont er, dass die Zuordnung der Lernhilfen zu den einzelnen Phasen des Lernprozesses mehr aus theoretischen Gründen erfolge, während die Lernhilfen in der Schulpraxis ineinander greifen würden.[4]

---

[4] Die Ausführungen in diesem Abschnitt sind eine systematisierte und komprimierte Wiedergabe der umfangreichen Ausführungen Roths zu den Lernhilfen. Eine Straffung schien angebracht, weil
-    die Ausführungen häufig die Beschreibung der jeweiligen Phasen des Lernvorgangs vertiefen;
-    bei der Darstellung der Lernhilfen oft eine durchgehende Differenzierung in Ziele und Maßnahmen unterbleibt oder nicht durchgehalten wird (vgl. z. B. Roth 1976, S. 270);
-    zur Begründung der Lernhilfen Ergebnisse der experimentellen Lernforschung auf die Bedingungen von Schule übertragen werden, ohne dass die Übertragbarkeit immer hinreichend geprüft wurde.

4.1 Hilfen zur Motivierung des Lernens

Wecken und Aufrechterhalten der Lernbereitschaft ist beim schulischen Lehren und Lernen von strategischer Bedeutung. Zum *Wecken der Lernbereitschaft* schlägt Roth vor, an den Interessen der Lernenden anzuknüpfen, neue Interessen zu wecken und nicht lernbereite Kinder zum Handeln zu bringen. Als methodische Hilfsmaßnahmen empfiehlt er, das zu Lernende in die altersspezifische Sichtweise und Sprache zu übersetzen, es in seiner Prägnanz bzw. Ursituation darzustellen und es in seine elementaren Bezüge aufzulösen.

Den entscheidenden Einfluss zur *Aufrechterhaltung der Lernbereitschaft* üben der sachliche Erfolg, die soziale Motivierung (wie Wettbewerb und Zusammenarbeit) und die angebrachte Anwendung von Lob und Tadel aus.

4.2 Hilfen zum Überwinden der Schwierigkeiten

Ob und wie Schwierigkeiten gemeistert werden, hängt von dem bis dahin erreichten Eingangsbedingungen des Lernenden und von der Lernsituation ab. Letztere kann weitgehend vom Lehrer gestaltet werden. Seine Aufgabe ist es, den Lernenden „(...) trotz und gerade wegen der Schwierigkeiten *am Problem zu halten* (...)" (Roth 1976, S. 252). Um dies zu erreichen, stehen dem Lehrenden folgende Möglichkeiten zur Verfügung: Nicht immer mit der leichten Aufgabe beginnen, denn die Schwierigkeit selbst kann ein Anreiz zum Überwinden der Schwierigkeit sein; richtig erschweren und erleichtern; die Ausgangslage des Schülers berücksichtigen; Verkrampfungen lösen; das individuelle Lerntempo belassen; den Schüler mit dem Problem warm werden lassen; Vertrauen übertragen; Überforderungen und Ungeduld meiden; stückweise weiterhelfen; den Schüler die rechte Einstellung gewinnen lassen; lebendige Situationen einwirken lassen.

4.3 Hilfen beim Finden der Lösung

In dieser Lernphase besteht das vom Lehrer zu meisternde *pädagogische Problem* darin, dem Lernenden beim Finden der Lösung zu helfen, ohne dabei die Lösung selbst zu geben. Roth gibt die folgenden Hinweise: der Lehrende muss abwarten können; der Schüler muss probieren dürfen; sein Mut zu eigenen Einfällen muss gestärkt werden; er muss angehalten werden, die Lösungsidee sprachlich auszudrücken; Erwartungen müssen provoziert und Konsequenzen von Lösungswegen aufgezeigt werden.

4.4 Hilfen beim Tun und Ausführen

Der Lehrende hat sicherzustellen, dass dem Lernenden nicht nur eine gefundene Lösung als Idee oder Einsicht aufleuchtet, sondern dass er die Lösung beispielsweise ausführt, verfolgt, verwirklicht, anwendet, um ihre Konsequenzen zu sehen.

4.5 Hilfen für das Behalten und Einüben

Gestaltung und Bedeutsamkeit dieser Phase sind von der Art des Lernziels abhängig. Wird z. B. ein Automatisieren von motorischen Fertigkeiten angestrebt, ist Üben, Praktizieren, Wiederholen und Überlernen mit entsprechender Rückmeldung über die Zielerreichung erforderlich. Bei anderen Lernzielen – z. B. Festigen intellektueller Fertigkeiten – empfiehlt es sich, unter neuen Aspekten, in neuen Anwendungs- und Sozialformen zu üben. Übersättigung und Übermüdung sind zu vermeiden, Auswirkungen vorangegangener und nachfolgender Lernprozesse zu beachten, aktive Übungsformen „passiven" vorzuziehen, Wiederholungen zu verteilen usw. Eine Überprüfung des Erlernten sollte grundsätzlich erfolgen.

4.6 Hilfen für das Bereitstellen, die Übertragung und die Integration des Gelernten

Das Übertragen von Gelerntem gelingt am besten, wenn das Lernen und das Denken selbst gelehrt werden. Dazu empfiehlt sich ein aktives Lernen, das Vorstoßen zu den allgemeinen Prinzipien des Faches, das Vermitteln von Arbeits- und Denkmethoden zum Eindringen in ein Fachgebiet sowie das Aufweisen der möglichen Anwendungsbreite. Gelerntes bereitzustellen heißt, es durch wiederholtes Erproben, durch Variieren, In-Frage-Stellen, Erweitern und Einschränken lebendig zu erhalten. Das Gelernte kann damit zugleich integriert werden oder – wie Roth anschaulich formuliert – das Gelernte kann in Fleisch und Blut übergehen.

Literatur

Macke, G. (1978). *Lernen als Prozess.* Überlegungen zur Konzeption einer operativen Lehr-Lern-Theorie. Beltz Forschungsberichte. Weinheim: Beltz.

Roth, H. (1971). *Pädagogische Anthropologie.* Bd. I, II. Hannover: Schroedel.

Roth, H. (1976). Pädagogische Auswertung der Psychologie des Lernens. Eine pädagogische Psychologie des Lernens. In H. Roth, *Pädagogische Psychologie des Lehrens und Lernens.* Hannover: Schroedel, S. 179-296.

Lehrtext 4

Die Leittext-Methode

Die Leittext-Methode ist das Ergebnis eines längeren, durch die Praxis angesto-ßenen Entwicklungsprozesses. Er lässt sich bis in die Mitte der siebziger Jahre zurück verfolgen, als in der Metallausbildung im Werk Gaggenau der Daimler-Benz AG die Projekt-Methode weiter entwickelt wurde. Dabei zeigte sich, dass die Auszubildenden individuell unterschiedlich schnell lernten und zu einem bestimmten Zeitpunkt mit verschiedenen Arbeiten im Werk befasst waren. Es war deshalb nicht mehr angebracht, alle Auszubildenden zu einem bestimmten Zeitpunkt mit dem gleichen Lehrstoff zu unterrichten. Vielmehr erschien es an-gemessener, dass sich die Auszubildenden je nach Aufgabenstellung das Erfor-derliche selbst erarbeiteten. Zu diesem Zweck zeichneten die Ausbilder ihre bis-herigen Unterweisungen als Tonbildschauen auf, auf welche die Jugendlichen bei Bedarf zurück griffen und die dort benannten Kontrollfragen beantworteten. Die Antworten wurden vom Ausbilder durchgesehen, korrigiert und ergänzt, bevor sich die Auszubildenden an die vorgesehene praktische Arbeit machten. Diese Kontrollfragen können im Nachhinein als die Vorläufer der Leittext-Methode gesehen werden (Rottluff 1992).

Die Ford-Werke in Köln und die Stahl-Werke Salzgitter griffen diese didakti-schen Überlegungen auf und entwickelten sie weiter. Es folgten die Voith-Werke in Heidenheim, die Deutsche Bundesbahn, Hoesch-Stahl in Dortmund und andere Unternehmen (Rottluff 1992, S. 18). Auch die Siemens AG trug mit der „Projekt- und transferorientierten Ausbildung (PETRA)" (Klein 1990, PET-RA 1981) dazu bei, die Leittext-Methode zu entwickeln und vorzubereiten.

Das Bundesinstitut für Berufsbildung förderte die Entwicklung und Verbreitung der Leittext-Methode mit Modellversuchen. Am 16. Juni 1988 wurden Konzept und Praxis der Leittext-Methode der Fachwelt bekannt gemacht (BIBB Info-Markt 1988). Inzwischen ist die Leittext-Methode zum einen jenseits der indus-triellen Elektro- und Metallberufe verbreitet und in der Didaktik der beruflichen Bildung in Deutschland fest verankert (vgl. z. B. Bonz 1999, Kaiser & Kaminski 1994, Ott 1997, Pätzold 1993, Schelten 1995). Zum anderen betrachten ihre Verfechter die Leittext-Methode als „vollständiges Lehr-Lern-System" (Koch 1992, S. 30), nicht zuletzt deswegen, weil sie am Modell der vollständigen Handlung orientiert ist.

Mit der Verbreitung dieses Ansatzes haben sich inzwischen unterschiedliche Verständnisse und Praktiken der Leittext-Methode entwickelt, so dass man eigentlich nicht mehr von *der* Leittext-Methode sprechen kann. Bei aller Unterschiedlichkeit lassen sich jedoch alle Varianten dieser Methode im Kern auf die Überlegungen von Pampus (1987), Bockelbrink, Jungnickel und Koch (1988) und Koch und Selka (1991) zurückführen.

1 Zielsetzungen

Koch und Selka (1991) beantworten die Frage „Was leisten Leittexte?" so: Mit der Leittext-Methode

• soll vor allem die Handlungskompetenz gefördert werden, ein Ausbildungsziel, das mit der Neuordnung der industriellen Metall- und Elektroberufe im Jahr 1987 einen zentralen Stellenwert erhalten hat. *Handlungskompetenz,* verstanden als Fähigkeit zum selbstständigen Planen, Durchführen und Kontrollieren der Arbeitstätigkeiten, ist seitdem ein fester und zentraler Bestandteil der Ausbildungsordnungen.

• soll auf eine flexible Fertigung vorbereitet werden, bei der die Facharbeiter mehr Entscheidungen vor Ort zu treffen haben.

• sollen Theorie und Praxis verbunden werden, indem sich die Auszubildenden die abstrakten Beschreibungen der Lehrbücher in Bilder von konkreten Ausbildungsinhalten übersetzen.

• sollen Schlüsselqualifikationen vermittelt werden, die es ermöglichen, neue, noch unbekannte Aufgaben zu lösen.

• sollen soziale und kommunikative Kompetenz durch die Arbeit im Team gefördert werden.

• sollen schwächere Auszubildende integriert und zu einem erfolgreichen Ausbildungsabschluss geführt werden.

• soll den Auszubildenden geholfen werden, sich selbst aus schriftlichen Unterlagen wie Fach- oder Handbüchern zu informieren und Betriebs- und Bedienungsanleitungen zu benutzen.

Unter Hinweis auf die veränderten Produktionsbedingungen wird die Leittext-Methode als eine angemessenere Alternative zur *Vier-Stufen-Methode* verstanden, bei der die Lehrtätigkeiten Erklären, Vormachen, Korrigieren und Bewerten zum Lernverhalten Zuhören, Zuschauen, Nachmachen und Üben führen.

Die Leittext-Methode wird auch als eine Alternative zum *Programmierten Unterricht* gesehen: Die reine Wissensvermittlung des programmierten Unterrichts wird überwunden, kleine Lernschritte werden durch das Erlernen komplexer Zusammenhänge abgelöst, es wird nicht allein gelernt, sondern komplexe Leitfragen werden im Team bearbeitet, Lehrende werden nicht ersetzt, sondern integraler Bestandteil der Ausbildung.

2 Theoretische Grundlagen

Um am Behaviorismus orientierte Lehrkonzepte zu überwinden, die den Zusammenhang zwischen Denken und Tun in die „Black Box" verweisen, wird auf die von der sowjetischen Psychologie entwickelte Tätigkeits- bzw. Handlungstheorie zurückgegriffen. Sie geht davon aus, dass das Sein das Bewusstsein bestimmt. Durch seine Tätigkeit formt der Mensch seine Umwelt und damit zugleich sich selbst (Rubinstein 1977). Menschliche Tätigkeit bildet die Grundlage der geistigen Entwicklung. Menschen lernen ganz bewusst und überlegt, wie sie ihre Ziele durch den Einsatz bestimmter Mittel erreichen können, und nicht zufällig durch Versuch und Irrtum, wie das vom Behaviorismus vertreten wird (Koch und Selka 1991, S. 33).

Die Steuerung und Regulation menschlichen Handelns wird auf der Grundlage der Überlegungen zur *TOTE-Einheit* von Miller, Galanter und Pribram (1973) beschrieben. Ausgehend von seinem Wissen macht sich der Handelnde ein Bild davon, was ist (= Ist-Zustand) und was sein soll (= Soll-Zustand). Bei Abweichungen wird ein Plan entworfen, wie durch Handeln der Ist-Zustand in einen Soll-Zustand überführt werden soll. Bis zum Erreichen des Soll-Zustands kontrolliert der Handelnde sein Verhalten nach der Struktur: <u>T</u>est-<u>O</u>perate-<u>T</u>ext-<u>E</u>xit (= TOTE-Einheit).

Hacker (1978) hat das als geschlossen interpretierbare Rückkoppelungsmodell der TOTE-Einheit zu einem offeneren Rückkoppelungsmodell weiter entwickelt: Die Rückmeldung bestimmt nicht nur den Tätigkeitsablauf, sie kann auch das Zielbild bzw. das „Operative Abbildungssystem (OAS[1])" (Hacker 1978) verändern. Um diesen Unterschied zu betonen, nennt Hacker (1978) sein Modell Vergleichs-Veränderungs-Rückkoppelungs-Einheit (*VVR-Einheit*). Dieser Sachverhalt wird von Koch und Selka (1991, S. 36) wie folgt dargestellt (vgl. Abb. 1):

---

[1] „Das „operative Abbildungssystem" ist die Gesamtheit relativ beständiger kognitiver Abbilder (innere Modelle) der Außenwelt, z. B. eines Arbeitsprozesses. Es bildet die Grundlage für die Aktionsprogramme, die ein Individuum erzeugt" (Hacker 1978, S. 82 ff. Vgl. auch Hacker 1998).

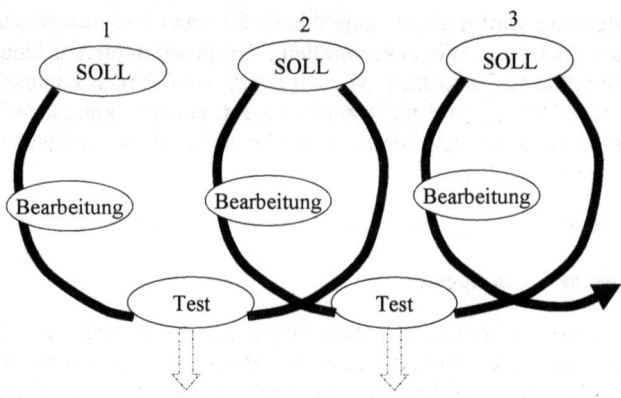

Abb. 1: Vergleichs-Veränderungs-Rückkoppelungs (VVR)-Einheit

Ein weiterer Bezugspunkt ist die Theorie der semantischen Netzwerke von Rumelhart und Norman (1978), nach der Begriffe zusammen mit der Art ihrer Verwendung gespeichert werden. Beispielsweise bilden „Hammer", „Nagel" und „einschlagen" ein semantisches Netzwerk. Wissen ist also kontextgebunden und semantische Netzwerke helfen einer Person dabei, zu einem angestrebten Ziel die passenden Mittel zu finden.

3 Das Modell der vollständigen Handlung

Die genannten Autoren führen die skizzierten theoretischen Ansätze im Konzept der *vollständigen Handlung* zusammen. Eine Handlung ist vollständig, wenn sie die Phasen Informieren, Planen, Entscheiden, Ausführen, Kontrollieren und Auswerten durchläuft (vgl. Abb. 2). Vollständige Handlungen werden als das „Markenzeichen" der *Leittext-Methode* angesehen (Bockelbrink, Jungnickel & Koch 1988), wobei unterstellt wird, „dass die Ausführung vollständiger Handlungen an sich bereits lernwirksam ist" (Koch und Selka 1991, S. 42).

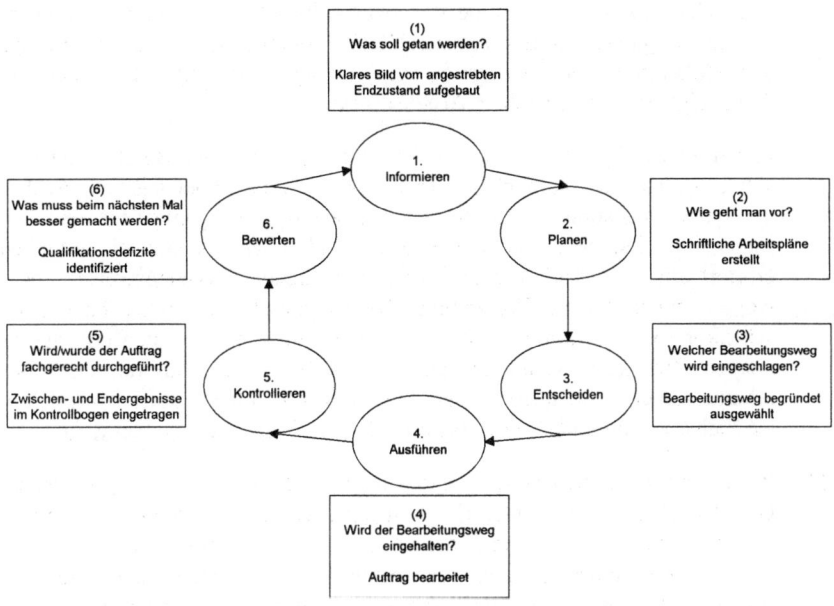

Abb. 2: Elemente und Struktur der Leittextmethode

In jeder Phase einer vollständigen Handlung werden Teilhandlungen realisiert, die durch Leitfragen angestoßen werden und die zu bestimmten Ergebnissen führen sollen (vgl. Abb. 2):

(1) In der Phase *Informieren* lautet die Leitfrage: Was soll getan werden? Ihre Beantwortung soll dazu führen, dass der Auszubildende sich am Ende dieser Phase als Ergebnis ein klares Bild vom angestrebten Endzustand, beispielsweise dem zu fertigenden Produkt machen soll. Dazu sind vom Auszubildenden folgende Teilhandlungen zu realisieren: „Er muss durch systematische Analyse der Zeichnung und der Auftragsunterlagen etwa Form und Funktion des Werkstückes erfassen; er muss die Werkstoffe, die einzuhaltenden Toleranzen und die auszuführenden Arbeiten erkennen" (Pampus 1987, S. 48).

(2) In der Phase *Planen* heißt die Leitfrage: „Wie geht man vor?" Ihre Beantwortung soll schriftlich ausgearbeitete Arbeitspläne zum Ergebnis haben. Diese stellen eine gedankliche Vorbereitung und Vorwegnahme der konkreten Ausführung dar. Die dazu erforderlichen Teilhandlungen – nach

Möglichkeit von einer Gruppe vollzogen – bestehen aus einer vorwegnehmenden Organisation der Arbeitsabläufe, dem Festlegen der Werkzeuge und Hilfsmittel, der Bestimmung der Abfolge sowie dem Erkennen der Abhängigkeiten der einzelnen Arbeitsschritte.

(3) In der Phase *Entscheiden* lautet die Leitfrage „Welcher Bearbeitungsweg soll eingeschlagen werden? Zu ihrer Beantwortung findet mit dem Ausbilder ein Fachgespräch statt. In ihm werden die Fertigungswege und Betriebsmittel festgelegt, die Arbeitspläne (vgl. Phase 2) fachlich gründlich erörtert, die Vor- und Nachteile unterschiedlicher Vorgehensweisen abgewogen, einzusetzende Werkzeuge, Betriebsmittel und vorgesehene Zwischenkontrollen diskutiert. Vor allem sind Fehler zu erkennen und auszumerzen. Ziel dieser Teilhandlungen ist, eine begründete Auswahl eines Bearbeitungswegs zu treffen, der, um kostenträchtige Bearbeitungsfehler möglichst zu vermeiden, jeweils durch den Ausbilder freigegeben wird.

(4) In der Phase *Ausführen* wird der festgelegte Bearbeitungsweg umgesetzt. Die Ausführung steht unter der Leitfrage: Wird der festgelegte Bearbeitungsweg eingehalten? Das Ergebnis ist die Auftragsbearbeitung bzw. das gefertigt Werkstück. „Wegen der sorgfältigen Vorbereitung kann die Ausführung der Arbeit – also die Fertigung – vom Auszubildenden weitgehend selbstständig geleistet werden. Das kann bei komplexen Aufträgen auch arbeitsteilig erfolgen, wobei allerdings vom Ausbilder darauf zu achten ist, dass alle Auszubildenden angemessene Lernfortschritte erzielen können" (Pampus 1987, S. 48).

(5) In der Phase *Kontrollieren*, die bereits während des Ausführens einsetzt, lautet die Leitfrage „Wird bzw. wurde der Auftrag fachgerecht durchgeführt? Dazu kontrolliert der Auszubildende während und nach der Ausführung die Zwischen- und Endergebnisse seiner Arbeit – im Hinblick auf Arbeitsgüte und Arbeitsleistung – und trägt die Befunde dieser Selbstkontrolle in einen Kontrollbogen ein. Des Weiteren erfolgt eine Kontrolle durch den Ausbilder oder eine Funktionsprüfung durch die offizielle Fertigungskontrolle.

(6) In der Phase *Bewerten* findet ein weiteres Fachgespräch mit den Ausbildern statt. Das Ergebnis der Kontrolle (vgl. Phase 5) wird beurteilt und es wird der Leitfrage nachgegangen, was beim nächsten Mal besser gemacht werden muss. „In der abschließenden Bewertungsphase soll anhand der Gegenüberstellung von Auftragsunterlagen, gefertigtem Produkt und Kontrollergebnissen ein ausführliches Fachgespräch mit dem Ausbilder stattfinden. Hier sind insbesondere Fehler und Fehlerursachen zu analysieren

sowie Möglichkeiten zu erörtern, wie solche Fehler zukünftig vermieden werden können. Der Auszubildende soll lernen, seine Stärken und Schwächen einzuschätzen, objektive Gütemaßstäbe für sein Handeln zu entwickeln. Dieses abschließende Fachgespräch verfolgt primär also pädagogische Absichten: Es sollen noch bestehende Qualifikationsdefizite identifiziert werden, um sie gezielt abbauen zu können" (Pampus 1987, S. 48).

Im Rahmen der Ausbildung werden im Allgemeinen wiederholt vollständige Handlungen durchlaufen. Dadurch wird sichergestellt, dass jeder Auszubildende lernt, auf zuvor festgelegte Ziele ausgerichtete vollständige Handlungen zu antizipieren und in konkretes Handeln umzusetzen.

Literatur

Bockelbrink, K.-H., Jungnickel, H. und Koch, J. (1988). Leittexte in der betrieblichen Berufsausbildung. In Bundesinstitut für Berufsbildung (Hrsg.), *Leittexte in der Ausbildungspraxis*. Berlin: Bundesinstitut für Berufsbildung. S. 31-78.

Bonz, B. (1999). *Methoden der Berufsbildung*. Stuttgart: Hirzel.

Bundesinstitut für Berufsbildung (BIBB) (1988). Info-Markt. In Bundesinstitut für Berufsbildung (Hrsg.), *Leittexte in der Ausbildungspraxis*. Berlin: Bundesinstitut für Berufsbildung.

Hacker, W. (1978[2]). *Allgemeine Arbeits- und Ingenieurpsychologie*. Bern: Huber.

Hacker, W. (1998). *Allgemeine Arbeitspsychologie: Psychische Regulation von Arbeitstätigkeiten*. Bern: Huber.

Kaiser, F. J., & Kaminski, H. (1994). *Methodik des Ökonomie-Unterrichts: Grundlagen eines handlungsorientierten Lernkonzepts mit Beispielen*. Bad Heilbrunn: Klinkhardt.

Klein, U. (Hrsg.) (1990[2]). *PETRA, Projekt- und transferorientierte Ausbildung*. Grundlagen, Beispiele, Planungs- und Arbeitsunterlagen. 2. Aufl., Berlin und München: Beuth.

Koch, J. (1992). Ansichten, Einsichten und Missverständnisse in der Ausbildung mit Leittexten. *Berufsbildung in Wissenschaft und Praxis* 21, 3, 29-32.

Koch, J. & Selka, R. (1991[2]). *Leittexte – ein Weg zum selbstständigen Lernen.* Berlin: Bundesinstitut für Berufsbildung.

Miller, G. A., Galanter, E., & Pribram, H. (1973). *Strategien des Handelns.* Stuttgart: Klett.

Ott, B. (1997). *Grundlagen des beruflichen Lernens und Lehrens: Ganzheitliches Lernen in der beruflichen Bildung.* Berlin: Cornelsen Girardet.

Pätzold, G. (1993). *Lehrmethoden in der beruflichen Bildung.* Heidelberg: Sauer.

Pampus, K. (1987). Ansätze zur Weiterentwicklung betrieblicher Ausbildungsmethoden. *Berufsbildung in Wissenschaft und Praxis* 16, 2, 43-51.

PETRA (1988). *Projekt- und transferorientierte Ausbildung: Grundlagen, Beispiele, Planungs- und Arbeitsunterlagen von Reiner Boretty.* Berlin, München: Siemens-AG, Abt. Verlag.

Rottluff, J. (1992). *Selbständig lernen. Arbeiten mit Leittexten.* Weinheim: Beltz.

Rubinstein, S. L. (1977). *Grundlagen der allgemeinen Psychologie.* Übersetzung aus dem Russischen. 9. Aufl. Berlin: Volkseigener Verlag.

Rumelhart, D. E. und Norman, D. A. (1978). *Strukturen des Wissens: Wege der Kognitionsforschung.* Stuttgart: Klett-Cotta.

Schelten, A. (1995). *Grundlagen der Arbeitspädagogik.* Stuttgart: Franz Steiner.

Lehrtext 5

Skinners Theorie der operanten Konditionierung

Skinner hat seine experimentellen Befunde zur Theorie der operanten Konditionierung erstmals in „The behavior of organisms" (1938) zusammengefasst. Diese Theorie wurde jedoch erst in der zweiten Hälfte der fünfziger Jahre breiter diskutiert - insbesondere im Zusammenhang mit dem Programmierten Unterricht. Ausgelöst wurde die Diskussion durch sein Lehrbuch „Wissenschaft und menschliches Verhalten" (1973/1953) und durch seinen viel beachteten Vortrag „The science of learning and the art of teaching" (1954), in dem Skinner über „einige in die Zukunft weisende Entdeckungen" der Lernforschung und deren Implikationen für das Lehren unter den Bedingungen von Schule berichtete. Diese Entdeckungen beziehen sich auf das Erkennen von *Verstärkungskontingenzen*, d. h. von „(...) Beziehungen, die zwischen dem Verhalten einerseits und den Folgen dieses Verhaltens andererseits vorherrschen – mit dem Ergebnis, dass eine weit wirksamere Steuerung des Verhaltens als früher erzielt werden konnte" (Skinner 1971, S. 17)[1]. Skinner überträgt diese Erkenntnisse auf die Bedingungen von Schule und leitet daraus Hinweise für das Lehren ab. Um seine diesbezüglichen Überlegungen angemessen beurteilen zu können, soll zuvor die theoretische Basis seiner „Kunst des Lehrens" – die Theorie der operanten Konditionierung – kurz dargestellt werden.[2]

1 Grundzüge der Theorie der operanten Konditionierung

Bevor die Theorie der operanten Konditionierung skizziert wird, werden grundlegende Begriffe eingeführt und ihr Vorläufer, die Theorie der respondenten Konditionierung, dargestellt.

---

[1] Es handelt sich hierbei um die deutsche Übersetzung des Aufsatzes von 1954. Im Originaltext verwendet Skinner die Bezeichnung „contingencies of reinforcement". Der Terminus „contingency" (= Kontingenz oder Kontiguität) bezieht sich auf die zeitliche und/oder räumliche Nähe von Ereignissen. In der Verhaltensforschung sind diese Ereignisse das Verhalten einerseits und die Folgen des Verhaltens andererseits, deren Kontingenz zur Verstärkung ausgenutzt wird. Deshalb ist die Übersetzung von „contingencies of reinforcement" mit „Verstärkungsmechanismen" bzw. „Verstärkungszusammenhängen" ungenau. Da in der deutschsprachigen Terminologie der Verhaltenstheorie die Bezeichnung „Kontingenz" inzwischen allgemein verwendet wird (vgl. z. B. Holland & Skinner 1974), soll sie in diesem Lehrtext nach Möglichkeit beibehalten werden.

[2] Die Darstellung von Skinners Ansatz bezieht sich bewusst auf seinen Aufsatz von 1954, in dem er einen strengen verhaltenstheoretischen Ansatz vertritt (vgl. die Ausführungen zu S-R bzw. O-R-Theorien in diesem Lehrtext). In späteren Arbeiten hat Skinner seinen verhaltenstheoretischen Ansatz mit „kognitiven" Aspekten angereichert, die in dieser Einführung in die Theorie der operanten Konditionierung bewusst nicht berücksichtigt werden (zu kognitiven Aspekten bei Skinner vgl. z. B. Skinner 1971, S. 103 ff.).

1.1 Grundlegende Begriffe

Ziel von Lerntheorien ist die Erforschung von systematischen gesetzmäßigen Beziehungen zwischen dem Verhalten von Individuen und ihrer Umwelt. Dazu wird das Verhalten in *Verhaltensklassen oder Reaktionsklassen* und die Umwelt in *Reiz-* oder *Stimulusklassen* eingeteilt. Das in einer bestimmten Situation auftretende Verhalten, d. h. die aktuelle Realisation einer Verhaltensklasse, wird als *Reaktion (Response)* bezeichnet (Holland & Skinner 1974, S. 46). Entsprechend wird die Realisation einer Reizklasse *Reiz (Stimulus)* genannt[3].

Beispiel: Eine Person begegnet einer lebenden Maus und bringt sich vor ihr mit einem Sprung auf einen Stuhl in Sicherheit. Diese Maus stellt eine spezifische Realisation der Reizklasse Mäuse dar, und der in dieser Situation ausgeführte Sprung auf den Stuhl ist eine spezifische Realisation der Verhaltensklasse „springen". Aus der Sicht der Verhaltenstheorie ist diese Maus ein „Reiz" und das „Springen" auf den Stuhl eine „Reaktion".

Das Verhalten von Individuen wird je nach Art der beobachtbaren Bedingungen als „respondentes" oder „operantes" Verhalten bezeichnet. Obiges Beispiel beschreibt *respondentes Verhalten* (Antwort-Verhalten), weil das Verhalten durch ihm vorausgehende Reize ausgelöst wurde[4]. Tritt Verhalten ohne vorausgehende Reize als Auslöser auf, wird es als *operantes Verhalten (Operant)* bezeichnet. Operantes Verhalten wirkt auf die Umwelt ein oder nimmt auf sie Einfluss, um bestimmte *Konsequenzen* zu erzeugen. Eine aktuelle Realisation operanten Verhaltens wird *operante Reaktion* genannt (Skinner 1973, S. 69).

Beispiel: Wenn Vögel im Laub picken, wirkt dieses Verhalten unmittelbar auf die Umwelt ein (z. B. werden Laubblätter weggeschoben). Dieses Verhalten wird nicht durch vorausgehende Reize ausgelöst (vgl. vorheriges Beispiel), sondern es tritt wegen seiner Konsequenzen auf: Das Picken dient dem Finden von Nahrung und der Verringerung von Hunger.

Die Reize (Stimuli) lassen sich je nach *Funktion* unterscheiden in Auslösereize, Verstärkerreize, Unterscheidungsreize und neutrale Reize, wobei zu berücksichtigen ist, dass sich die Funktion der Reize ändern kann: „Reize mit *Auslöser-*

---

[3] Im Rahmen von S-R-Theorien haben die Termini „Reaktion" und „Reiz" eine spezifische Bedeutung: Reaktionen (responses) sind beobachtbares Verhalten des Individuums, Reize (stimuli) sind beobachtbare Umgebungsbedingungen. Entgegen dem umgangssprachlichen Verständnis beider Termini werden mit ihnen bezeichnete Ereignisklassen als unabhängig voneinander betrachtet: Eine Reaktion ist keine von Reizen erzwungene Antwort, ein Reiz führt nicht notwendig zu Reaktionen.

[4] Um das Verständnis der Ausführungen nicht unnötig zu erschweren, wird folgende Terminologie festgelegt: Wird von „dem Verhalten", „der Reaktion", „dem Reiz", „dem Stimulus" allgemein gesprochen, so ist damit immer eine Verhaltens-, Reaktions-, Reiz- bzw. Stimulusklasse gemeint. Ist von *spezifischen* „Reizen", „Reaktionen", „Stimuli" oder spezifischem „Verhalten" die Rede, so handelt es sich um Realisationen der jeweiligen Ereignisse. Entsprechend wird bei noch einzuführenden Begriffen verfahren.

funktion gehen Reaktionen voraus und zeitigen feste, stereotype Reaktionen, und zwar ausschließlich solche des respondenten Typs. (...) Reize mit *Verstärkerfunktion* folgen auf Reaktionen und erhöhen deren Auftretenswahrscheinlichkeit. (...) *Unterscheidungsreize* treten von operanten Reaktionen oder zugleich mit ihnen auf, lösen sie aber nicht aus. (...) *neutrale* Reize (...) bewirken keinerlei Veränderungen im Verhalten, egal ob sie der Reaktion vorangehen, mit ihr zugleich auftreten oder ihr folgen" (Macmillan 1975, S. 50 f.).

Mit dieser Begrifflichkeit können nun zwei grundlegende Ansätze der Verhaltenstheorie, die Verhaltensänderungen beschreiben und erklären, dargestellt werden: Die respondente und die operante Konditionierung. Der Vorgang, der zur Verhaltensänderung führt, wird in Anlehnung an Pawlow *Konditionierung* genannt.

1.2 Respondente Konditionierung

Die Theorie der *respondenten Konditionierung* beschreibt und erklärt, wie ein für den Lernenden neutraler Reiz die Auslöserfunktion erhalten kann.

Beispiel: In einem viel zitierten Experiment von Watson und Raynor (1920) wurde dem elf Monate alten Jungen Albert, der zuvor keine Angst vor weißen Ratten hatte, die Furcht vor weißen Ratten folgendermaßen konditioniert: Der bislang für das Furchtverhalten Alberts neutrale Reiz (weiße Ratte) wurde mit dem Reiz „Lärm" verknüpft, der beim kleinen Albert Furchtreaktionen (Zusammenzucken usw.) auslöste, indem der neutrale Reiz „Zeigen der weißen Ratte" immer kurz vor dem Reiz „Lärm" (Hammerschlag gegen eine Stahlstange direkt hinter Alberts Kopf) oder spätestens gleichzeitig mit ihm gegeben wurde. Eine wiederholte Koppelung der beiden Reize führte dazu, dass der Junge bereits beim Anblick der weißen Ratte Furchtreaktionen zeigte, d. h. der anfänglich *neutrale Reiz* hatte für die Furchtreaktionen Alberts *Auslösefunktion* erlangt.

Der Vorgang der respondenten Konditionierung lässt sich strukturell wie folgt darstellen:

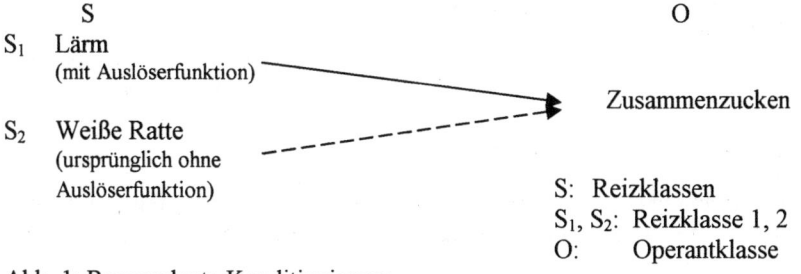

Abb. 1: Respondente Konditionierung

1.3 Operante Konditionierung

Die operante Konditionierung ist eine konsequente Umsetzung des „Effektgesetzes" (law of effect), das auf Thorndike zurückgeht. Es besagt, dass *Verhalten durch seine Folgen (= Effekte) verändert werden kann.*

Beispiel: In einem Konditionierungsexperiment wurde zuerst beobachtet, wie hoch eine Taube ihren Kopf hebt, und die Höhe wurde mit einem Skalenstrich an der gegenüberliegenden Käfigwand markiert. Dann wählte der Versuchsleiter eine Markierung, die von der Taube nur selten erreicht wurde. Sobald die Taube ihren Kopf über diese Markierung anhob, wurde unmittelbar darauf das Futtermagazin geöffnet. Die daraufhin zu beobachtende erhöhte Häufigkeit, mit der die Taube ihren Kopf über die Markierung hob, konnte bei einer Wiederholung der Verknüpfung Kopfheben über eine bestimmte Höhe – Futterabgabe gefestigt werden (Skinner 1973, S. 68).

In diesem Experiment fand operantes Verhalten statt: Die Taube hat sich ohne vorausgehende spezifische Reize verhalten. Allerdings führten die Konsequenzen dieses Verhaltens – der Reiz „Futter", unmittelbar auf das Verhalten „Kopfheben über eine bestimmte Höhe" – zu einer Verhaltensänderung, die sich im beschriebenen Experiment in der Erhöhung der Häufigkeit dieses Verhaltens niederschlug. Dabei wurde unterstellt, dass die Taube hungrig war, oder anders formuliert, dass die Taube bezüglich des Reizes „Futter" Mangel hatte. Unter dieser Bedingung hat der Reiz „Futter" die Funktion eines Verstärkers und die Futterabgabe die Funktion einer Verstärkung (Skinner 1973, S. 70).

Die operante Konditionierung lässt sich strukturell wie folgt darstellen:

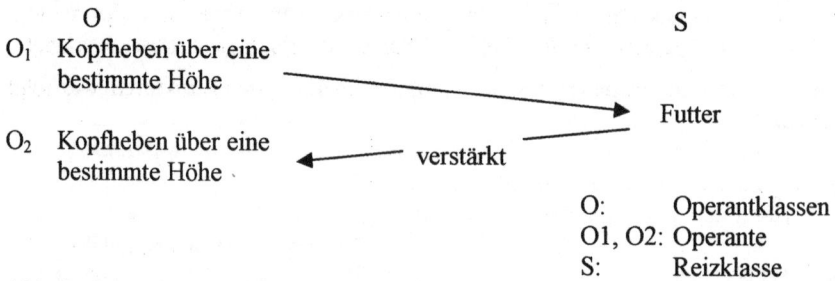

O

O₁ Kopfheben über eine bestimmte Höhe

O₂ Kopfheben über eine bestimmte Höhe

verstärkt

S

Futter

O: Operantklassen
O1, O2: Operante
S: Reizklasse

Abb. 2: Operante Konditionierung

Allgemein kann man das *Gesetz der operanten Konditionierung* folgendermaßen formulieren: Wenn operantes Verhalten verstärkt wird und der Organismus bezüglich des Verstärkers einen Mangel hat, dann erhöht sich die Häufigkeit, mit der das operante Verhalten auftritt[5].

2 Folgerungen aus der Theorie der operanten Konditionierung

Vor dem Hintergrund der Theorie der operanten Konditionierung werden Prinzipien für Löschen und Vergessen und die Funktionen positive und negative Verstärkung präzisiert sowie die Prinzipien der kontinuierlichen und diskontinuierlichen Verstärkung sowie der Verhaltensformung durch Shaping erarbeitet.

2.1 Löschen und Vergessen

Löschen und Vergessen beziehen sich auf die abnehmende Häufigkeit der Realisation einer Verhaltensklasse: Von *Löschen* wird gesprochen, wenn die Abnahme darauf zurückzuführen ist, dass das abgegebene Verhalten nicht verstärkt wurde, während beim *Vergessen* der Grund für die Abnahme des Verhaltens darin zu sehen ist, dass es nicht bzw. weniger häufig abgegeben wurde (Holland & Skinner 1974, S. 47 ff.).

Beispiel: Hat sich die Häufigkeit des Verhaltens Kopfheben über eine bestimmte Höhe stabilisiert (vgl. vorheriges Beispiel), so kann diese auf ihr ursprüngliches Niveau zurückfallen, wenn dieses Verhalten der Taube nicht mehr verstärkt wird (= Löschung des Operanten). Vergessen läge vor, wenn die Taube längere Zeit nicht mehr am Experiment teilnimmt und zu Beginn einer erneuten Teilnahme an diesem Experiment die Häufigkeit des Verhaltens gesunken ist, weil es in der Zwischenzeit nicht mehr abgegeben wurde.

2.2 Positive und negative Verstärker

Ein Reiz hat die Funktion eines *positiven Verstärkers*, wenn die Häufigkeit einer Verhaltensweise nach seinem Auftreten ansteigt. Ein Reiz hat die Funktion eines *negativen Verstärkers*, wenn die Häufigkeit einer Verhaltensweise nach seiner Beseitigung ansteigt (Holland & Skinner 1974, S. 52 ff.).

Beispiel: Eine hungrige Taube pickt gegen eine Scheibe und erhält sofort Futter. Nach dem Gesetz der operanten Konditionierung wird sich die Häufigkeit des „Pick-Verhaltens" erhöhen, der Reiz Futter hat also die Funktion eines positiven Verstärkers.

---

[5] Vergleiche dazu auch die Darstellung der Skinnerschen Theorie der operanten Konditionierung nach dem „deduktiven Erklärungsmodell" bei Opp (1972, S. 49 ff.).

Pickt dagegen eine hungrige Taube gegen eine Scheibe und wird – statt Futter zu geben – ein lautes Geräusch eingeschaltet, so wird sich die Häufigkeit des Pickens nicht erhöhen. Das laute Geräusch hat also für dieses Verhalten der hungrigen Taube keine Verstärkerfunktion. Wird andererseits auf das Picken gegen eine Scheibe hin ein lautes Geräusch kurz unterbrochen, so steigt die beobachtbare Häufigkeit des Pickens in Gegenwart des Geräusches an. Der Reiz lautes Geräusch hat also die Funktion eines negativen Verstärkers.

2.3 Kontinuierliche und diskontinuierliche Verstärkung

Kontinuierliche Verstärkung – die Verstärkung jedes realisierten Verhaltens einer Verhaltensklasse – und *diskontinuierliche Verstärkung*[6] – nicht jedes realisierte Verhalten einer Verhaltensklasse wird verstärkt – haben unterschiedliche Auswirkungen auf die Intensität des Verhaltens dieser Verhaltensklasse und auf den Widerstand dieser Verhaltensklasse gegen Löschung (= *Löschresistenz*); z. B. haben Operante, die durch kontinuierliche Verstärkung *aufrecht erhalten* werden, eine geringere Löschresistenz als Operante, die durch diskontinuierliche Verstärkung aufrecht erhalten werden (Holland & Skinner 1974, S. 117 ff.).

2.4 Verhaltensformung (shaping)

Durch *Verhaltensformung (shaping)* wird neues Verhalten aufgebaut, indem von dem Verhalten des Individuums ausgegangen wird, das mit dem angestrebten Endverhalten gemeinsame Elemente aufweist. Das Ausgangsverhalten wird dazu mittels *differentieller Verstärkung* schrittweise an das Endverhalten *angenähert*. Eine *differentielle Verstärkung* liegt vor, wenn nur das Verhalten verstärkt wird, das ein festgelegtes Kriterium erfüllt bzw. das zur Annäherung an das angestrebte Endverhalten beiträgt (Holland & Skinner 1974, S. 101).

Beispiel: „Um die Taube zu veranlassen, so rasch wie möglich auf den Fleck zu picken, gehen wir folgendermaßen vor: Zunächst geben wir dem Vogel jedes Mal Futter, wenn er sich von irgendeinem Punkt des Käfigs aus dem Fleck etwas zuwendet. Das steigert die Häufigkeit dieses Verhaltens. Dann warten wir mit der Verstärkung, bis eine leichte Bewegung auf den Lichtfleck zu erfolgt. Das verändert ebenfalls die allgemeine Verteilung des Verhaltens, ohne eine neue Einheit zu erzeugen. Wir fahren fort, indem wir Standorte, die sich dem Fleck sukzessive nähern, verstärken, indem wir danach nurmehr verstärken, wenn sich der Kopf etwas nach vorn bewegt, und schließlich nur noch dann, wenn der Schnabel den Fleck tatsächlich berührt. Wir mögen diese letzte Reaktion in bemerkenswert kurzer Zeit erzielen. Ein hungriger Vogel, der sich der

---

[6] Die diskontinuierliche Verstärkung lässt sich noch weiter differenzieren in Intervall-, Ratenverstärkung usw. (vgl. z. B. Holland & Skinner 1974, S. 117 ff.; Opp 1972, S. 63 ff.).

Situation und der Futterschale angepasst hat, kann schon nach zwei bis drei Minuten so reagieren" (Skinner 1973, S. 93 f.).

Zum Aufbau des Endverhaltens Picken auf einen Fleck wurde also vom Ausgangsverhalten Picken (= gemeinsames Element) ausgegangen. Die allmähliche Annäherung an das Endverhalten erfolgte über die Zwischenschritte „von irgendeinem Punkt des Käfigs sich dem Lichtfleck zuwenden", „leichte Bewegung auf den Lichtfleck hin", „Standorte, die sich dem Fleck allmählich nähern", „Kopf nach vorne bewegen", „Berühren des Flecks mit dem Schnabel", wobei immer nur die Verhaltensweisen verstärkt wurden, die sich den Zwischenschritten zuordnen ließen (= differentielle Verstärkung).

3 Folgerungen aus der Theorie der operanten Konditionierung für Lehren[7]

Skinners These, die er aus seinen Untersuchungen zur operanten Konditionierung ableitet, lautet: „Operantes Konditionieren lässt sich einfach und unmittelbar auf die Erziehung anwenden" (Skinner 1971, S. 61)[8]. Diese These macht deutlich, dass er Erziehung als praktischen Zweig der Verhaltenspsychologie sieht. Die praktische Bedeutung seiner Forschungsergebnisse für Erziehung und Unterricht umreißt er folgendermaßen:

„Die jüngsten Verbesserungen an den das Lernverhalten steuernden Bedingungen sind im Wesentlichen von zweierlei Art.

(1) Das *Effekt-Gesetz* wird endlich ernsthaft angewandt. Wir sorgen dafür, dass Wirkungen im Sinne von positiven Nacheffekten tatsächlich eintreten und unter solchen Bedingungen eintreten, die besonders günstig sind für die Verhaltensänderungen, die wir Lernen nennen. Wenn wir erst einmal die besondere Art einer Folgeerscheinung, die wir *Verstärkung* nennen, hergestellt haben, erlauben es unsere Methoden, das Verhalten eines Organismus fast beliebig zu formen. (...) Äußerst komplizierte Verhaltensformen kann man durch sukzessives Abstufen der Verhaltensformung aufbauen, wobei

---

[7] Dieser Abschnitt bezieht sich im Wesentlichen auf den gleichnamigen Aufsatz und Abschnitt „Die Wissenschaft vom Lernen und die Kunst des Lehrens" (Skinner 1971, S. 17-34).

[8] Bei allen Aussagen Skinners zum schulischen Lernen muss berücksichtigt werden, dass er die in Tierexperimenten gewonnenen Grundlagen seiner Theorie der operanten Konditionierung auf menschliches Lernen überträgt, ohne die Bedingungen dieser Übertragung kritisch zu analysieren. Ein Beispiel dafür liefert das folgende Zitat:
„Erst die tierische Verhaltensforschung hat die Verstärkungszusammenhänge geklärt, unter denen Schüler lernen. Erst hieraus entwickelte man Techniken, die Struktur oder Topographie von Verhalten zu formen und Reaktionen von solchen Stimuli steuern zu lassen, die hauptsächlich von formalen und thematischen Repertoires ausgingen und die Voraussetzungen für das Verschwindenlassen von Einhilfen schaffen" (Skinner 1971, S. 198).

die Verstärkungen progressiv in der Richtung auf das geforderte Endverhalten hin verändert werden. (...)

(2) Eine zweite wichtige Verbesserung in der Methode erlaubt es uns, eine Verhaltensform in einer gegebenen Intensität über lange Zeiträume hin aufrecht zu erhalten" (Skinner 1971, S. 17 f.).

3.1 Skinners Kritik an der Unterrichtspraxis

Skinner wählt den Rechenunterricht als Beispiel, der in den unteren Klassen folgende Aufgaben hat:

„Betrachten wir z. B. den Rechenunterricht in den unteren Klassen. Die Schule befasst sich damit, dem Kind eine große Zahl von Reaktionen einer bestimmten Art zu vermitteln. Die Reaktionen sind alle sprachlicher Art. Sie bestehen aus dem Sprechen und Schreiben bestimmter Wörter, Zahlen und Zeichen, die sich – grob gesprochen – auf Zahlen und Rechenoperationen beziehen. Die erste Aufgabe ist, diese Reaktionen zu formen, d. h. das Kind zum richtigen Aussprechen und Schreiben von Antworten zu bringen. Aber die Hauptaufgabe ist, dieses Verhalten unter viele Arten der Reizsteuerung[9] zu bringen. Eben dies geschieht, wenn das Kind lernt zu zählen, Tabellen aufzustellen, aus einer Menge von Gegenständen einzelne abzuzählen, gesprochene oder geschriebene Zahlen als ungerade Zahlen, gerade Zahlen, Primzahlen usw. zu erkennen. Über dieses ausgedehnte Repertoire im zahlenmäßigen Verhalten hinaus, von dem das meiste oft als bloßes Produkt routinemäßigen Lernens übergangen wird, zielt der Rechenunterricht auf jene komplexen gereihten Anordnung von Reaktionen, die im eigentlich mathematischen Denken mit am Werke sind. Das Kind muss sich solche Reaktionen aneignen, die es Brüche klären, umstellen und die Anordnung oder das Muster des ursprünglichen Materials soweit verändern lassen, dass die als Lösung bezeichnete Reaktion schließlich ermöglicht wird" (Skinner 1971, S. 21).

Dieser verhaltenstheoretischen Beschreibung von Aufgaben des Rechenunterrichts schließt sich seine Kritik der Art und Weise an, wie diese Aufgaben in der von Skinner angenommenen Unterrichtspraxis erfüllt werden:

- Bezogen auf die *Art der Verstärkungen* im Unterricht stellt er fest, dass die früher vorherrschende Form negativer Verstärkung (Strafe, Rohrstock) nicht durch eine positive, sondern nur durch eine andere Form negativer Verstär-

---

[9] Im Original steht „stimulus control", weshalb die Übersetzung „Stimuluskontrolle" (statt „Reizsteuerung") angemessener gewesen wäre. Von Stimuluskontrolle wird gesprochen, wenn Reaktionen bei verschiedenen Stimuli wegen der unterschiedlichen Folgen verschieden sind (Holland & Skinner, 1974, S. 145).

kung (Unannehmlichkeiten infolge Unzufriedenheit des Lehrers, Gelächter der Klassenkameraden usw.) ersetzt wurde.

- Über den *Zeitpunkt schulischer Verstärkungspraxis* sagt er, dass im typischen Unterricht gewöhnlich lange Zeiträume verstreichen, bis beispielsweise eine Zahlenoperation als richtig verstärkt wird. Dieses Vorgehen steht im Widerspruch zu experimentellen Befunden, wonach „(...) schon eine Pause von wenigen Sekunden zwischen Reaktion und Verstärkung den größten Teil der verstärkenden Wirkung zunichte macht" (Skinner 1971, S. 22).

- Die *Art und Weise, wie das Endverhalten aufgebaut wird,* zeige „(...) das Fehlen eines durchdachten Programms, das das erstrebte komplexe Endverhalten graduell entwickelt. Eine lange Reihe Verstärkungsbedingungen ist notwendig, um den Organismus in den Besitz der leistungsfähigsten mathematischen Verhaltensform zu bringen" (Skinner 1971, S. 22).

- Die im Unterricht zu beobachtende *Häufigkeit der Verstärkung* ist seiner Meinung nach viel zu gering, um die angestrebten Verhaltensformen aufzubauen. Denn groben Schätzungen zufolge erfordert der Aufbau eines leistungsfähigen mathematischen Verhaltens in den ersten vier Schuljahren etwa 25.000 Verstärkungskontingenzen. Ihnen stehen wegen der praktizierten Unterrichtsorganisation nur wenige Tausend gegenüber, die tatsächlich realisiert werden. Auf diese relativ geringe Zahl von Verstärkungen richtet sich Skinners Hauptkritik am Schulunterricht. Seine Kritik am Unterricht gipfelt in der Feststellung, dass die Kinder wohl etwas lernen, „(...) aber längst nicht so gut und so schnell, wie sie es eigentlich lernen könnten. (...) Nur wenige Schüler erreichen jemals die Stufe, wo die automatische Verstärkung als eine natürliche Folge des mathematischen Verhaltens eintritt" (Skinner 1971, S. 23 f.). Allgemeiner formuliert: Nur wenige Schüler erreichen jemals die Stufe, auf der die Verstärkung sich allein aus dem Umgang mit der Sache ergibt (= *automatische Verstärkung*).

3.2 Folgerungen für die Organisation von Unterricht

Aus der Sicht der Theorie der operanten Konditionierung ergeben sich für die Organisation von Unterricht die folgenden Fragen:

„Welches Verhalten soll entwickelt werden? Welche Verstärkungen liegen nahe? Welche Reaktionen sind zunächst verfügbar für ein Programm progressiver Annäherung an das gewünschte Endverhalten? Wie können Verstärkungen am wirksamsten angeordnet werden, um die Intensität des Verhaltens zu bewahren" (Skinner 1971, S. 25)?

Seine Ausführungen konzentrieren sich allerdings nur auf (1) die *Arten der Verstärkung*, die in der Schule verfügbar sind und (2) die schulischen Möglichkeiten, diese Verstärkungen auf *das intendierte Endverhalten* zu beziehen:

(1) Als wichtigste Art schulischer Verstärkung betrachtet Skinner die im zu erlernenden Stoff enthaltene automatische Verstärkung. Sollte diese Verstärkungsart nicht ausreichen, empfiehlt er, das Kind gelegentlich das tun zu lassen, was ihm Spaß macht, oder Wettkämpfe durchzuführen. Ferner betrachtet er die Zuneigung und Gutwilligkeit des Lehrers als wirksamen Verstärker. Erst wenn die angeführten Arten der Verstärkung versagen, dürfe man sich seiner Meinung nach der Anwendung negativer Reize zuwenden (Skinner 1971, S. 25).

(2) Skinners Überlegungen, wie die verfügbaren Verstärkungen als Instrumente zur Verhaltensformung im Unterricht eingesetzt werden können, führen zur Empfehlung des Programmierten Unterrichts:

„Zweierlei muss hier bedacht werden: Die allmähliche Entfaltung äußerst komplizierter Verhaltensmuster und die Aufrechterhaltung der Verhaltensintensität auf jeder Stufe. Der ganze Prozess des Sicherwerdens auf jedem Gebiet muss in eine sehr große Zahl sehr kleiner Schritte aufgeteilt werden, und mit jeder Durchführung eines Schrittes muss eine Verstärkung verbunden werden. Wenn die Aufgabe, ein komplexes Verhaltensrepertoire zu schaffen, auf diese Weise gelöst ist, ist damit auch die zweite Aufgabe der Intensitätserhaltung gelöst" (Skinner 1971, S. 26).

Diese Art des Vorgehens – jeden Schüler nach jedem Lernschritt zu verstärken – ist vom Lehrer unter den Bedingungen von Schule nicht zu leisten: „Wir haben daher allen Grund zu der Annahme, dass die wirksamste Steuerung des menschlichen Lernens der instrumentellen Hilfe bedarf" (Skinner 1971, S. 26). Eine solche instrumentelle Hilfe gibt seiner Meinung nach allein der *Programmierte Unterricht*, in dem der Lehrer streckenweise durch Lehrmittel ersetzt wird. Diese Lehrmittel bestehen aus Lehrprogrammen[10] und Lehrmaschinen, die den Schüler in kleinen Schritten und mit Hilfe entsprechender Verstärkung von seinem Ausgangsverhalten zum intendierten Endverhalten führen (vgl. z. B. Skinner 1971, S. 27 ff. und S. 35 ff.). Entsprechend dieser Grundposition versteht Skinner unter *Lehren* „(...) die Anordnung von Verstärkungszusammenhängen, unter deren Einwirkung Schüler lernen. Sie lernen zwar auch in ihrer natürlichen Umwelt, ohne dass jemand sie lehrt, aber Lehrer arrangieren bestimmte Verstärkungszusammenhänge, die das Lernen fördern, indem sie das Auftreten von

---

[10] Als Beispiel für ein Lehrprogramm sei hier auf Holland und Skinner (1974) verwiesen. Es handelt sich um ein Lehrbuch, das in Form eines Lehrprogramms in die Verhaltenstheorie einführt.

Verhaltensäußerungen beschleunigen oder garantieren, die sonst vielleicht überhaupt nicht auftreten" (Skinner 1971, S. 61).

Eine abschließende zusammenfassende Darstellung der verhaltenstheoretischen Grundposition, die Skinner aus der Sicht der Theorie der operanten Konditionierung zur Befürwortung des Programmierten Unterrichts als bester Organisationsform schulischer Lehr-Lern-Prozesse geführt hat, gibt das folgende Zitat (Skinner 1971, S. 103):

„Nun ist aber *die eigentliche Funktion des Lehrens darin zu sehen, dass das Verhalten des Lernenden verändert wird.* Die Verhaltenspsychologie deckt in der experimentellen *Analyse* jene Vorgänge auf, durch welche sich das Verhalten ändert, und das programmierte Lernen seinerseits ermöglicht es, solche Vorgänge, die das Verhalten ändern, zu bewirken. Das Programm sorgt dafür, dass der Lernende in einer bestimmten Weise reagiert und anschließend dafür verstärkt wird. Da die Folge dieser einzelnen Stadien sorgfältig aufgebaut ist, gelingt dem Schüler sehr schnell der Aufbau jenes komplexen *Endverhaltens*, welches das Ziel der jeweiligen pädagogischen Bemühungen ist."

Literatur

Holland, J. G. und Skinner, B. F. (1974). *Analyse des Verhaltens.* München: Urban und Schwarzenberg.

Macmillan, D. L. (1975). *Verhaltensmodifikation.* München: Kösel.

Opp, K.-D. (1972). *Verhaltenstheoretische Soziologie.* rororo studium. B. 19. Reinbek b. Hamburg: Rowohlt.

Skinner, B. F. (1938). *The behavior of organisms.* New York: Appleton-Century-Crofts.

Skinner, B. F. (1954). The science of learning and the art of teaching. *Harvard Educational Review*, 24, 86-97.

Skinner, B. F. (1971). *Erziehung als Verhaltensformung.* München-Neubiberg: Keimer.

Skinner, B. F. (1973). *Wissenschaft und menschliches Verhalten.* München: Kindler. Original (1953): Science and human behavior. New York: Macmillan.

Skinner, B. F. (1974). *Die Funktion der Verstärkung in der Verhaltenswissenschaft*. München: Kindler.

Watson, J. B. und Raynor, R. A. (1920). Conditioned emotional reactions. *Journal of Experimental Psychology*, 3, 1-4.

Lehrtext 6

Aeblis „Psychologische Didaktik"

In seiner „Psychologischen Didaktik" (1951) weist Aebli einer „wissenschaftlichen Didaktik" die Aufgabe zu, aus den Kenntnissen über die psychischen Prozesse, die die geistige Entwicklung des Kindes bestimmen, die *methodischen Maßnahmen* abzuleiten, welche die geistige Entwicklung des Kindes am besten fördern. Aebli präzisiert und erweitert diese Aufgabe in den „Grundformen des Lehrens, ein Beitrag zur psychologischen Grundlegung der Unterrichtsmethode" (Aebli 1961).

Der Zuwachs an wissenschaftlichen Erkenntnissen über die psychischen Prozesse und seine zunehmend differenziertere Sichtweise haben Aebli dazu veranlasst, aus den ursprünglichen „Grundformen des Lehrens" zwei Bände zu machen: Die „Grundlagen des Lehrens" (Aebli 1987) und die „Zwölf Grundformen des Lehrens" (Aebli 1983, 1987[3]). In Letzterem werden „die eigentlichen Grundformen des Lehrens beschrieben und begründet" (Aebli 1987, S. 11), wobei das Aufbauen einer Handlung, einer Operation und eines Begriffes „unter theoretischen Gesichtspunkten (...) wohl die gewichtigsten Kapitel des Buches [sind]" (Aebli 1987, S. 24). Diese drei Grundformen stehen deshalb im Zentrum dieses Lehrtextes.

Die „Zwölf Grundformen des Lehrens" sind getragen von der „Vorstellung des autonomen d. h. selbstständig suchenden Menschen in einer Welt, die nicht heil genug ist, als dass man sich ihr einfach anvertrauen könnte. (...) [Die praktische] Leitvorstellung ist immer noch, nur jene psychologischen Informationen zu vermitteln, aus denen praktische Regeln zur Gestaltung von Unterricht und zum Verhalten des Lehrers vor den Schülern folgen" (Aebli 1987, S. 12 f.). Aebli stellt dem Band auch das Vorwort zur ersten Auflage voran und bekräftigt dadurch seine Auffassung, dass „wir bis heute keine qualitativen Unterschiede zwischen dem Lernen des Kindes und demjenigen des Erwachsenen [kennen]. Wenn gewisse Faktoren für das Kind eine größere Bedeutung haben (Anschaulichkeit, handelndes Lernen), so handelt es sich immer um rein graduelle Unterschiede" (Aebli 1976, S. 16).

1 Das System der zwölf Grundformen

Aebli legt sein System der Grundformen dreidimensional an. Er unterscheidet als Dimensionen das „Medium", in dem gelehrt und gelernt wird, den „Lerninhalt" (die „Struktur"), der (die) gelehrt und gelernt werden soll, und den „Lernprozess", der zum Lernergebnis führen soll. Jeder Dimension, die seiner Meinung nach Folgen für die didaktische Kompetenz von Lehrkräften hat, ordnet er einige der Grundformen zu.

Als Grundformen des Lehrens, die durch das *Medium* des Lehrens und Lernens bestimmt werden, unterscheidet Aebli:

- Die Grundform *Erzählen und Referieren* (1) bedient sich der gesprochenen Sprache und soll einsichtig machen, wodurch sich Zeichen und Bedeutungen voneinander unterscheiden und was sprachliche Kommunikation ausmacht.

- Die Grundform *Vorzeigen* (2) stellt dem Schüler Verhaltensmodelle dar, die er über Beobachten, Nachahmen und Üben in sein Verhaltensrepertoire integriert (enaktives, handelndes Medium).

- Die Grundform *Anschauen und Beobachten* (3) von Objekten und Bildern vermittelt Erfahrung über ikonische (bildhafte) Repräsentationen als Medium.

- *Lesen* (4) und *Verfassen von Texten* (5) sind Grundformen, welche die Schrift („geschriebene Sprache", Symbole[1]) als Medium nutzen.

Der Dimension *Lerninhalte oder Strukturen* ordnet Aebli die Grundformen

- *Erarbeiten eines Handlungsablaufs* bzw. eines *Handlungsschemas* (6),
- *Aufbau einer Operation* (7) und
- *Bilden von Begriffen* (8) zu.

Diesen drei Grundformen liegt die psychologische und erkenntnistheoretische Auffassung zugrunde, nach der das *begriffliche Denken aus dem Handeln* hervorgeht. Aebli hat diese Auffassung in seinem zweibändigen Werk „Denken: Das Ordnen des Tuns" (Aebli 1980, 1981) systematisch ausgearbeitet und daraufhin seine „alten" Grundformen vollständig überarbeitet. Denn das *genetische Prinzip* erfordert, dass im Unterricht „diesem handelnden Ursprung des Denkens Rechnung [getragen wird]. Daher lernt der werdende Lehrer zuerst mit den

---

[1] Vgl. auch Lehrtext 8.

Schülern ein Handlungsschema zu erarbeiten. Dann bauen wir eine mathematische Operation und schließlich einen Begriffsinhalt auf" (Aebli 1987, S. 23 f).

Hinsichtlich ihrer *Funktionen im Lernprozess* (dritte Dimension) unterscheidet Aebli

* das *Problemlösende Aufbauen* (9),
* das *Durcharbeiten* (10),
* das *Üben und Wiederholen* (11) und
* das *Anwenden* (12).

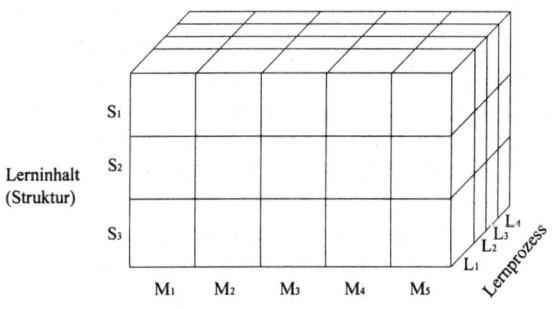

Medium des Lehrens / Lernens

Abb. 1: Das drei-dimensionale System der Grundformen (Aebli 1987, S. 25)

Das System der Grundformen veranschaulicht Aebli durch einen dreidimensionalen Körper mit den Kanten „mediale Vermittlung" (M), „Lerninhalte oder Strukturen" (S) und „Funktionen im Lernprozess" (L):

Die didaktische Kompetenz von Lehrkräften kann – so Aebli – mit Hilfe dieser drei, sich wechselseitig bedingenden Dimensionen beschrieben werden: Es gibt *„keine mediale Kompetenz ohne Inhalte (...) [und] auch keine didaktische Kompetenz ohne strukturiertes inhaltliches Wissen. (...) Medien sind Medien der Erfahrungsbildung, und diese Erfahrung hat einen Inhalt"* (Aebli 1987, S. 27; Hervorhebung d. V.). Für den Lernenden gelten analoge wechselseitige Beziehungen in den drei Diemnsionen: „Das Sachwissen (...) will vom Schüler in einem Lernprozess erworben werden. (...) *[Es gibt] kein Wissen, das man dem Schüler einfach geben kann. Er muss es in jedem Falle selber aufbauen. (...)* Wir können dazu nur Anstöße geben und es richtig anzuleiten versuchen, wo es

71

aus eigener Kraft nicht dazu gelangt. (...) Es geht darum, dem Schüler ein einsatzfähiges Instrumentarium von geistigen Werkzeugen zu vermitteln und ihn dazu in die Lage zu versetzen, dieses auch zu gebrauchen. Diesem Ziel dienen die (...) drei Stufen des Lernprozesses, das *Durcharbeiten*, das *Üben* und das *Anwenden*" (Aebli 1987, S. 28; Hervorhebung d. V.).

Aebli stellt die Grundformen des Lehrens nach einem einheitlichen Schema dar: In einem psychologischen Teil beschreibt er die Merkmale und Prozesse, die für die jeweilige Lernart bedeutsam sind; in einem didaktischen Teil zieht er jeweils Folgerungen für das Lehren. Dabei weist er darauf hin, dass alle Wissenschaft auf konkreten, praktischen Interessen und auf einem Bedürfnis nach Klarheit und Verstehen gründen und Unterricht sich daran orientieren muss: „Im schulischen Unterricht müssen diese beiden Impulse zu ihrem Recht kommen. Schulen sollten Orte des praktischen Tuns, mindestens des Wissens um die konkreten Tätigkeiten der Menschheit sein. Sie sollten aber zugleich Orte des Nachdenkens und der Reflexion sein, Orte, an denen die Freude am Erkennen wach ist und geweckt wird" (Aebli 1987, S. 227). Diese Sichtweise hat zur Folge, dass eine Lehrkraft nicht nur in ihrer „Studierstube zu Hause, sondern auch mit dem Handwerk, der Landwirtschaft, der Industrie und – allgemeiner – den wirtschaftlichen Verhältnissen und Zusammenhängen vertraut sein [sollte]. (...) ein Staat, der keine Lehrer besitzt, die mit beiden Füßen in der Wirklichkeit stehen, wird die Folgen zu spüren bekommen" (Aebli 1987, S. 229).

2   Ein Handlungsschema erarbeiten

Im psychologischen Teil werden Merkmale und Prozesse eines Handlungsschemas beschrieben und im anschließenden didaktischen Teil daraus Folgerungen gezogen, wie Lehre zu gestalten ist.

2.1   Merkmale und Prozesse

Handlungen sind „zielgerichtete, *in ihrem inneren Aufbau verstandene Vollzüge*, die ein fassbares Ergebnis erzeugen" (Aebli 1987, S. 182). Handlungen lassen sich danach unterscheiden, worauf sie gerichtet sind, welche Art von Ergebnis sie erzeugen und welches Ausmaß an Selbstständigkeit die durch die Handlung ausgelösten Prozesse haben. So können sie auf Personen (jemanden trösten) oder Sachen (ein Fahrrad reparieren) *gerichtet* sein. Ersteres ist eine *soziale*, letzteres eine *physische* Handlung. *Handlungsergebnisse* können ein nützliches bzw. ästhetisches *Werk* (Werkzeug, Gemälde) oder eine *Ortsveränderung* (Reisen, Wandern) sein. Felder bestellen, Tiere züchten oder Wein keltern sind Beispiele für Handlungen, die im gewissen Umfang *selbstständige Prozesse auslösen*, bis der Handelnde in sie wieder eingreift (Aebli 1987, S. 183 f.).

Bei menschlichen Handlungen sind – so Aebli – Handlungsfolgen und Handlungsschemata zu unterscheiden. Eine *Handlungsfolge* setzt sich aus Handlungselementen zusammen, die für einen bestimmten Zweck schrittweise in eine für den Handelnden neue Abfolge gebracht werden. Die Handlungselemente sind als Handlungsschemata im Handlungswissen bzw. Handlungsgedächtnis einer Person gespeichert. Will jemand beispielsweise zum ersten Mal eine Party geben, kann ihm Folgendes durch den Kopf gehen: Ich muss die Party planen (1), Getränke und Imbiss kaufen (2), den Raum herrichten lassen (3), die Gäste begrüßen und im Verlauf der Party Einlagen bringen (4) und nach der Party aufräumen (5):

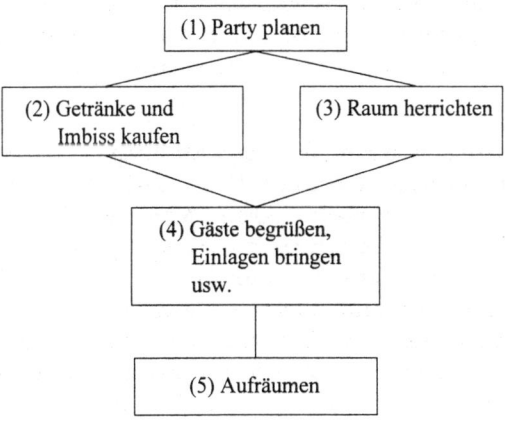

Abb. 2: Handlungsfolge „Party geben"

Die Handlungsfolge „Party geben" umfasst aus der Sicht des Gastgebers also fünf Elemente, die in seinem Gedächtnis als *Handlungsschemata* gespeichert sind. Jedes Handlungsschema kann wiederum unterschiedlich umfangreich sein. So lässt sich das Element (2) „Getränke und Imbiss kaufen" in die folgenden „Unterschemata" zerlegen:

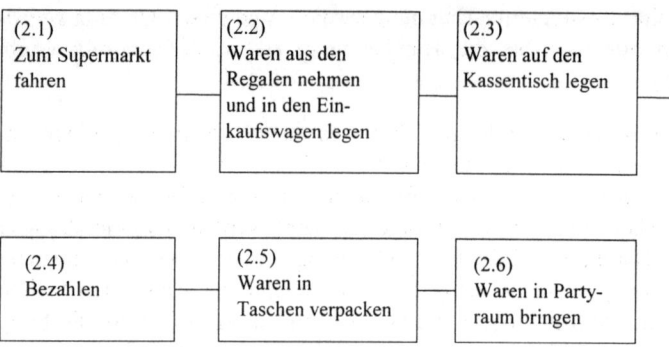

Abb. 3: Elemente des Handlungsschemas „Getränke und Imbiss kaufen"

Die Elemente 2.1 bis 2.6 des linearen Handlungsschemas „Getränke und Imbiss kaufen" sind selbst wiederum unterschiedlich komplexe, aufeinander bezogene Handlungsschemata, die sich ihrerseits in weitere Elemente und Strukturen zerlegen lassen.

Handlungsschemata sind durch „drei hervorstechende Eigenschaften definiert (...): (1) sie sind als Ganze gespeichert, (2) sie sind daher reproduzierbar, und sie sind (3) auf neue Gegebenheiten (Dinge, Menschen, Situationen) übertragbar" (Aebli 1987, S. 185). Sie gehören zum Handlungswissen einer Person, sie müssen nicht neu erfunden werden, sie beruhen auf Einsicht in die Abfolge der Teilschritte und sind deswegen immer verfügbar (beispielsweise ist ihr ohne viel zu überlegen klar, dass beim Einkaufen der Getränke und des Imbisses so wie oben abgebildet vorzugehen ist). Dieses Handlungsschema ist aus dem Gedächtnis reproduzierbar und in seinem Ablauf *automatisiert* – mit der Folge, dass zukünftig die Handlungsfolge „Eine Party planen" weit weniger anstrengend ist als das erstmalige Planen und Durchführen. Die Aufmerksamkeit kann nun ganz auf die Organisation des Gesamtablaufs „Party geben" gerichtet sein. Ein Handlungsschema kann auch auf neue Gegebenheiten *übertragen* werden (denn Automatisierung ist nicht mit einem starren Ablauf gleichzusetzen). So kann das Handlungsschema „Getränke und Imbiss einkaufen" in seiner Struktur beispielsweise auf die Handlung „Fahrkarten kaufen" übertragen werden, wobei in diesem Fall die Zahl der Elemente kleiner sein dürfte.

Jeder Teilschritt einer Handlungsfolge schlägt sich in einem „fassbaren Ergebnis" nieder. Der Handelnde hat den Supermarkt erreicht (= Ergebnis), die Waren aus den Regalen genommen (= Ergebnis) und in den Einkaufwagen gelegt (= Ergebnis) etc. „Im Handlungsergebnis steckt die Handlung, die es erzeugt hat

(Aebli 1987, S. 189), oder etwas grundsätzlicher: Im Ergebnis objektiviert sich die Handlung" (Aebli 1980, 1981).

Handlungsschemata können zu effektiven oder zu verinnerlichten Handlungen führen. *Effektive Handlungen* sind Bewegungen, die sich an konkret vorliegenden Gegenständen vollziehen bzw. in die physikalische Umwelt eingreifen und sie verändern, sei es in Form dauerhafter Werke (Werkstück, Vogelnistkasten), zeitlich begrenzter Veränderungen (Ausleihen eines Buches) oder als Ortsveränderungen (Transport der Getränke und Zutaten). Werden die genannten Handlungen *verinnerlicht* (= interiorisiert), d. h. in der Vorstellung nachvollzogen, spricht Aebli von einer *Handlungsvorstellung*. Handlungsvorstellungen erfordern, sich nicht nur die Handlungen, sondern auch die Gegenstände vorzustellen, an denen sich die Handlungen vollziehen. So dürften Sie als Leser sich bei den Ausführungen zum Handlungsschema „Party geben" *individuell unterschiedliche, aber strukturell ähnliche* Handlungen und Gegenständen *vorgestellt* haben.

Neue Handlungsschemata können regressiv (rückschreitend) oder progressiv (vorwärtsschreitend) aufgebaut werden. Beim *regressiven Aufbau* fragt der Handelnde, welche Voraussetzungen erfüllt sein müssen, damit er den letzten Handlungsschritt vollziehen kann. Stellt er fest, dass sie nicht gegeben sind, fragt er nach deren Voraussetzungen etc. *Beim progressiven Aufbau* eines Handlungsschemas hat der Handelnde das Endziel im Auge und fragt, was er tun muss, um dieses zu erreichen. Allerdings kann eine Handlungsplanung – so Aebli – sowohl rück- als auch vorwärtsschreitend erfolgen. Entscheidend ist dabei, dass die verfügbaren Mittel (= Elemente) und das Endziel zusammen kommen.

In den beschriebenen Vorgehensweisen sind zwei klassische Formen der Entwicklung neuer Verhaltensweisen und Handlungen zu erkennen: Differenzieren und Integration. Beim *Differenzieren* geht der Handelnde von einer globalen Vorstellung der ganzen Handlung aus und präzisiert diese Vorstellung Schritt für Schritt im Detail. Dazu können Handlungselemente aus dem Repertoire des Handlungswissens abgerufen, neu strukturiert und in das Handlungsschema eingefügt *(= Integration)* werden.

2.2 Folgerungen für das Lehren

Aus den beschriebenen Merkmalen und Prozessen, die zum Aufbau von Handlungsschemata führen, folgert Aebli, wie Lehre zu gestalten ist:

(1) Der Aufbau eines Handlungsschemas muss in den Rahmen eines Problems eingebettet werden. Ein *Problem* liegt dann vor, wenn Handelnde ein Ziel haben, aber noch nicht sehen, wie sie es erreichen können. Erkennen sie, wie das Problem gelöst werden könnte, wird ein Problem zum *Projekt*. Wichtig ist, dass nicht nur der Lehrer die Fragestellung kennt, die zu einem Problem oder einem Projekt führt, sondern dass der Lernende sie sich zu Eigen macht.

(2) Soll in einer Schulklasse ein Problem gelöst oder ein Projekt bearbeitet werden, müssen die erforderlichen Handlungen von der ganzen Klasse geplant und durchgeführt werden. Beim *Planen* müssen nach Aebli folgende Phasen durchlaufen werden: (a) Klären, Begründen und Rechtfertigen der Zielvorstellung, (b) Beurteilen der Ausgangslage, (c) Bestimmen der einzelnen Lösungsschritte und (d) Beurteilen des Plans. Soll eine Schulklasse ein Projekt relativ selbstständig *durchführen*, muss sie folgende Handlungen bewältigen: (a) Vorschläge einbringen, (b) Präzisieren und Begründen der Vorschläge durch den Vorschlagenden, (c) Beurteilen der Vorschläge durch die Klasse, (d) Ausführen der Vorschläge durch einen Schüler oder durch den Lehrer und (e) gemeinsames Prüfen des Ergebnisses.

(3) Ist ein Problem praktisch gelöst oder ein Projekt praktisch durchgeführt, müssen die vollzogenen *Handlungen verinnerlicht* werden. Denn in der Regel soll sich der Schüler ja „ein Stück Wissen" über die Lösung bzw. die Durchführung aneignen, also eine Vorstellung über die vollzogenen Handlungen aufbauen. „Zu wissen, wie man Weihnachtsgebäck herstellt, heißt nichts anderes als diese Handlungen innerlich, d. h. in der Vorstellung, vollziehen zu können. Damit ist das weitere Vorgehen nach der praktischen Erarbeitung eines Handlungsschemas vorgezeichnet. Der Schüler muss sich die entsprechende Vorstellung schaffen, indem er die Handlung verinnerlicht" (Aebli 1987, S. 200). Diese Verinnerlich erfolgt in drei Stufen:

Die *erste Stufe der Verinnerlichung* schließt direkt an die praktischen Handlungen an: Die Schüler werden aufgefordert, über die im Verlauf des Projekts vollzogen einzelnen Handlungen zu berichten; dabei liegt das Ergebnis des Problemlöseprozesses oder des durchgeführten Projekts konkret vor (= *Arbeitsrückschau*).

In der *zweiten Stufe der Verinnerlichung* versucht der Schüler, sich den Handlungsablauf gestützt auf bildliche Darstellungen einer oder mehrerer Phasen des Problemlösevorgangs oder des durchgeführten Projekts vorzustellen.

In der *dritten Stufe der Verinnerlichung* „(...) soll der Schüler ohne jede anschauliche Stütze, aus der reinen Vorstellung, die Handlungen wiedergeben können, die ausgeführt worden sind. Damit hat der Vorgang der Verinnerlichung sein Endstadium erreicht. Der Schüler ist nun in der Lage, die Handlungen, die er ursprünglich effektiv ausführte, rein vorstellungsmäßig zu vollziehen und davon mit dem Mittel der Sprache Rechenschaft abzulegen" (Aebli 1987, S. 201).

3 Aufbauen einer Operation

Obwohl Aebli Operationen als „abstrakte Abkömmlinge von Handlungsschemata" schlechthin versteht, verwendet er als Beispiele überwiegend mathematische Operationen.

3.1 Merkmale einer Operation

„Eine *Operation* ist eine effektive, vorgestellte (innere) oder in ein Zeichensystem übersetzte Handlung, bei deren Ausführung der Handelnde seine Aufmerksamkeit ausschließlich auf die entstehende Struktur richtet. Abgekürzt sagen wir: Eine Operation ist eine abstrakte Handlung" (Aebli 1987, S. 209, im Original alles kursiv).

Am Beispiel der Handlungsfolge „Party geben" soll erläutert werden, wie konkrete zu abstrakten Handlungen – also Operationen – werden können. Angenommen, zwei Gastgeber hatten vereinbart, sich die Ausgaben für die Bewirtung zu teilen. Dann müssen sie beispielsweise die im Element (2) „Getränke und Imbiss kaufen" zusammen gefassten, konkret vollzogenen Handlungen unter dem „scharf definierten Gesichtspunkt" (Aebli 1976, S. 135) Menge und Preis rekonstruieren und durch Addieren, Multiplizieren und Dividieren die anteiligen Ausgaben ermitteln.[2]

20 Flaschen Bier à DM 1,20	DM 24,00
10 Flaschen Sprudel à DM 0,69	DM 6,90
...	
Summe	DM : 2
	(= Ausgabenanteil je Gastgeber)

Die beiden Gastgeber abstrahieren also in ihrer Vorstellung nach den Gesichtspunkten Menge und Preis von den konkreten Handlungen, übersetzen sie in ein Zeichensystem (= Zahlen) und verknüpfen die Zahlen mittels mathematischer

---

[2] Dieses Verständnis von Operationen geht auf Piaget zurück: „Piaget (...) spricht von „abstraction à partir de l'action". Zurück bleibt eine abstrakte Handlung, die wir „Operation" nennen" (Aebli 1976, S. 136).

Operationen. Sie führen also abstrakte Handlungen durch. Dabei kommt es nicht so sehr auf die Zahlen an, sondern darauf, wie diese mittels mathematischer Operationen zu verknüpfen sind (= Struktur). Die abstrahierende *Rekonstruktion* einer konkreten Handlung beruht also auf der Einsicht in jene Zusammenhänge, die sich aus dem Gesichtspunkt, unter dem gedanklich rekonstruiert wird, ergeben: „Die Operation schält sich aus der konkreten Betrachtung heraus" (Aebli 1987, S. 214). Gedankliche Rekonstruktionen von Zusammenhängen sind immer mit Abstraktionen verbunden. In unserem Fall ist es nicht notwendig, dass sich die Gastgeber alle Einzelheiten der konkreten Handlungen vorstellen. Sie abstrahieren von den Einzelheiten des Einkaufens und betrachten den konkreten Einkauf nur unter quantitativen Aspekten.

Operationen als abstrakte, von konkreten Gegebenheiten losgelöste und rein vorstellungsmäßig vollzogene Handlungen setzen eine *symbolische Darstellung* voraus. Dazu können unterschiedliche Symbolsysteme verwendet werden. Beispielsweise können Anzahlbedeutungen folgendermaßen symbolisch kodiert werden (Aebli 1987, S. 216):

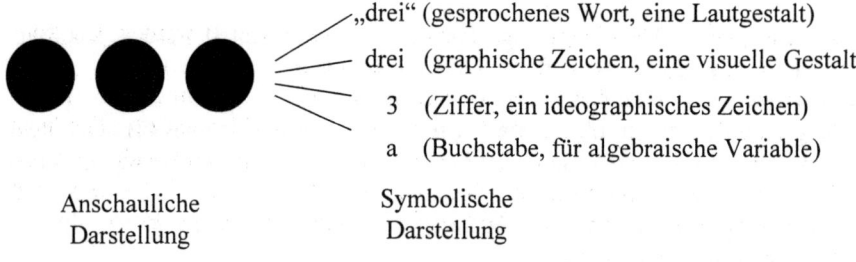

„drei" (gesprochenes Wort, eine Lautgestalt)

drei (graphische Zeichen, eine visuelle Gestalt)

3 (Ziffer, ein ideographisches Zeichen)

a (Buchstabe, für algebraische Variable)

Anschauliche Darstellung

Symbolische Darstellung

Abb. 4: Symbolische Kodierungen von Anzahlbedeutungen

3.2 Zum Aufbau einer neuen Operation

Eine neue Operation aufzubauen heißt, bereits „bekannte Operationen auf neuartige Weise zusammenzuordnen. Die Idee der neuen Operation ist im Problem schematisch vorausgenommen. Die entscheidende geistige Leistung ist ein Akt der Synthese, kraft dessen die bekannten Teiloperationen zur neuen Operationsgestalt zusammengefasst werden" (Aebli 1987, S. 214). Der Aufbau einer neuen Operation erfolgt in zwei Schritten: „In einem ersten wird die verlangte Verknüpfung durchgeführt, in einem zweiten betrachtet der Schüler die „Verknüp-

78

fungsstruktur" (...) und macht daran eine neue Beobachtung. Sie liefert in der Regel einen einfachen Wert, der die Verknüpfungsstruktur kennzeichnet" (Aebli 1987, S. 210).

Aebli veranschaulicht den Aufbau einer Operation am Beispiel der Addition „4 + 3 = 7", die in der ersten Klasse der Grundschule erworben werden soll. Vorausgesetzt wird, daß der Schüler bereits über zwei Operationen verfügt: Er kann zählen (also die Elemente einer Zahlenreihe einer Menge von Objekten zuordnen) und er kann Mengen bilden. Als Zählobjekte werden 20 Scheiben mit den Farben schwarz und weiß bereitgestellt.

1. Schritt: Verknüpfen der Teilmengen

Der Schüler zählt im ersten Schritt vier Scheiben aus und legt sie vor sich hin:

Danach legt er drei weiße Scheiben in eine Reihe:

Nun müssen die beiden Zwischenergebnisse miteinander verknüpft werden. Betrachtet er die beiden Zwischenergebnisse als zu verknüpfende Mengen, bildet er die Vereinigungsmenge:

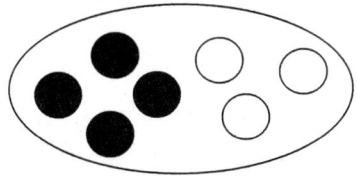

Er muss aber lernen, „eine Verknüpfungsstruktur zu bilden, die sich für die weitere *zählende* Verarbeitung eignet. Sie entsteht dadurch, dass die zweite *Objektreihe in der Fortsetzung der ersten* angeordnet wird" (Aebli 1987, S. 210):

Damit ist der erste Schritt beim Aufbau einer Operation „Addieren" geleistet: der Schüler hat eine Verknüpfungsstruktur hergestellt, die durch die Aufgabe „4 + 3" verlangt wird.

2. Schritt: Abzählen der Vereinigungsmenge

Der zweite Schritt – das Abzählen der neuen Reihe – ergibt sich aus der Frage: Wie viele Scheiben sind es im Ganzen? Dazu muss der Schüler die neue Reihe „durchzählen". Das Ergebnis ist der „einfachere Wert" sieben. Vollzieht der Schüler die dargestellten Schritte einsichtig, dürfte er die Operation „Addieren" aufgebaut haben. Sein Verständnis der Operation „Addieren" könnte sich noch vertiefen, wenn er erkennt und einsieht, dass beim „Durchzählen" der ganzen Reihe die erste weiße Scheibe zur fünften, die zweite zur sechsten und die dritte zur siebten Scheibe wurde:

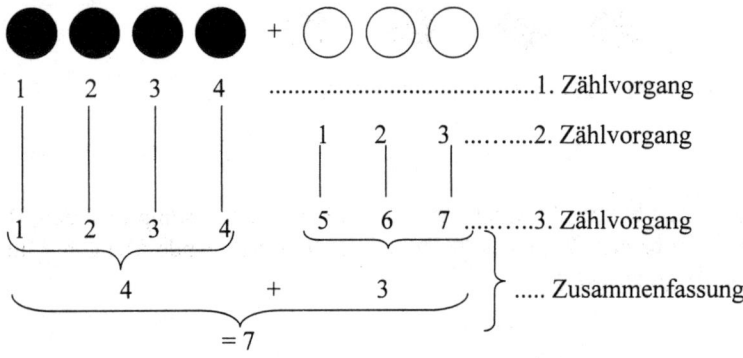

Abb. 5: Der Aufbau der Addition „4 + 3 = 7" als Mengenvereinigung und Koordination von drei Zählvorgängen (Aebli 1987, S. 211)

Damit ist jedoch noch nicht gewährleistet, dass die neue Operation vollkommen verstanden ist. Ein Lernender hat eine *Operation* erst dann *verstanden*, „wenn er einsieht, dass ihre Teilschritte notwendig sind, um die aufgegebene Gesamtoperation zu verwirklichen. Mit anderen Worten: Der Schüler sieht ein, dass die Teiloperationen in ihrer neuen Anordnung der Gesamtoperation äquivalent sind" (Aebli 1976, S. 139).

3.3 Verinnerlichen und Automatisieren von Operationen

Operationen werden ähnlich verinnerlicht wie Handlungen. Allerdings kann das *Verinnerlichen* einer Operation aufgrund ihrer symbolischen Kodierung genauer analysiert werden. Dabei ist zweierlei zu beachten: „(1) Eine Handlung wird zur Operation, indem sich der Handelnde die Beziehungen vergegenwärtigt, die er durch seine Handlung zwischen den Gegebenheiten herstellt. (2) Die Gegebenheiten, die dinglichen oder gedanklichen Gegenstände, auf die sich die Handlung richtet, müssen im Geist des Handelnden repräsentiert sein (...) ohne gegebene Objekte keine Handlung und keine Operation" (Aebli 1987, S. 217).

„Der Vorgang der Verinnerlichung betrifft (...) vor allem die Art und Weise, wie sich eine Person die Handlungen und Operationen vergegenwärtigt: Durch Anschauen (Wahrnehmung), durch Vorstellen oder mit Hilfe von stellvertretenden Zeichen, die ausgesprochen und gehört oder geschrieben und gelesen werden. Diese zu verändern und Beziehungen unter ihnen aufzulösen und aufzubauen, ist in jedem Fall ein unanschaulicher, innerlicher Prozess" (Aebli 1987, S. 219).

Eine Operation ist – darauf weist Aebli ausdrücklich hin – keine verinnerlichte (interiorisierte) Handlung. Gleichgültig, ob eine Person eine effektive Handlung ausführt und sich die Gegebenheiten wahrnehmungsmäßig oder als Zeichen vergegenwärtigt, sie vollzieht Operationen. „Entscheidend ist nicht die Art der Vergegenwärtigung der Gegebenheiten; entscheidend ist das Bewusstsein der Beziehungen, die durch die Operation erzeugt oder verändert werden" (Aebli 1987, S. 220).

Automatisieren einer Operation setzt ihre symbolische Kodierung mittels Zeichen voraus. Automatisiert wird „das Verfahren mit den Zeichen, in welche die Operation übersetzt worden ist" (Aebli 1987, S. 220), nicht die Operation selbst. „Automatismen spielen im Bereiche der Bedeutungsträger, die Operationen im Bereiche der Bedeutungen, die Automatismen verknüpfen Ziffern und Zahlwörter, die Operationen setzten Vorstellungen und Mengen und räumlichen Gebilden zueinander in Beziehung" (Aebli 1987, S. 224). Wird beispielsweise auf den Zuruf der Worte „vier und drei" unmittelbar mit dem Wort „sieben" geantwortet, liegt ein Automatismus vor: Auf den Stimulus („drei und vier") erfolgt eine bedingte Reaktion („sieben").[3]

Automatismen entlasten einerseits das Denken und das Gedächtnis, andererseits können sie aber auch zu Ergebnissen führen, ohne dass die zugrunde liegenden Zusammenhänge durchdrungen und verstanden sind. Automatismen gehen verloren, wenn sie nicht ständig gebraucht werden. Ein solcher Verlust kann wieder wettgemacht werden, indem Handelnde zur Bedeutung und Struktur zurückkehren, die den Automatismen zugrunde liegen. Auf dieser Ebene sind Au-

---

[3] Vergleiche dazu die Ausführungen zu Skinners Ansatz in Lehrtext 5.

tomatismen nicht nur Abkürzungsverfahren des Denkens: „Indem sie jede erworbene Operation leicht verfügbar und ohne Anstrengung einsetzbar machen, ermöglichen sie ihren Einbau in höhere Zusammenhänge, sei es bei der Lösung von Anwendungsproblemen, sei es beim Fortschreiten des Denkens zu höheren Operationen und Schlussfolgerungen" (Aebli 1987, S. 227).

3.4 Faktoren, die den Aufbau einer Operation beeinflussen können

In Anlehnung an Ergebnisse einer experimentellen Untersuchung „über die geistige Entwicklung des Kindes" kann gefolgert werden, dass der Aufbau einer Operation von folgenden Faktoren abhängig ist:

- Von der *Zahl der Elemente,* die zu verknüpfen sind: So kann es beim „Überschreiten des Zehners" für einen Lernenden schwieriger sein, wenn die Aufgabe „3 + 4 + 5 = ?" statt „7 + 5 = ?" lautet.

- Von der *Komplexität,* also der Art, wie sich die Elemente zum Ganzen ordnen: Die drei Elemente der Aufgabe „2 + 3 + 4 = ?" ordnen sich anders zum Ganzen als die drei Elemente der Aufgabe „3 + 4 + 5 = ?", weil mit dem letzten Element erst der Zehner überschritten wird.

- Von der *Anschaulichkeit* der Elemente; eine Additionsaufgabe mit konkreten Gegenständen ist meist anschaulicher als eine Aufgabe der Form „sieben und fünf gibt?".

- Von den *Lernprozessen,* die sich beim Aufbau der Operation abgespielt haben.

- Vom *Anteil von Wahrnehmung und Vorstellung* bei der Lösung der Aufgabe.

- Von der *Lernbereitschaft* des Lernenden (Aebli 1971, S. 47 ff. und S. 72).

3.5 Folgerungen für die Lehre

Aebli unterscheidet mehrere Schritte, wie Lehrende den Aufbau von Operationen so unterstützen können, dass die Operationen anwendungsfähig werden und reibungslos ablaufen.

Zur Vorbereitung
In einem *ersten Schritt* soll der Lehrende die konkrete Operation, die den Zeichen und dem angestrebten Automatismus zugrunde liegt, für sich herausarbeiten und sich dabei die logische Struktur der Operation klar machen.

Im *zweiten Schritt* sollte er sich – zumindest für den Unterricht in der Grundschule – überlegen, wie er die Operation und ihre logische Struktur in einen *lebenspraktischen Zusammenhang* einkleiden kann. Dabei muss er sicherstellen, dass die logische Struktur der Operation und die Struktur der praktischen Situation übereinstimmen.

In einem *dritten Schritt* sollte sich der Lehrende über die *Form* klar werden, in der er die Operation einführen möchte. Das Material und die Art der Durchführung werden abhängig von der gewählten Unterrichtsform – beispielsweise Demonstration, Gruppenarbeit oder Einzelarbeit – variieren.

Die Operation aufbauen
Oberstes Ziel beim Aufbau einer Operation ist es, dem Schüler die Zusammenhänge und Beziehungen, die einer Operation innewohnen, durchsichtig und einsichtig zu machen. Ausgangspunkt sollte eine *Problemstellung* sein, die zwar den allgemeinen Operationsgedanken enthält, für deren Verständnis aber noch nicht geklärt sein muss, wie die Operation im Einzelnen durchzuführen ist. Erst im Anschluss an die Problemstellung wird die Operation *im konkreten Handlungskontext* Schritt für Schritt aufgebaut, die ihr innewohnende *logische Struktur* aufgewiesen und im Nachhinein *reflektiert*, wie die Operation aufgebaut wurde, und schließlich wird die Operation als ein Ganzes rekonstruiert. Jede didaktische Überlegung und Maßnahme sollte auf diese Phase des Unterrichts ausgerichtet sein. „Denn das Wesentliche einer Operation besteht ja nicht im Hantieren, im äußerlichen Tun, sondern in den ihr innewohnenden Beziehungen. Der Analyse dieser Beziehungen steht ebenfalls die Tatsache entgegen, dass die Operationen dem Lehrer in automatisierter Form geläufig sind. Ein Automatismus hat keine *logische* Struktur" (Aebli 1987, S. 228).

Beim Aufbau einer Operation sollten darüber hinaus zwei Regeln berücksichtigt werden: „Je schwieriger die Manipulation und je komplexer die einzuführende Operation ist, desto eher muss ihre Erarbeitung im gemeinsamen Klassenunterricht erfolgen. Umgekehrt: Je einfacher die Manipulation und je einfacher die logische Struktur der einzuführenden Operation, desto eher können die Schüler die Lösung durch individuelle Arbeit an einem praktischen Problem selber suchen" (Aebli, 1987, S. 233, im Original kursiv).

Die Operation durcharbeiten
Ist einem Schüler die Struktur einer Operation klar und einsichtig, so kann er die Lösungswege *variieren* und die Operation möglicherweise auch *umkehren* (= *Reversibilität* einer Operation). Meist ist eine Operation jedoch nicht gleich nach der ersten Einführung beweglich verfügbar. Der Vollzug einer Operation

kann noch an gewisse äußere Bedingungen gebunden sein, unter denen der Schüler sie erworben hat. Von diesen „Schlacken" müssen die Operationen gereinigt werden, damit die wesentlichen und grundlegenden Beziehungen und Zusammenhänge klarer hervortreten. Einer solchen „Reinigung" dient das *Durcharbeiten einer Operation*, also das konkrete, aber sinnbezogene Gebrauchen einer Operation. Das Durcharbeiten soll helfen, das Verständnis zu vertiefen. Deshalb werden Operationen auf der Ebene der Bedeutungen durchgearbeitet. Insofern unterscheidet sich das Durcharbeiten vom *Üben*, das auf der Ebene der Symbole abläuft und auf das Einschleifen von Automatismen ausgerichtet ist. Während eine Operation meist im Klassenverband im Sinne eines ersten „Entdeckens und Forschens" von allen Schülern gemeinsam erarbeitet wird, kommt es beim Durcharbeiten darauf an, dass jeder Lernende die betreffende Operation unter wechselnden Bedingungen für sich allein durcharbeitet. Dazu sind Aufgaben erforderlich, die jeden Schüler dazu anregen, die Zusammenhänge der Operation wiederholt zu durchdenken. Und es ist erforderlich, dem Lernenden fortlaufend Rückmeldung über die Qualität seines Durcharbeitens zu geben.

Die Operation verinnerlichen
Ziel der Verinnerlichung ist es, eine Operation auch auf der Ebene der Zeichen sinnvoll ausführen zu können. Der Schüler soll die Zusammenhänge auch dann noch klar und deutlich „vor Augen haben", wenn er nur mit Zeichen operiert. Wie bei der Handlung unterscheidet Aebli die drei *Stufen der Verinnerlichung*: (1) Eine Operation effektiv am wirklichen Gegenstand vollziehen; (2) die Operation aufgrund ihrer bildlichen Darstellung ausführen und (3) die Operation allein auf der Grundlage einer ziffernmäßigen oder sprachlichen Vorstellung ausführen.

Grundsätzlich ist dabei zu beachten, dass „jede neue symbolischere Darstellung der Operation (...) mit der vorangehenden, konkreteren in möglichst enge Verbindung gebracht werden" (Aebli 1987, S. 238, im Original kursiv) muss.

Automatisieren mittels Üben
Beim *Automatisieren* werden bedingte Reaktionen aufgebaut. Das geschieht durch *Üben,* bei dem die Regeln, Zahlenkombinationen etc. auf der Zeichenebene mechanisch verknüpft werden. Das Üben unterscheidet sich also deutlich vom Durcharbeiten: „Die Übung strebt die Bildung von Automatismen an, das Durcharbeiten die Vertiefung des Verständnisses, der Lösung von zufälligen Verhaftungen mit unwesentlichen Bedingungen. Die Übung bringt eine rasche, sichere, aber stereotype Reaktion hervor, das Durcharbeiten eine verstandene und daher bewegliche, häufig reversible und variierbare Operation. Das Durch-

arbeiten spielt sich im Bereich der Bedeutungen ab, während sich das Üben im Bereich der Zeichen vollzieht. (...) Die beiden Unterrichtsformen [können] sehr wohl in der gleichen Lektion nebeneinander vorkommen. Sie stören sich in keiner Weise, sondern ergänzen sich im Gegenteil, insofern der Wechsel von der einen zur anderen ein Element der Abwechslung einführt" (Aebli 1987, S. 242). Am Schluss steht die *Anwendung*, bei der eine Operation in einer neuen Situation eingesetzt wird.[4]

4   Einen Begriff bilden

Erzählt jemand, wie es in einem mittelalterlichen Turnier zuging, wie es zum Ausbruch der Bauerkriege kam oder wie es einem Tier gelingt, sich mittels Schutzfarbe für seine Feinde unsichtbar zu machen, benutzt er Begriffe und baut mit ihrer Hilfe gedankliche Gebilde auf. Die Begriffe und gedanklichen Gebilde sind Instrumente, die uns die Welt sehen und verstehen lassen.

4.1   Zum Aufbau von Begriffen

Begriffe sind die Werkzeuge, mit deren Hilfe wir die Welt analysieren. *Begriffe* sind „die Einheiten, mit denen wir denken, indem wir sie kombinieren, zusammensetzen und umformen" (Aebli 1987, S. 246). Unter Verweis auf theoretische und empirische Befunde geht Aebli davon aus, dass wir Begriffe eigentlich nicht mittels Abstraktion bilden, sondern dadurch, dass wir „in den Erscheinungen gewisse uns bekannte Merkmale wiederfinden, die ihnen gemeinsam sind. Wenn diese dann mit einem äußeren Kriterium gesetzmäßig zusammenhängen, sprechen wir von *Induktion*, d. h. von einem invarianten (unveränderlichen) Zusammenhang, der erhalten bleibt, auch wenn die Erscheinungsformen (...) variieren" (Aebli 1987, S. 253).

Bei dieser Art der Begriffsbildung werden also gedankliche Merkmale aus dem Wissen abgerufen und zu neuen Strukturen verknüpft. Die so konstruierten Beziehungen zwischen Merkmalen bilden in der Regel ein Netz und definieren den neuen *Begriffsinhalt*. Mit *Begriffsumfang* wird die Menge der Fälle bezeichnet, deren Merkmale den Begriffsinhalt erfüllen. Der *Begriffsinhalt* kann unter einer eher statisch-strukturellen und unter einer eher prozessualen Perspektive betrachtet werden.

---

[4] Es ist zu beachten, dass Durcharbeiten, Üben, Wiederholen und Anwenden von Aebli hier relativ kurz dargestellt werden, da es sich – wie eingangs dargestellt – um Funktionen im Lernprozess handelt, die von Aebli als eigenständige Grundformen des Lehrens (Grundformen 10 bis 12) dargestellt werden.

Statisch-strukturelle Perspektive

Unter der statisch-strukturellen Perspektive wird der Begriffsinhalt im Sinne des *inneren Aufbaus eines Begriffs* beschrieben. Dabei wird nicht der Prozess beschrieben, wie ein Begriff aufgebaut wird, sondern das *Produkt* dieses Prozesses (das Ergebnis des Begriffsaufbaus) als ein Zustand, der durch Elemente und deren Verknüpfung zu einer Struktur gekennzeichnet ist. Diese statische Sichtweise soll am Beispiel des Begriffs „Schutzfarbe" voranschaulicht werden, in den drei mögliche Beziehungen zwischen einem Tier und seinem Feind eingehen:

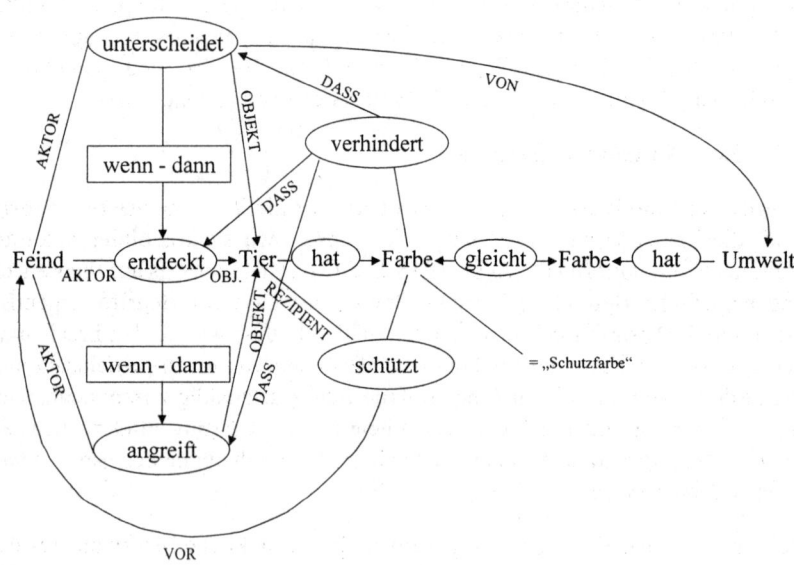

Abb. 6: Begriff „Schutzfarbe" (Aebli 1987, S. 255)

Der Feind will das Tier angreifen, um Beute zu machen. Dazu muss er das Tier von seiner Umgebung unterscheiden und entdecken können. Das wird verhindert, wenn die Farbe des Tieres der seiner Umgebung gleicht, der Feind das Tier also nicht von der Umgebung unterscheiden kann, es nicht entdeckt und also auch nicht angreifen kann. Die der Umgebung angepasste Farbe schützt das Tier also vor seinem Feind, weshalb eine solche Farbe „Schutzfarbe" genannt wird.

Die gewählte Netzdarstellung entspricht nach Aebli dem gegenwärtigen Stand der Erkenntnis, wie Begriffe im semantischen Gedächtnis des Menschen niedergelegt sind. Gedächtnisinhalte sind demnach nicht als Ketten von Worten oder von Bildern gespeichert, sondern auf struktureller Grundlage als Begriffe und Vorstellungen mit zahlreichen Beziehungen zu Nachbarbegriffen. Zur *Netzdarstellung* werden folgende graphische Elemente herangezogen: Die *Beziehungen* werden durch die Verbindungslinien zwischen den Begriffen, *Sachbegriffe* ohne Rahmen und *Beziehungsbegriffe* mit ovalem oder rechteckigem Rahmen dargestellt. Der Umfang eines Begriffs und damit der Grad seiner Allgemeinheit ergibt sich aus der Zahl der Fälle, die man für die in den Begriff eingehenden Teilbegriffe (Feind, Tier, Farbe, Umwelt) einsetzen kann.

Prozessuale Perspektive
Der Aufbau eines Begriffs verläuft wie beim Aufbau von Handlungsabläufen oder Operationen. Am Anfang steht das Problem, beispielsweise die Frage, warum ein Laubfrosch grün ist. Das Problem wird gelöst, indem alle bekannten Eigenschaften und Beziehungen aktiviert werden, die die Funktion der Grünfärbung des Laubfrosches begründen können. Das Ergebnis kann ein für den Lernenden neues Netz aus Elementen und Beziehungen sein, wie es am Beispiel des Begriffs Schutzfarbe veranschaulicht wurde.

Aebli schließt den psychologischen Teil zur Begriffsbildung mit dem Hinweis, dass auch Handlungen und Operationen Gegenstand der Begriffsbildung sein können. Mit Begriffen wie „Schutzfarbe" wird ein Stück Wirklichkeit gedanklich rekonstruiert und begrifflich dargestellt, während in den Abschnitten über Handlung und Operation „Schemata des Handelns und Operierens, also Tätigkeiten des Schülers aufgebaut worden sind. (...) [Sie] stellen nur einen Sonderfall der Begriffsbildung dar. Gemeinsam ist allen Formen der Aufbau durch Verknüpfung, der Netzcharakter des resultierenden Wissens, seine Abgrenzung und vergegenständlichende Benennung mit einem Substantiv und die Möglichkeit seiner Übertragung auf neue Situationen" (Aebli 1987, S. 261).

4.2 Folgerungen für die Lehre

Da Begriffe als *Netze von Sachzusammenhängen* aufgefasst werden können, muss sich ein Lehrender bei seiner Unterrichtsvorbereitung überlegen, ob die Schüler nicht bereits über einen *Vorbegriff* verfügen, der allgemein, aber noch undifferenziert, schon wesentliche Züge des aufzubauenden Begriffs umfasst. Fehlt ein solcher Vorbegriff, kann er durch eine *Problemstellung* ersetzt werden, welche die aufzubauende Struktur vorwegnimmt.

Ein *Begriffsinhalt* kann erklärend oder problemlösend *aufgebaut* werden. Bei beiden Lehrformen ist allerdings sicherzustellen, dass jeder Schüler den begrifflichen Aufbau für sich vollzieht. Dafür sind „die entscheidenden Aufbauschritte mehrmals, in Variation zu formulieren oder formulieren zu lassen und womöglich sofort gewisse Verständniskontrollen anzuknüpfen. (...) [Des Weiteren müssen] Teilergebnisse bewusst festgehalten und eingeprägt werden (...)" (Aebli 1987, S. 267). Ist die Begriffsbildung abgeschlossen, sollten die Schüler dazu angehalten werden, auf die Schritte des Aufbaus zurückzublicken und sie sich bewusst einzuprägen.

Ziel des *Durcharbeitens von Begriffen* ist – wie bei der Handlung und Operation –, die Begriffe beweglich zu machen, sie von den besonderen Bedingungen ihres Aufbaus zu lösen und sie anwendungsfähig zu machen. Dazu wird empfohlen, das *Begriffsnetz* in *verschiedenen Richtungen* zu durchlaufen und unter *verschiedenen Gesichtspunkten* zu betrachten. „Das Durcharbeiten reinigt den Begriff von den Schlacken, die ihm von der ersten Erarbeitung her noch anhaften. Die wesentlichen Zusammenhänge treten in Klarheit hervor. Der Begriff wird zu einer geistigen Landkarte (cognitive map) (...), in der sich der Schüler frei und selbstständig zu bewegen vermag" (Aebli 1987, S. 270). Damit die so aufgebauten Begriffe tatsächlich zu Werkzeugen des Denkens werden, muss den Schülern Gelegenheit gegeben werden, sie als Werkzeuge *anzuwenden*.

Literatur

Aebli, H. (1951). Didactique psychologique. Application à la didactique de la psychologie de Jean Piaget. Neuchâtel/CH: Delachaux et Niestlé.

Aebli, H. (1971). *Über die geistige Entwicklung des Kindes.* Stuttgart: Klett-Cotta.

Aebli, H. (1961[1], 1976[9]). *Grundformen des Lehrens.* Stuttgart: Klett-Cotta.

Aebli, H. (1980). *Denken: Das Ordnen des Tuns.* Band I. Stuttgart: Klett-Cotta.

Aebli, H. (1981). *Denken: Das Ordnen des Tuns.* Band II. Stuttgart: Klett-Cotta.

Aebli, H. (1983[1], 1987[3]). *Zwölf Grundformen des Lehrens.* Stuttgart: Klett-Cotta.

Aebli, H. (1987). *Grundlagen des Lehrens.* Stuttgart: Klett-Cotta.

Lehrtext 7

Ausubels Theorie des bedeutungsvollen verbalen Lernens

Ausubel hat seine Theorie von Anfang an als eine kognitive[1] Theorie schulischen Lernens konzipiert und sie entsprechend gekennzeichnet. Ein Anliegen seiner Theorie ist, die von der Forschung noch nicht bewältigte Aufgabe anzugehen, Lerntheorien zu formulieren, die für jene bedeutungsvollen Lernarten relevant sind, die in der Schule und ähnlichen Lernumgebungen eine zentrale Rolle spielen. Um seine Absicht, eine Lerntheorie für schulisches Lernen zu formulieren, zu verwirklichen, schlägt Ausubel einen Weg ein, der im Gegensatz steht zum Vorgehen traditioneller psychologischer Lerntheorien. Die Grundlagen für solche Theorien wurden meist unter Laborbedingungen – zum Teil mit Tieren als „Lernenden" und sinnlosen Silben als Lernaufgaben – überprüft, und anschließend wurden diese Erkenntnisse auf schulisches Lernen übertragen (vgl. z. B. Skinner in Lehrtext 5). Ausubel sieht in diesem Vorgehen einen der Gründe dafür, warum die meisten der bestehenden Lerntheorien so wenig ertragreich für die Organisation schulischer Lehr-Lern-Prozesse waren und infolgedessen kaum Eingang in die schulische Praxis gefunden haben.

Seine Lerntheorie zielt deshalb *unmittelbar* auf jene Lernprozesse und auf jene Umgebungsbedingungen, die in der Schule eine Rolle spielen. Nun sind in der Schule eine Fülle sehr verschiedenartiger Lernprozesse beobachtbar: Motorisches Lernen, Reiz-Reaktions-Lernen, mechanisches Lernen (Auswendiglernen), bedeutungsvolles Lernen, fragmentarisches Lernen, kumulatives Lernen, verbales Lernen, kurzfristiges oder langfristiges Lernen, aufnehmendes oder entdeckendes Lernen, Begriffslernen oder Problemlösen. Ausubel beansprucht allerdings nicht, dass seine Theorie für alle diese Lernprozesse gültig ist. Vielmehr schränkt er seine Theorie schulischen Lernens auf bestimmte Lernprozesse und bestimmte Lernmaterialien ein. Diese Einschränkungen gründen sich auf *zwei Voraussetzungen*, die seiner Meinung nach das Lernen in der Schule bestimmen:

(1) Schulisches Lernen ist überwiegend *sprachlich vermitteltes Lernen.*
(2) Schule hat die Aufgabe, dem Lernenden die *Aufnahme kulturell bereitgestellten Wissens zu ermöglichen und zu erleichtern.*

---

[1] Unter dem Begriff „Kognition" werden „diejenigen Funktionen zusammengefasst, die das Wahrnehmen und Erkennen, das Enkodieren [Verschlüsseln], Speichern und Erinnern sowie das Denken und Problemlösen, die motorische Steuerung und schließlich den Gebrauch der Sprache umfassen" (Strube 1996, S. 303).

Ausubel hat beide Prämissen, die in seine Theorie eingehen, in seinen Veröffent-lichungen (beispielsweise Ausubel 1961, 1963, 1966) immer wieder verteidigt. So hat er sich vehement gegen eine Abwertung der „Methode expositorischen sprachlichen Lehrens" (Ausubel 1968, S. 83) gewandt und versucht, dem rezep-tiven (aufnehmenden) Lernen als einer der wichtigsten Arten schulischen Lernens zu dem ihm seiner Meinung nach zustehenden Ansehen zu verhelfen: „Verbales Darstellen ist tatsächlich der wirksamste Weg des Lehrens von Inhalten und führt zu tieferem und weniger trivialem Wissen, als wenn Schüler ihre eigenen Pädago-gen sind" (Ausubel 1968, S. 86)[2].

Auch in seiner Auseinandersetzung mit dem Entdeckungslernen, besonders mit Bruner, führt er immer wieder an, dass schulisches Lernen weitgehend auf die rezeptive Übernahme bereitgestellter Wissensbestände ausgerichtet sein muss: „Soweit die formale Erziehung des Individuums betroffen ist, übermittelt das Er-ziehungswesen weitgehend vorgefertigte Begriffe, Klassifikationen und Lehrsät-ze" (Ausubel 1968, S. 23). Für ihn besteht die wesentliche Funktion der Schule deshalb darin, Wissen zu übermitteln, und er spricht vom Wissen als einem selb-stständigen Ziel" (Ausubel 1968, S. 31) schulischen Lernens.

In Ausubels Theorie über das Lernen in der Schule gehen deshalb die folgenden Vorannahmen ein:

- Die Lernprozesse sind weitgehend *sprachlich vermittelt*.
- Ziel schulischen Lernens ist die Aufnahme *kulturell bereitgestellter Wissens-bestände*.
- Bei der Mehrzahl der Lernenden überwiegt die *Fähigkeit originelle Ideen zu verstehen* bei weitem die Fähigkeit, originelle Ideen selbstständig hervorzu-bringen.
- *Lernmotivation* ist ebenso eine Wirkung von wie eine Ursache für Lernen, und die beste Wirkung auf die Lernmotivation der Schüler hat effektives Lehren.

Diese Vorannahmen bedingen, dass Ausubels Theorie des bedeutungsvollen ver-balen Lernens nur auf solche Lernprozesse anwendbar ist, bei denen die folgen-den Voraussetzungen erfüllt sind:

(1) Die Umgebungsbedingungen, auf die die Aktivitäten des Lernenden gerich-tet sind, bestehen ausschließlich aus *Lernaufgaben in Form von sprachli-chem Material*, das vom Lehrenden theoriegemäß aufbereitet dargeboten werden muss (*expositorisches sprachliches Lehren*).

---

[2] Alle Zitate sind Übersetzungen der Verfasser (Macke 1978).

(2) Das *Lernverhalten* des Lernenden muss darauf gerichtet sein, die Bedeutungen, die im sprachlichen Lernmaterial enthalten sind, zu verstehen, dauerhaft in seine kognitive Struktur zu integrieren und dauerhaft aufrecht zu erhalten.

(3) Die *bestehende kognitive Struktur des Lernenden* als ein System von Bedeutungen, in das die im sprachlichen Material enthaltenen neuen Bedeutungen integriert werden müssen, *muss geeignete Anknüpfungspunkte* bieten, damit die neuen Bedeutungen des Lernmaterials auch tatsächlich integriert werden können.

Ausubel interpretiert also *bedeutungsvolles verbales Lernen* – und allein auf diese Lernart bezieht sich seine Theorie – als einen idiosynkratischen[3] Akt, durch den der Lernende versucht, die Bedeutungen der Zeichen und Zeichenfolgen, die ihm im sprachlichen Lernmaterial dargeboten werden (die Begriffe, Fakten, Regeln, Sachverhalte, auf die Sprache als Zeichensystem verweist), zu erfassen und dauerhaft in seine kognitive Struktur zu integrieren.

1 Bedeutungsvolles rezeptives Lernen

Ausubel hat die Lernart, für die allein seine Theorie Gültigkeit beansprucht, in älteren Fassungen *bedeutungsvolles verbales Lernen* genannt. Dieser Terminus kennzeichnet, was gelernt werden soll – Bedeutungen –, und das Medium, durch das die neuen Bedeutungen vermittelt werden – die Sprache.[4] In der Fassung von 1968 hat er diesen Terminus durch den allgemeineren Terminus „bedeutungsvolles rezeptives Lernen" ersetzt. Er kennzeichnet die Lernart, auf die sich Ausubels Theorie bezieht, durch das, was gelernt werden soll – Bedeutungen –, und durch die Art und Weise, wie die neuen Bedeutungen erworben werden – nämlich rezeptiv (aufnehmend). Durch den allgemeineren Terminus „bedeutungsvolles rezeptives Lernen" ist die gemeinte Lernart also durch den Lernprozess (= rezeptives Lernen) und das Lernergebnis (= Bedeutungen) gekennzeichnet. Allerdings bleibt auch für die Lernart „bedeutungsvolles rezeptives Lernen" die Tatsache bestehen, dass Lernen in der Schule überwiegend sprachlich vermittelt ist. Ausubel geht deshalb in seiner Theorie der Frage nach, *wie der Prozess der Aufnahme von Bedeutungen, die mit Hilfe sprachlichen Materials dargeboten* werden, beschrieben und erklärt werden kann.

---

[3] Der Terminus „idiosynkratisch" dient in diesem Zusammenhang der Kennzeichnung der Zerbrechlichkeit (Empfindlichkeit) und des je individuellen Charakters der entsprechenden Prozesse (Akte) und ihrer Produkte.
[4] Unter dem Etikett „Theorie des bedeutungsvollen verbalen Lernens" ist Ausubels Theorie auch bekannt geworden.

1.1 Bedingungen für den Erwerb neuer Bedeutungen

Wird der Erwerb neuer Bedeutungen vom Begriff „Aufnahme" (Rezeption) ange-
gangen, wird dreierlei deutlich: Es muss etwas geben, das aufgenommen wird –
das sind die *neuen Bedeutungen*; es muss weiterhin etwas geben, in das aufgenommen wird – das ist die *bestehende kognitive Struktur* des Lernenden; und
es muss schließlich etwas geben, durch das die neuen Bedeutungen aufgenommen
werden – dies sind die Prozesse, die unter dem Begriff *bedeutungsvolles rezeptives Lernen* zusammengefasst werden. Neue Bedeutungen, die im sprachlichen
Lernmaterial angeboten werden, die bestehende kognitive Struktur des Lernenden
und die Prozesse, die für die Rezeption der neuen Bedeutungen notwendig sind,
definieren die Bedingungen, die Ausubel in seiner Theorie in einen Zusammenhang zu bringen versucht.

Mit *Bedeutung* kennzeichnet Ausubel die kognitiven Inhalte, die der Lernende
mit sprachlichen und anderen Zeichen verbindet. Denn Zeichen haben immer nur
die Bedeutung, die sie durch den Kontakt mit individuellen kognitiven Strukturen
erhalten: Ein Lernender ordnet den Zeichen Bedeutungen (Fakten, Begriffe, Regeln, Sachverhalte usw.) zu, indem er das mit den Zeichen Bezeichnete mit Hilfe
seiner kognitiven Struktur intern zu konstruieren versucht. Insofern existieren Bedeutungen immer nur in der kognitiven Sphäre der Individuen. Durch die Zeichen,
die ihnen zugeordnet werden, werden sie mitteilbar.

Die soeben skizzierte Beziehung zwischen den Bedeutungen und den Zeichen,
die ihnen zugeordnet werden können, macht deutlich, dass *sprachliches Lernmaterial* an sich keine Bedeutung haben kann. Es kann allenfalls durch den Kontakt
zu irgendeiner kognitiven Struktur Bedeutung bekommen. Das sprachliche Lernmaterial als sprachliches Zeichensystem verweist auf diejenigen Bedeutungen, die
der Verfasser des Materials mit den Zeichen verbunden hat. Ausubel bringt diesen Sachverhalt dadurch zum Ausdruck, dass er konsequent von den potentiellen
Bedeutungen des Lernmaterials spricht. Falls dem Lernmaterial überhaupt Bedeutung zukommt (sinnlosen Silben z. B. kommt auch keine potentielle Bedeutung
zu), dann ist es potentielle Bedeutung, die aktuell wird, wenn ein Lernender sie
durch Einordnung in seine bestehende kognitive Struktur herzustellen versucht.
Ausubel sagt deshalb, sprachliches Lernmaterial habe *potentielle (oder logische)
Bedeutung*, wenn es mit *irgendeiner* kognitiven Struktur verbindbar ist (und sei
es auch nur mit der kognitiven Struktur desjenigen, der das Material verfasst hat).
Nur auf Lernmaterial mit potentieller Bedeutung bezieht sich seine Theorie.

Es wurde bereits gesagt, dass die potentiellen Bedeutungen des Lernmaterials zu
aktuellen Bedeutungen werden, wenn ein Lernender versucht, die gemeinten Be-

deutungen durch Einordnung in seine bestehende kognitive Struktur für sich zu konstruieren, wenn er versucht, den Zeichen, die er aufnimmt, die entsprechenden (oder auch nur möglichen) Bedeutungen zuzuordnen. Diese Zuordnung von Bedeutungen zu den sprachlichen Zeichen kann nur insoweit gelingen, wie Voraussetzungen dafür in der bestehenden Struktur gegeben sind. Die Eigenschaften der bestehenden kognitiven Struktur und die Qualität der aktuellen Prozesse, mit denen der Lernende die Zuordnung „Zeichen – Bedeutung" versucht, bestimmen also die Qualität der individuellen Bedeutungen, die sprachliches Lernmaterial hervorruft. Insofern sind die aktuellen Bedeutungen das Produkt eines idiosynkratischen Aktes, und die *aktuellen oder psychischen Bedeutungen*, die der Lernende den Zeichen tatsächlich zuordnet, müssen keinesfalls angemessen, logisch richtig oder gar jenen Bedeutungen äquivalent sein, die der Verfasser der Zeichenfolge ihnen ursprünglich zugeordnet hatte. Aktuelle Bedeutungen sind immer und prinzipiell individuelle Bedeutungen, deren Qualität von den Eigenschaften der bestehenden individuellen kognitiven Struktur bestimmt werden. Aus diesem Grunde bezeichnet Ausubel die Eigenschaften der bestehenden kognitiven Struktur als die entscheidenden Variablen, die bedeutungsvolles rezeptives Lernen bestimmen.

Die *kognitive Struktur des Lernenden* muss mindestens *Anknüpfungspunkte* für die potentiellen Bedeutungen des Lernmaterials bieten. Ohne solche Anknüpfungspunkte ist keine interne Konstruktion neuer Bedeutungen möglich. In der Terminologie Ausubels formuliert: Die potentielle Bedeutung des Lernmaterials kann nicht in aktuelle Bedeutung „überführt" werden. Je angemessener die verfügbaren Anknüpfungspunkte sind, je vielfältiger die bereits bestehenden Bedeutungen zur Konstruktion neuer Bedeutungen eingesetzt werden können, um so reichhaltiger und um so angemessener werden die aktuellen Bedeutungen sein.

Neben den Eigenschaften der kognitiven Struktur, die eine Überführung potentieller Bedeutungen des Lernmaterials in aktuelle Bedeutungen ermöglichen, muss beim Lernenden noch die Einstellung gegeben sein, neue Bedeutungen durch Einordnung in seine kognitive Struktur auch tatsächlich gewinnen zu wollen. Ohne eine *Lerneinstellung*, die auf Konstruktion neuer Bedeutung (auf Sinnentnahme) und auf Konstruktion einer Zuordnung „Zeichen – Bedeutung" ausgerichtet ist, die der potentiellen Bedeutung des Lernmaterials angemessen sein könnte, ist bedeutungsvolles Lernen nicht möglich. Ausubel nennt eine solche Lerneinstellung eine *bedeutungsvolle Lerneinstellung*.

Damit sind die Bedingungen beschrieben, unter denen allein bedeutungsvolles Lernen stattfinden kann: Das sprachliche Lernmaterial besitzt potentielle Bedeutung (es führt bei mindestens einer kognitiven Struktur zu aktueller Bedeutung), die bestehende kognitive Struktur umfasst solche Bedeutungen, die als Anknüpfungspunkte für die individuelle Konstruktion aktueller Bedeutung dienen können, und der Lernende ist bereit, die bestehenden Möglichkeiten seiner kognitiven Struktur zur Überführung potentieller Bedeutungen des Lernmaterials in aktuelle Bedeutungen auch tatsächlich einzusetzen.

1.2 Der Prozess des Erwerbs neuer Bedeutungen

Mit einem *aktuellen idiosynkratischen* Akt wird die potentielle Bedeutung des Lernmaterials in aktuelle Bedeutung seitens des Lernenden „überführt" bzw. in diesem Akt wird die aktuelle Bedeutung durch den Lernenden intern konstruiert, die den gegebenen Zeichen zugeordnet werden kann. Die Einordnung in die bestehende kognitive Struktur, durch die potentielle Bedeutung zu aktueller Bedeutung wird, geschieht nach Ausubel hauptsächlich durch *Subsumtion* (= Unterordnung unter bestehende allgemeinere und umfassendere Bedeutungen).

Ausubel unterscheidet zwei *Arten der Subsumtion:*

(1) *Derivative Subsumtion*, bei der die neuen Bedeutungen des sprachlichen Lernmaterials Spezialfälle, Illustrationen, Beispiele, Erläuterungen, Ableitungen, Konkretisierungen bestehender allgemeiner Bedeutungen darstellen, die aus Letzteren direkt ableitbar sind, weil sie implizit in den allgemeineren Bedeutungen enthalten sind (z. B. ist ein Rechteck ein spezielles Parallelogramm, weshalb die Bedeutung Rechteck aus der Bedeutung Parallelogramm direkt ableitbar ist).

(2) *Korrelative Subsumtion*, bei der die neuen Bedeutungen des sprachlichen Materials Erweiterungen (Ausweitungen), Verfeinerungen, Vertiefungen, Einschränkungen oder Veränderungen bestehender allgemeinerer Bedeutungen darstellen, die zwar mit den allgemeineren Bedeutungen verbindbar sind, aber nicht implizit in ihnen enthalten sind (z. B. ist ein Lernbegriff, der auf der Konstrukt- und der Indikatorebene definiert ist, eine Vertiefung eines Lernbegriffes, der nur auf beobachtbare Verhaltensänderungen bezogen ist. Der Erstere ist deshalb in Letzterem nicht implizit enthalten).

Später hat Ausubel seine Vorstellungen über die idiosynkratischen Akte, die bedeutungsvolles Lernen ausmachen, erweitert und als mögliche Prozesse, durch die die Bedeutungen sprachlicher Zeichen erfasst werden können, Prozesse der *Überordnung* über bereits bestehende Bedeutungen und der *Kombination* bestehender Bedeutungen zu neuen Bedeutungen in seine Überlegungen einbezogen.

Er spricht von *Überordnung* oder *Überordnungslernen,* wenn umfassendere Bedeutungen erworben werden, unter die schon bestehende Bedeutungen dann subsumierbar sind (Überordnung ist beispielsweise gegeben, wenn aus der Analyse verschiedener, in der Literatur vorfindbarer Lernbegriffe ein allgemeiner und übergeordneter Lernbegriff gewonnen wird).

Mit *Kombination* oder *Kombinationslernen* bezeichnet Ausubel den Aufbau neuer Bedeutungen, wenn diese nicht direkt aus einzelnen bestehenden Bedeutungen gewonnen werden können, sondern nur mit Hilfe eines breiten Hintergrunds allgemein relevanter Inhalte der kognitiven Struktur (Kombinationslernen liegt z. B. vor, wenn mit Hilfe der Begriffe Zeit und Weg der Geschwindigkeitsbegriff gebildet wird).

Von den idiosynkratischen Akten her gesehen, die bedeutungsvolles Lernen ausmachen, kann Ausubels Theorie des bedeutungsvollen rezeptiven Lernens auch als eine Theorie derjenigen kognitiven Akte bezeichnet werden, durch die *bedeutungsvolle Beziehungen* zwischen dem Lernmaterial und der kognitiven Struktur eines Lernenden hergestellt werden. Ausubel kennzeichnet diese Beziehungen als *inhaltlich, nicht-willkürlich und nicht-wortwörtlich,* wenn sie den Prinzipien der Unterordnung, Überordnung oder Kombination folgen und unabhängig von der Art der sprachlichen Formulierung an den bezeichneten Bedeutungen orientiert sind. Durch den individuellen Aufbau solcher Beziehungen werden die potentiellen Bedeutungen des Lernmaterials zu aktuellen Bedeutungen, die dann dauerhaft in die kognitive Struktur des Lernenden integriert werden können.

Die Art und Weise, in der Ausubel diese Akte und die Bedingungen, die sie ermöglichen, beschreibt, verweist auf einige Annahmen über innere Vorgänge, die seinen Vorstellungen zugrunde liegen. Diese Annahmen beziehen sich auf Funktionsprinzipien des menschlichen Zentralnervensystems als System zur Informationsverarbeitung und zur Informationsspeicherung: „Das menschliche Nervensystem ist als Datenverarbeitungs- und Datenspeicherungsmechanismus so konstruiert, dass neue Ideen und Informationen nur in dem Umfang bedeutungsvoll gelernt und behalten werden können, in dem umfassendere und angemessen relevante Begriffe in der kognitiven Struktur schon verfügbar sind, die der Subsumtion oder der gedanklichen Verankerung dienen können" (Ausubel 1967, S. 222).

In der Fassung seiner Theorie von 1968 hat Ausubel seine Vorstellung über die Vorgänge, die dem Erwerb, dem Behalten und der dauerhaften Organisation neuer Bedeutungen in der kognitiven Struktur zugrunde liegen, in Form einer *Assimilationshypothese* ausgearbeitet. Ihr Kern ist die Vorstellung, dass neue Bedeutungen immer als Wechselwirkungsprodukte mit bestehenden Bedeutungen gespeichert werden. Aus dieser Vorstellung der paarweisen Verknüpfung von Bedeutungen leitet er dann die Bedingungen für den Erwerb, für die Behaltensdauer und für die dauerhafte Gesamtorganisation der kognitiven Struktur ab. Ausubels Assimilationshypothese soll hier nicht weiter dargestellt werden. Sie soll nur zum Anlass genommen werden um zu verdeutlichen, dass Ausubels Vorstellungen vom bedeutungsvollen rezeptiven Lernen letztlich auf einer *Theorie der Langzeitspeicherung* gegründet sind, weniger auf Vorstellungen darüber, wie die zu speichernden Produkte in aktuellen Informationsverarbeitungsprozessen erzeugt werden.

Ausubels Hypothese, dass Bedeutungen immer als Wechselwirkungspaare gespeichert werden, wobei langfristig die allgemeinere Bedeutung die speziellere Bedeutung an sich bindet, führt schließlich zu der Vorstellung, dass sich im Langzeitspeicher eine *hierarchisch geordnete kognitive Struktur* ausbildet. Diese Hierarchie kann als eine Pyramide veranschaulicht werden, an deren Spitze die allgemeinsten Bedeutungen stehen, deren Bedeutungen zur Basis hin immer spezifischer werden, bis sie schließlich in einzelne gespeicherte Fakten übergehen, welche die Basis der Pyramide bilden.

1.3 Eigenschaften der kognitiven Struktur, die bedeutungsvolles Lernen beeinflussen

Die Vorstellung einer hierarchisch geordneten kognitiven Struktur bildet den eigentlichen Kern der Ausubelschen Theorie, aus dem er alle anderen Theorieelemente ableitet. Die kognitive Struktur ist *Bedingung für* bedeutungsvolles rezeptives Lernen und *Produkt von* bedeutungsvollem rezeptivem Lernen. Ihre allgemeinen Organisationsprinzipien und die Eigenschaften der Bedeutungen, aus denen sie aufgebaut ist, sind für Ausubel deshalb die zentralen kognitiven Faktoren (Bedingungen), die bedeutungsvolles Lernen bestimmen. Dabei muss neben dem Gesichtspunkt, dass die kognitive Struktur eine *Hierarchie* bildet – was zur Dominanz der Vorstellung führt, dass Subsumtion der wesentliche Prozess beim Erwerb neuer Bedeutungen ist –, beachtet werden, dass Ausubel die kognitive Struktur rein *inhaltlich interpretiert:* Die kognitive Struktur ist für ihn ein *System geordneter Bedeutungen,* das durch bedeutungsvolles Lernen verändert werden kann. Der dynamische Aspekt bezieht sich also allein auf die Veränderung der kognitiven Struktur als Bedeutungssystem, nicht wie zum Beispiel bei Bruner oder bei Piaget darauf, dass unter dem Terminus kognitive Struktur auch Systeme dauerhaft verfügbarer kognitiver Fähigkeiten subsumiert werden können, wodurch die kognitive Struktur selbst einen *dynamischen* oder *prozessualen Charakter* bekommt (vgl. z. B. die Darstellung der Brunerschen Theorie in Lehrtext 8).

Entsprechend dieser rein inhaltlichen Interpretation der kognitiven Struktur ist es nur konsequent, wenn Ausubel *die kognitiven Bedingungen, die weiteres Lernen beeinflussen, ebenfalls inhaltlich formuliert.* Alle diese Bedingungen beziehen sich nämlich auf Eigenschaften der inhaltlich interpretierten kognitiven Struktur, auf die *Verfügbarkeit* und andere Merkmale einzelner Bedeutungen und auf die *organisatorischen Qualitäten* der kognitiven Struktur insgesamt. So nennt er im Einzelnen als Faktoren, die sich auf das Lernen und Behalten neuer Bedeutungen auswirken:

- Die *Verfügbarkeit* relevanter Bedeutungen (Begriffe, Prinzipien, Fakten usw.) als Ankerideen.
- Das *Abstraktionsniveau* und den *Begriffsumfang* (Inklusivitätsniveau)[5] der Ankerideen, wodurch die Beziehbarkeit potentieller Bedeutungen beeinflusst wird.
- Die *Klarheit* und *Stabilität* der Ankerideen und die Art ihrer Einordnung in eine geeignete Organisation der kognitiven Struktur.
- Die *Unterscheidbarkeit* (Diskriminierbarkeit) der Ankerideen von den potentiellen Bedeutungen des Lernmaterials.
- Der *Organisationsgrad* der kognitiven Struktur insgesamt, also die Menge der Beziehungen zwischen den verfügbaren Bedeutungen und die Art der Beziehungen (Verknüpfung) zwischen ihnen.

Alle diese Faktoren benennen inhaltliche oder organisatorische Eigenschaften der bestehenden kognitiven Struktur, weshalb Ausubel auch sagen kann, dass der Hauptfaktor, der bedeutungsvolles Lernen und Behalten beeinflusst, die kognitive Struktur des Lernenden selber ist: „Es ergibt sich aus der Natur des Erwerbs der psychischen Struktur des Wissens – durch den Assimilationsprozess –, dass die *bestehende kognitive Struktur selbst* – sowohl der gegenstandsbezogene Inhalt der Wissensstruktur eines Individuums als auch seine wesentlichen organisatorischen Eigenschaften in einem speziellen Gegenstandsbereich, wie sie zu einer bestimmten Zeit ausgebildet sind – der hauptsächliche Faktor ist, der bedeutungsvolles Lernen und Behalten in demselben Gegenstandsfeld beeinflusst" (Ausubel 1968, S. 127).

Von der Vorstellung aus, dass die bestehende kognitive Struktur des Lernenden der Hauptfaktor ist, der alles weitere Lernen beeinflusst, ist es kein weiter Weg mehr zu der Folgerung, dass Lehren daran ausgerichtet sein muss, die Eigenschaften der bestehenden kognitiven Struktur zu verbessern: „Es ist deshalb ein Gemeinplatz, dass die Einzelheiten einer gegebenen Disziplin so schnell gelernt

---

[5] Vgl. dazu auch die Ausführungen zu Begriffsinhalt und Begriffsumfang von Aebli in Lehrtext 6.

werden können, wie sie in einem zusammenhängenden Rahmen aus einem stabilen und angemessenen Korpus allgemeiner Begriffe und Prinzipien eingepasst werden können. Wenn wir wohlüberlegt versuchen, die kognitive Struktur so zu beeinflussen, dass bedeutungsvolles Lernen und Behalten maximiert wird, kommen wir zum Kern des Erziehungsprozesses" (Ausubel 1968, S. 128).

Die konsequente Anwendung dieser Grundidee führt Ausubel zur Formulierung jener Prinzipien zur Organisation von Lehr-Lern-Prozessen, die die *Methode des expositorischen verbalen Lehrens* kennzeichnen.

2   Die Methode des expositorischen Lehrens

Es ist ein besonderes Merkmal des Ausubelschen Ansatzes, dass er die Methode des expositorischen Lehrens als Strategie zur Erleichterung bedeutungsvollen rezeptiven Lernens konsequent auf die Bedingungen und Prinzipien bezogen hat, die seiner Meinung nach bedeutungsvolles rezeptives Lernen bestimmen. Er stellt der hierarchisch geordneten kognitiven Struktur als das Element, das Ergebnis und zugleich Bedingung für bedeutungsvolles rezeptives Lernen ist, als Umgebungsbedingung einen Unterricht gegenüber, der nach der Methode des expositorischen verbalen Lehrens zu gestalten ist. Beide Elemente – *kognitive Struktur* und *bedeutungsvolles rezeptives Lernen* einerseits und *expositorisches verbales Lehren* andererseits – werden *nicht unabhängig voneinander* gesehen. *Expositorisches* verbales Lehren ist nicht irgendein expositorisches (darstellendes) Lehren, sondern ein Lehren, das mit seinen inhaltlichen und programmatischen Prinzipien direkt an den Organisationsprinzipien der kognitiven Struktur und den daraus abgeleiteten Prinzipien des bedeutungsvollen Lernens orientiert ist. Und umgekehrt müssen Ausubels Vorstellungen vom bedeutungsvollen *rezeptiven* Lernen immer unter dem Aspekt gesehen werden, dass sie im Hinblick auf die Vermittlung kulturell bereitgestellter Wissensbestände durch die Schule konzipiert wurden. Deshalb bedarf rezeptives Lernen für Ausubel immer der Ergänzung durch einen Unterricht, der die Aufnahme neuer Bedeutungen durch vorstrukturiertes und sequenziertes sprachliches Lernmaterial und entsprechende expositorische Prinzipien der Unterrichtsgestaltung ermöglicht und erleichtert.

Lehren hat für Ausubel grundsätzlich die *Aufgabe, Lernen zu erleichtern,* und muss deshalb mit dem Ziel geplant werden, diejenigen Faktoren bewusst zu beeinflussen und zu gestalten, die einer Erleichterung des Lernens dienen können. Lehren als Strategie zur Erleichterung des Lernens verlangt deshalb die Kontrolle der inhaltlichen und organisatorischen Aspekte der kognitiven Struktur des Lernenden, wozu zwei unterschiedliche Wege möglich sind: Zum einen die *inhaltliche Organisation des Lernmaterials*, zum anderen die *programmatische Organisation der Darbietung (der Exposition) des Lernmaterials:*

(1) „*Inhaltlich*, indem man für organisierende und integrierende Zwecke solche vereinheitlichende Begriffe und Lehrsätze einer gegebenen Disziplin gebraucht, die die größte erklärende Kraft, den größten Umfang, die größte Verallgemeinerbarkeit und Verbindbarkeit zum gegenstandsbezogenen Inhalt der Disziplin haben.

(2) *Programmatisch*, indem man geeignete Prinzipien zur Anordnung der Abfolge des Gegenstandes, zur Konstruktion seiner inneren Logik und Organisation und zum Arrangement von Übungsbeispielen gebraucht" (Ausubel 1968 S. 147).

Zur Ausschöpfung dieser Möglichkeiten, die inhaltlichen und organisatorischen Eigenschaften individueller kognitiver Strukturen durch inhaltliche und programmatische Gestaltung des Lernmaterials und seiner Darbietung so zu beeinflussen, dass die zukünftige Erweiterung der kognitiven Struktur erleichtert und Schritt für Schritt gesichert wird, hat Ausubel die folgenden Prinzipien herausgestellt, die *insgesamt* expositorisches verbales Lehren ausmachen.

2.1 Inhaltliche Prinzipien zur Organisation des expositorischen verbalen Lernens

Zur bestmöglichen *inhaltlichen Organisation* des darzubietenden Lernmaterials ist es notwendig, die speziellen organisierenden und erklärenden Prinzipien der jeweiligen Disziplin, die die größtmögliche Allgemeinheit und die besten integrierenden Eigenschaften besitzen, ausfindig zu machen. Solche grundlegenden Prinzipien und Begriffe, die zusammen die *Struktur eines Faches*[6]) ausmachen, liefern eine stabile und weitreichende Basis für die Assimilation und die Integration des detaillierteren und spezielleren Wissens einer Disziplin und damit für die inhaltlichen und organisatorischen Qualitäten der kognitiven Struktur in der entsprechenden Disziplin.

2.2 Programmatische Prinzipien zur Organisation des expositorischen verbalen Lehrens

Zur Organisation der Darbietung (Exposition) des Lernmaterials stellt Ausubel die folgenden programmatischen Prinzipien heraus:

---

[6] Vgl. dazu auch die entsprechende Argumentation bei Bruner (Lehrtext 8).

Gebrauch von Organisationshilfen (Vorausorganisation mittels Advance Organizer)

Da bedeutungsvolles Lernen als Assimilationsprozess wesentlich auf die Verfügbarkeit geeigneter Ankerideen angewiesen ist, empfiehlt Ausubel als ein Hauptprinzip expositorischen Lehrens, solche Ankerideen durch den Gebrauch von *Vorausorganisatoren (Advance Organizers)* bewusst bereitzustellen. Vorausorganisatoren werden vor dem eigentlichen Lernmaterial eingeführt, und zwar auf einem Niveau der Allgemeinheit, Abstraktion und Begriffsweite (Inklusivität), das höher ist als das des Lernmaterials selbst: „(...) die Hauptfunktion des Organisators ist es, die Kluft zu überbrücken zwischen dem, was der Lernende bereits weiß und dem, was er wissen muss, bevor er die anstehende Aufgabe erfolgreich lernen kann" (Ausubel 1968, S. 148, im Original kursiv).

Im Einzelnen können Vorausorganisatoren die folgenden Funktionen erfüllen:

- Sie liefern *gedankliche Verankerungsmöglichkeiten* für die Aufnahme und das Behalten des folgenden – detaillierten und differenzierten – Materials.
- Sie erhöhen die *Unterscheidbarkeit* zwischen den neuen Bedeutungen des Lernmaterials und bereits bestehenden, ähnlichen oder widersprechenden Bedeutungen der kognitiven Struktur.
- Sie geben dem Lernenden im Voraus einen *Überblick* über das folgende Lernmaterial.
- Sie stellen *organisierende Bedeutungen* für den spezielleren und detaillierteren Inhalt des Lernmaterials bereit.

Das Prinzip der fortschreitenden (progressiven) Differenzierung

Das Prinzip der fortschreitenden Differenzierung ist konsequent am hierarchischen Aufbau der kognitiven Struktur orientiert und fordert als programmatisches Prinzip für die sequentielle Anordnung der Teileinheiten eines Lehrgangs und der Teile des Lernmaterials einer Unterrichtseinheit deshalb, zuerst die allgemeinsten und umfassendsten Ideen einer Disziplin darzubieten und diese dann hinsichtlich Begriffsumfang, Detail und Spezifität fortschreitend zu differenzieren. Eine Darbietung nach dem Prinzip der progressiven Differenzierung entspricht also der fortschreitenden Differenzierung eines zunächst undifferenzierten Feldes unter Berücksichtigung der Hierarchiebeziehungen in diesem Feld.

Das Prinzip des integrierenden Verbindens

Bedeutungsvolles Lernen als Aufbau inhaltlicher Beziehungen zwischen den neuen Bedeutungen des Lernmaterials und den bereits bestehenden Bedeutungen der kognitiven Struktur legt nahe ein Lehrprinzip anzuwenden, das ein Maximum inhaltlicher Beziehungen aufzeigt und bewusst macht. Ein solches Prinzip des integrierenden Verbindens wird dann verfolgt, wenn

- die Beziehungen zwischen den verschiedenen Bedeutungen *explizit herausgestellt* werden,
- bezeichnende *Ähnlichkeiten* oder wesentliche *Unterschiede aufgezeigt* werden,
- wirkliche oder nur scheinbare innere *Widersprüche aufgedeckt* werden,
- zwischen verschiedenen Themenbereichen *Querverbindungen hergestellt* werden und
- jeder einzelne Gegenstand in *möglichst vielen Zusammenhängen* und an *möglichst verschiedenen Stellen* der Lehrsequenz dargeboten wird.

Ziel dieses Prinzips ist es, den Organisations- und Verknüpfungsgrad des Gelernten auszubauen und so den Aufbau eines möglichst integrierten und widerspruchsfreien Wissensbestandes zu fördern.

Das Prinzip der sequentiellen Organisation von Lernsequenzen
Dieses Prinzip bezieht sich darauf, für die sequentielle Anordnung der Einzelthemen eines Gegenstandsbereiches die natürlichen Abhängigkeiten auszunutzen, die zwischen den Teilgebieten einer Disziplin bestehen. So sollten beispielsweise Themen, die für das Verständnis anderer Themen vorauszusetzen sind, zuerst behandelt werden. Sie können dann als Ankerideen für die nächste Einheit der Sequenz nutzbar gemacht werden.

Das Prinzip der Konsolidierung
Eine sequentielle Anordnung der Lernaufgaben macht es notwendig, auf die Bewältigung der vorhergehenden Einheit zu bestehen, bevor die nächste Einheit eingeführt wird. Dies ist der Grundgedanke des Konsolidierung genannten Prinzips, das auf *Durcharbeiten und Verfestigen (Stabilisieren) des Gelernten* abzielt. Denn da die vorhergehenden Einheiten als Ankerideen für die Folgenden dienen, ist die klare, stabile und gutorganisierte Bewältigung aller vorangehenden Schritte eine unverzichtbare Voraussetzung für die Meisterung aller folgenden Schritte.

Konsolidierung kann erreicht werden durch Bestätigung, Rückmeldung, Korrektur, zusätzliche Klärungen, unterschiedliche Arten von Übungen zum Durcharbeiten des Gelernten, Rückblicke im Verlauf wiederholter Auseinandersetzungen mit dem Lernmaterial, Überlernen und auch durch häufiges Testen.

Über diese Prinzipien hinaus, die insgesamt expositorisches Lehren ausmachen, das bedeutungsvolles Lernen als rezeptives Lernen erleichtern soll, gibt Ausubel noch eine Vielzahl weiterer Anregungen, wie bedeutungsvolles Lernen beeinflusst werden kann. Diese Anregungen beziehen sich teilweise auf die Berücksichtigung der intellektuellen Entwicklung, auf die Lernbereitschaft und auf andere motivationale Faktoren beim Lernen, teilweise auf den Einfluss individueller Unterschiede im Allgemeinen (vgl. dazu die entsprechenden Abschnitte in Kapitel 9, Ausubel 1968).

2.3 Übungsphasen (practice)

Ein Prinzip, das gegenüber den bisher genannten Prinzipien, die als Lehrprinzipien an rezeptivem Lernen orientiert sind, mehr auf selbstständige Schüleraktivitäten zielt, stellt Ausubel unter dem Stichwort *Übung (practice)* heraus. Er versteht darunter die mehrfache Darbietung des Lernmaterials und Möglichkeiten für den Lernenden, einzelne Elemente der Lernaufgaben immer wieder in praktischen Versuchen, Anwendungsaufgaben und Übungen zu festigen. Solche Übungsphasen, die nach jeder Darbietung neuer Bedeutungen einzubauen sind, dienen dem Ziel, eine optimale Organisation der kognitiven Struktur zu erreichen und dadurch das Behalten des Gelernten und das darauf aufbauende weitere Lernen langfristig zu sichern.

Die Übungsphasen können innerhalb des expositorischen verbalen Lernens als diejenigen Phasen interpretiert werden, in denen der rezeptive Charakter des bedeutungsvollen Lernens zurücktritt zugunsten einer Anwendung des Gelernten auf neue Situationen, die also auf zukünftige Anwendbarkeit des Gelernten und auf Transferierbarkeit auf neue Situationen zielen. Allerdings muss man bei solch einer Interpretation vorsichtig sein, da die Übungsphasen und ihre Begründung sich bei Ausubel lückenlos in das grundlegende Prinzip bedeutungsvollen Lernens einordnen, wonach die bestehende kognitive Struktur selbst ihre Erweiterung entscheidend beeinflusst.

Ausubel verfolgt mit den Übungsphasen die Intention, die neu erworbenen Bedeutungen zu klären, zu stabilisieren und besser zu verankern. Die Übungsphasen reihen sich also in den Rahmen des durch expositorisches verbales Lehren gesteuerten bedeutungsvollen rezeptiven Lernens funktional ein als Phasen der Stabilisierung der kognitiven Struktur und als Mittel zur Festigung des erworbenen Wissens. Dadurch sollen die Übungsphasen helfen, das ihnen folgende bedeutungsvolle rezeptive Lernen zu erleichtern. Der Ankergrund, den das alte Wissen für den Erwerb des neuen Wissens bildet, soll noch sicherer werden, als er es aufgrund eines expositorischen Lehrens ohne Übungsphasen wäre.

3   Grenzen und Probleme des Ausubelschen Ansatzes

Leider hat Ausubel die Theorie der Übungsphasen – wohl deshalb, weil sie nur ein Prinzip unter anderen Prinzipien des verbalen Lehrens ausmachen – nicht so gründlich fundiert wie die Theorie des expositorischen Lehrens insgesamt. Aus diesem Grunde ist schlecht abzuschätzen, ob die Theorie der Übungsphasen eine Theorie zur Ausbildung derjenigen kognitiven Fähigkeiten enthält, die für die Anwendung und Transferierbarkeit bestehenden Wissens und für den selbstständigen Erwerb neuen Wissens notwendig sind.

Explizit hat Ausubel im Rahmen seiner Theorie des bedeutungsvollen rezeptiven Lernens und des expositorischen verbalen Lehrens keine Theorie kognitiver Fähigkeiten entwickelt. Zwar spricht er immer von Prozessen der Unter- und Überordnung, von Festigung, Diskrimination und Verankerung, aber er erörtert nicht systematisch, wie die diesen Aktivitäten zugrunde liegenden kognitiven Fähigkeiten des Lernenden entwickelt werden können.

Beispiel: Es ist auffällig, dass bei der Erörterung des Erwerbs neuer Bedeutungen nicht diskutiert wird, wie die Unterordnung spezieller Begriffe unter allgemeinere Begriffe vorzustellen ist: Prozesse der Merkmalsbildung, der Klassifikation mit Hilfe gebildeter Merkmale, der Begriffsbildung insgesamt und die diesen Prozessen zugrunde liegenden kognitiven Fähigkeiten werden in diesem Zusammenhang nicht erörtert[7].

Ausubel setzt offensichtlich voraus, dass die für rezeptives bedeutungsvolles Lernen notwendigen kognitiven Fähigkeiten ausgebildet sind. Mehrere Stellen belegen, dass er für seine Theorie des bedeutungsvollen rezeptiven Lernens voraussetzt – und auch voraussetzen muss –, dass beim Lernenden eine formal-logische Intelligenzstruktur im Sinne Piagets voll ausgebildet ist (vgl. z. B. Ausubel 1968, S. 23 f., S. 191 ff.). Im Verlauf seiner sehr ausführlichen Auseinandersetzungen mit dem Entdeckungslernen schreibt er zum Beispiel: „Allgemein gesprochen taucht rezeptives Lernen, obgleich phänomenologisch einfacher als Entdeckungslernen, jedoch paradoxerweise in der Entwicklung später auf und setzt besonders in seiner fortgeschrittenen und reinen verbalen Form ein hohes Niveau kognitiver Reife voraus. Größere intellektuelle Reife macht in diesem Fall eine einfache und effektive Weise kognitiver Verarbeitung beim Wissenserwerb möglich" (Ausubel 1968, S. 23).

---

[7] Vgl. dazu etwa Aeblis Vorstellungen über den Erwerb von Begriffen und Operationen und die Wechselwirkungen zwischen Begriffen und Operationen (Lehrtext 6), die den bei Ausubel fehlenden Theorieteil umreißen.

An dieser Stelle wird noch einmal deutlich, wie eng bei Ausubel die Theorie des bedeutungsvollen rezeptiven verbalen Lernens einerseits und die Theorie des expositorischen Lehrens andererseits aufeinander bezogen sind. Denn pointiert kann gesagt werden, dass eine Theorie der kognitiven Fähigkeiten, die bedeutungsvollem Lernen zugrunde liegen, durch die Theorie expositorischen Lehrens ersetzt wird. Die kognitiven Prozesse, die beim bedeutungsvollen Lernen gelingen müssen, werden deshalb nicht explizit gefördert und bewusst gemacht, weil unterstellt wird, dass sie durch eine ausgebildete formal-logische Intelligenzstruktur gestützt und durch expositorisches verbales Lehren gesteuert werden. Die Strukturierung des sprachlichen Materials durch den Lehrenden, die Sequenzierung des Materials und die eingebauten Übungsphasen sollen so geplant und durchgeführt werden, dass zwangsläufig bei jedem Lernenden die Prozesse gelingen, die zum Bedeutungserwerb notwendig sind.

Ausubels Theorie steht und fällt also mit zwei Prämissen, die erfüllt sein müssen, wenn die Organisation schulischer Lehr-Lernprozesse nach seiner Theorie gelingen soll:

(1) Bei jedem Lernenden muss vorausgesetzt werden, dass die Fähigkeiten angelegt sind, die er braucht, um expositorisch dargebotenes sprachliches Material bedeutungsvoll in seine kognitive Struktur integrieren zu können (Voraussetzung, dass die Stufe der formal-logischen Intelligenzentwicklung nach Piaget erreicht ist).

(2) Die kognitiven Vollzüge müssen im Rahmen des expositorischen Lehrens so gestützt und gefordert werden, dass sie gelingen. Das Lehren als Darbietung strukturierten sprachlichen Materials muss den notwendigen kognitiven Vollzügen beim rezeptiven bedeutungsvollen Lernen so gut angepasst sein, dass die individuellen Vollzüge, die zum Aufbau einer stabilen, klaren und gut organisierten kognitiven Struktur führen, gewährleistet sind.

Literatur

Ausubel, D. P. (1961). In defence of verbal learning. *Educational Theory* 11, 15-25.

Ausubel, D. P. (1963). *The psychology of meaningful verbal learning.* An introduction to school learning. New York/London: Grune & Stratton.

Ausubel, D. P. (1966). *Learning theory and classroom practice*. Toronto: Ontario Institute for Studies in Education.

Ausubel, D. P. (1967). A cognitive-structure theory of school learning. In L. Siegel (Hrsg.), *Instruction. Some contemporary viewpoints*. San Francisco: Chandler, S. 207-257.

Ausubel, D. P. (1968). *Educational psychology. A cognitive view*. New York: Holt, Rinehart and Winston.

Macke, G. (1978). Ausubels Theorie des bedeutungsvollen verbalen Lernens. In G. Macke, *Lernen als Prozess*. Überlegungen zur Konzeption einer operativen Lehr-Lern-Theorie. Beltz Forschungsberichte. Weinheim/Basel: Beltz, S. 236-246.

Strube, G. (1996). *Wörterbuch der Kognitionswissenschaft*. Stuttgart: Klett-Cotta.

Lehrtext 8

Bruners Theorie des Entdeckungslernens

Bruner hat eine bestimmte Sichtweise schulischen Lernens verfochten und sie Entdeckungslernen („discovery learning") genannt, aber er selbst hat keine geschlossene Theorie des Entdeckungslernens vorgelegt.[1] Angeregt durch seine Beteiligung an der Curriculumentwicklung in den USA und den damit verbundenen Beobachtungen der Schulwirklichkeit, hat er die These vertreten, dass im Mittelpunkt schulischen Lernens die geistigen Aktivitäten des Schülers zu stehen haben und Möglichkeiten aufgezeigt werden müssen, wie dieses Lernen verbessert werden kann. Diese These hat er in stets neuen Begründungsversuchen und in oft sehr aphoristischer Weise dem Leser nahe zu bringen versucht.

Bruners Überlegungen sind nicht so eindeutig auf ein gut eingrenzbares Ziel schulischen Lernens ausgerichtet. Die Ziele schulischen Lernens, die er mit seinem Ansatz des Entdeckungslernens verwirklichen möchte, sind komplexer und dadurch gekennzeichnet, dass unterscheidbare Zielklassen ineinander greifen und sich gegenseitig bedingen. So interessiert Bruner Wissenserwerb nur in dem Maße, wie erworbenes Wissen unabdingbare Voraussetzung ist für selbstständige geistige Aktivitäten des Schülers, für die Förderung seiner intellektuellen Entwicklung und seiner Fähigkeit, Probleme mittels intuitivem und analytischem Denken lösen zu können. Dementsprechend ist die für seinen Ansatz relevante Klasse von Lernaufgaben gekennzeichnet durch die Eigenschaft, *selbstständige geistige Prozesse des Schülers* herauszufordern und zu fördern. Bruner interessiert weniger die inhaltliche (wissensmäßige) Dimension der Lernaufgaben. Ihn interessieren vielmehr ihre Eigenschaften als Problemlösungssituationen, durch die Prozesse selbstständiger Informationsverarbeitung beim Schüler in Gang gesetzt werden sollen. Insofern dienen die Lernaufgaben der Vermittlung *kognitiver* Lernziele.

Zugleich fordert Bruner von Lernaufgaben, dass sie gewünschte *Einstellungen* gegenüber geistiger Tätigkeit und selbstständiger Aktivität erwecken und stabilisieren sollen. Damit bekommen die als Problemlösungssituationen zu organisierenden Lernaufgaben eine motivationale Dimension: Sie dienen zugleich auch

---

[1] Bruners Überlegungen sind in die erziehungswissenschaftliche Literatur unter dem Stichwort „Entdeckungslernen" eingegangen. Diese Kennzeichnung der Brunerschen Position wird allerdings der Breite seiner lehr-lern-theoretischen Aussagen nicht gerecht. Letztere sind bei Bruner eingebettet in eine umfassende Erörterung der Frage, wie die kulturell bestimmten Lebensbedingungen des Individuums und seine individuelle kognitive Entwicklung zusammenhängen (vgl. z. B. Bruner 1973).

dem Aufbau von Motiven und Einstellungen und damit der Vermittlung motivationaler Lernziele.

Die Organisation schulischen Lernens, für die Bruner in seinem Ansatz des Entdeckungslernens plädiert und die er verwirklicht sehen möchte, zielt deshalb auf eine enge Verschränkung der kognitiven und der motivationalen Dimension des Lernens. Diese wechselseitige Verflechtung der kognitiven und der motivationalen Dimension des Lernens bezieht sich nun nicht nur auf den Bereich der angestrebten Lernziele, sondern ebenso auf den Bereich der Lernvoraussetzungen, die der Lernende in Lernsituationen einbringen muss, die nach dem Entdeckungsprinzip organisiert sind. Zum einen sind auch bei Bruner kognitive Variable angesprochen, doch im Gegensatz zu Ausubel nicht inhaltliche Variable der kognitiven Struktur, sondern *Prozessvariable*: Fähigkeiten der Wissenstransformation, des Problemlösens und des Denkens. Die Aktivierung dieser Fähigkeiten durch eine angemessene Organisation der Lernaufgaben soll zugleich motivationale Variable beeinflussen und stabilisieren: Motivationale Variable in Richtung auf *intrinsische Motivation*, in Richtung auf *Bereitschaft zu Selbstständigkeit und Denken, zu Risikobereitschaft, Intuition und intelligentem Vermuten.*

Lernaufgaben mit Problemlösungscharakter und kognitive Strukturen, deren Prozesscharakter betont wird („knowing is a process"), erfordern vom Lernenden *Lernverhalten*, das nicht wie bei Ausubel passiv-aufnehmend ist, sondern *aktiventdeckend* (problemlösend): In der selbstständigen Auseinandersetzung mit zielbezogen geplanten und strukturierten Problemlösungssituationen soll der Lernende seine Fähigkeiten, seine Motive und Einstellungen und sein Wissen zu einer kognitiven Struktur ausbauen und integrieren, die im späteren Leben selbstständige Problembewältigung, lebenslanges Weiterlernen und Interesse am kulturellen Leben ermöglicht.

1 Lernen als Prozess aktiver Informationsverarbeitung

Eine Kurzcharakterisierung derjenigen Lernprozesse, die Bruner mit den Begriffen *entdeckendes Lernen* („discovery learning", „learning by discovery") und „generalisierendes Lernen" („generic learning") kennzeichnet, ist nicht ohne weiteres möglich. Denn Bruner bezeichnet mit diesen Begriffen offensichtlich keine wohldefinierte Lernart – wie etwa das Begriffslernen, das Regellernen oder das bedeutungsvolle Lernen –, sondern gebraucht sie, um solche kognitiven Lernprozesse zusammenzufassen, die in einem engen Zusammenhang stehen mit den kognitiven Prozessen beim Denken, beim Problemlösen und beim intuitiven Vermuten.

Dementsprechend gehen in Bruners Vorstellungen über die Art und Weise, wie Lernen als Informationsaufnahme, Informationsverarbeitung und Informationsspeicherung im Lernenden abläuft, eine Vielzahl unterscheidbarer kognitiver Prozesse ein. Zur näheren Charakterisierung des Lernvorgangs hebt Bruner drei Prozesse hervor, die simultan ablaufen[2] und den Lernprozess kennzeichnen: den Prozess des Wissenserwerbs, den Prozess der Wissenstransformation und den Prozess der Bewertung von Wissen.

1.1 Wissenserwerb, Wissenstransformation und Bewertung von Wissen als simultane Prozesse beim Lernen

Wissenserwerb („acquisition of knowledge")
Der Prozess des Wissenserwerbs beinhaltet für Bruner die Aneignung neuer Informationen, Begriffe und Kenntnisse. Er führt zu einer Erweiterung und Verfeinerung früheren Wissens. Allerdings muss dieser Prozess bei Bruner immer im Zusammenhang mit den beiden anderen simultanen Prozessen gesehen werden, denn Wissenserwerb ist für Bruner nie *ein Zweck an sich*, sondern immer nur ein erster Schritt, ein Anstoß zu weiter führenden Prozessen, ein Mittel für zukünftige Zwecke oder das beiläufige Ergebnis von Problemlösungsaktivitäten.

Wissenstransformation („transformation of knowledge")
Der zweite der simultanen Prozesse, durch die Bruner den Lernprozess zu charakterisieren versucht, bezieht sich auf Prozesse des Hinausgehens über einmal erworbenes Wissen und über gegebene Informationsmengen. Solche Prozesse des *Hinausgehens über Gegebenes*, die unter dem Begriff *Wissenstransformation* zusammengefasst sind, müssen eine *doppelte Richtung* haben. Sie müssen

* zum einen nach dem fragen, was den Informationen *zugrunde liegt*, nach den tragenden Prinzipien, den allgemeinen Ideen und Begriffen („general ideas", „generic concepts"), nach der tieferliegenden Ordnung,

* und zum anderen nach dem aus den gegebenen Informationsmengen *zu Folgernden*.

---

[2] Der Terminus „simultan" darf in diesem Zusammenhang nicht wörtlich genommen werden. Die gemeinten Prozesse laufen natürlich meist nacheinander ab. Bruner will mit „simultan" wohl herausstellen, dass die Prozesse wechselseitig aufeinander bezogen sein müssen und dass gelungenes Entdeckungslernen jeweils alle drei Prozesse umfassen sollte.

Lernprozesse mit der Tendenz der Erweiterung gegebener Informationsmengen in Richtung auf das Zugrundeliegende und in Richtung auf das zu Folgernde bezeichnet Bruner als *generalisierendes Lernen* („generic learning"): „Etwas in einer generalisierenden Weise zu lernen ist wie das Springen über eine Barriere. Auf der anderen Seite der Barriere ist das Denken. Wenn das Allgemeine erfasst worden ist, dann sind wir in der Lage, neue Probleme, denen wir begegnen, als Beispiele alter Prinzipien, die wir bereits gemeistert haben, zu erkennen" (Bruner 1965 b, S. 76 f.)[3].

Lernprozesse, die durch die Tendenz des Lernenden angeregt werden, die Erweiterung gegebener Informationsmengen in Richtung auf das Zugrundeliegende und in Richtung auf das zu Folgernde aktiv-selbstständig vorzunehmen, kennzeichnet Bruner auch durch den Terminus entdeckendes Lernen („discovery learning"): „Entdeckung (...) umfasst alle Formen, durch die man Wissen für sich selbst erhält, indem man den eigenen Verstand gebraucht (...)" (Bruner 1965 a, S. 607).

An anderer Stelle formuliert Bruner: „Ich werde mit der Voraussetzung operieren, dass Entdeckung, sei es durch einen Schuljungen, der sie selbstständig macht, sei es durch einen Wissenschaftler, der das wachsende Gelände seines Feldes bearbeitet, seinem Kern nach eine Angelegenheit des Neuordnens oder des Transformierens des Offenliegenden in der Weise ist, dass man in die Lage versetzt wird, über das Offenliegende, das neu geordnet wurde, hinauszugehen zu zusätzlichen neuen Einsichten" (Bruner 1965 a, S. 607 f.).

Generalisierendes Lernen mittels Entdeckungslernen, das nach Bruner die Transformation gegebener Informationen erfordert, erfolgt im Allgemeinen durch Analyse und Synthese, durch Interpolation und Extrapolation, durch Ordnen und Vergleichen. Die dabei gewonnenen Erkenntnisse über die zugrunde liegenden Ordnungen, über die tieferen Zusammenhänge und das Allgemeine führen zugleich zu einer Umwandlung des schon vorhandenen Wissens, zu seiner Neuordnung und zu seiner optimalen Organisation.

Zugleich erhöht die durch solche Transformationen gewonnene *generalisierende Organisation* des Wissens („generic organization")

- die Wahrscheinlichkeit, mögliche Folgerungen aus gegebenen Informationsmengen zu entdecken,
- die Möglichkeit, das erworbene Wissen in zukünftigen Situationen anwenden zu können und
- die Effektivität der Gedächtnisorganisation.

---

[3] Sofern nicht aus deutschen Übersetzungen zitiert ist, sind alle Zitate Übersetzungen der Verfasser.

Bewertung von Wissen („evaluation of knowledge")
Als weiteren Prozess, der simultan in durch Entdeckungslernen gekennzeichnete Lernprozesse eingeht, nennt Bruner die Bewertung („evaluation"). Mit Bewertung fasst er solche Prozesse zusammen, die ganz allgemein der Überprüfung der Angemessenheit der Wissenstransformation dienen. Eine solche Überprüfung

* der *Angemessenheit* der Wissensorganisation für Behaltenszwecke,
* der *Richtigkeit* gezogener Folgerungen,
* der *Brauchbarkeit* der Wissensorganisation für das Lösen zukünftiger Aufgaben und Probleme und
* der *Reichweite* der gewählten Wissensorganisation

kann prinzipiell nur bei der Bearbeitung neuer Aufgaben erfolgen.

1.2 Formen der Repräsentation von Wissen

Lernen als ein Prozess, der aus einer simultanen oder aufeinander folgenden Verkettung der Prozesse des Wissenserwerbs, der Transformation des erworbenen Wissens und der Bewertung der vorgenommenen Wissenstransformation besteht, lässt sich dem Kern nach als Prozess der Informationsaufnahme, -verarbeitung und -speicherung mit dem Ziel möglichst angemessener und ökonomischer Repräsentation des Wissens in der kognitiven Struktur kennzeichnen. Bruner unterscheidet *drei Formen der Repräsentation von Wissen* in der kognitiven Struktur, die gleichzeitig und auch einzeln verwendet werden können:

* eine enaktive oder handelnde („enactive"),
* eine ikonische oder bildhafte („iconic") und
* eine symbolische Repräsentation („symbolic").

Bruner spricht von *enaktiver Repräsentation* des Wissens, wenn erworbenes Wissen sich durch das individuelle Handeln oder durch praktisches Können manifestiert.

Beispiel: Diese Repräsentation von Wissen ist zum Beispiel gegeben, wenn Kinder „wissen", wie sie auf einer Wippe trotz unterschiedlicher Körpergewichte das Gleichgewicht herstellen können. Sie zeigen dann durch eine Folge von Handlungen ihr Wissen über Gleichgewichtsbedingungen am Hebel. Die enaktive Darstellung von Wissen ist bei Kindern vorherrschend, weshalb für sie die Dinge und ihre Eigenschaften überwiegend durch die Aktionen gekennzeichnet sind, die man an ihnen vollziehen kann.

Eine *ikonische Repräsentation* liegt vor, wenn Wissen durch Bilder, Diagramme oder Zeichnungen dargestellt oder bildhaft umschrieben wird. Die leistungsfähigste Weise der Informationsdarstellung ist die *symbolische Repräsentation* des Wissens. Sie beruht auf der menschlichen Fähigkeit, Wissen durch Zeichen (Symbole) und Zeichensysteme darzustellen: „Es ist diese Fähigkeit, Dinge in ein Symbolsystem zu übertragen, dem Regeln zum Handhaben, zum Zerlegen und zum Neuzusammensetzen, zum Umwandeln und zum Umkehren von Symbolen zugrunde liegen, die es möglich machen, Dinge zu erforschen, die nicht gegenwärtig sind, die nicht abbildbar sind und die tatsächlich nicht einmal existieren" (Bruner 1971, S. 158).

Im Verlauf der intellektuellen Entwicklung des Menschen verschiebt sich der Schwerpunkt der Wissensrepräsentation immer mehr von der enaktiven Darstellung über die ikonische zur symbolischen. Allerdings bleiben nach Bruners Auffassung die verschiedenen Darstellungssysteme auch beim Erwachsenen wirksam, besonders dann, wenn etwas noch relativ neu ist. Aus dem Wissen, das sich zunächst im handelnden und probierenden Umgang mit den Dingen manifestiert, wird allmählich ein mehr oder weniger genaues Bild von der Sache und schließlich gelingt vielleicht eine Umsetzung in sprachlich-symbolische Aussagen.[4]

2   Faktoren, die entdeckendes Lernen beeinflussen

Entsprechend seiner Auffassung, dass Lernen unter dem Aspekt der simultanen Verkettung sehr unterschiedlicher kognitiver Prozesse betrachtet werden sollte, stellt Bruner überwiegend Faktoren heraus, die den prozesshaften Aspekt des Lernens betonen. Dazu gehören

- die allgemeine *Einstellung* des Lernenden zu geistiger Tätigkeit,
- seine *Motivstruktur* und aktuelle Motivationsprozesse,
- die *Organisation* seines Wissens,
- allgemeine intellektuelle *Fähigkeiten* und
- die Beherrschung spezieller *heuristischer Methoden* des Entdeckens.

---

[4] Vgl. dazu auch Aeblis Vorstellungen über das Durcharbeiten von Begriffen (Lehrtext 6).

2.1 Einstellung zu geistiger Tätigkeit

Soll Lernen als Prozess selbstständiger Informationsaufnahme, -verarbeitung und -speicherung mit der Tendenz zur Verallgemeinerung und zur Anwendung gelingen, muss nach Bruner beim Lernenden die Bereitschaft gegeben sein, die dazu erforderlichen Aktivitäten zu entfalten. Die Grundeinstellung zu gegebener Information darf nicht passiv-rezeptiv sein, sie muss vielmehr *aktiv-produktiv* sein. Faktoren, die die Einstellung des Lernenden zu dieser Art geistiger Tätigkeit mitbestimmen, sind die Bereitschaft, Alternativen zu erkunden (Explorationsverhalten), Neugierverhalten, Risikobereitschaft und die Bereitschaft, Ungewissheit zu ertragen. Die Anbahnung solcher Einstellungen erfolgt meist schon in sehr frühen Phasen der kindlichen Sozialisation.

2.2 Die Motivstruktur

Selbstständigkeit und Produktivität im Umgang mit gegebenen Informationsmengen hängen eng zusammen mit der Motivstruktur des Lernenden. Ist der Lernende *extrinsisch* motiviert, d. h. auf Lob und Tadel oder Vermeidung negativer Sanktionen ausgerichtet, so wird er abhängig sein von äußeren Faktoren und entsprechend weniger erfolgreich und selbstständig im aktiven Problemlöseprozess. Bei *intrinsischer* Motivierung ist eine stärkere Unabhängigkeit von äußeren Faktoren und nicht-sachbezogenen Einflüssen und zugleich ein stärkerer Anreiz für eine Auseinandersetzung mit der Sache selbst gegeben, weshalb nach Bruners Auffassung erfolgreichere Lernprozesse erwartet werden können.

2.3 Der Stand der intellektuellen Entwicklung

Die Fähigkeit des Lernenden, mit Informationen angemessen umgehen zu können, die für das Entdeckungslernen Voraussetzung ist, wird in weitem Umfang durch den Stand der intellektuellen Entwicklung bestimmt. Bruner unterscheidet im Anschluss an Piaget drei *Stufen der intellektuellen Entwicklung:*

In der *präoperationalen Phase* ist das Kind fähig, Beziehungen zwischen seiner Erfahrung und seinem Handeln herzustellen. Die enaktive Repräsentation des Wissens herrscht vor. Symbolisierungsleistungen beschränken sich auf die Darstellung singulärer Objekte der Außenwelt durch Namen und Zeichen und auf die Darstellung sehr einfacher Verallgemeinerungen. Es fehlt eine Vorstellung von der Umkehrbarkeit (Reversibilität) von Operationen.

Im Stadium *konkreter Operationen* hat das Kind eine verinnerlichte Struktur umkehrbarer Operationen ausgebildet, die es ihm ermöglicht, unmittelbar vorliegende (konkrete) Realität zu strukturieren. Das Kind ist nicht mehr allein auf handelndes Probieren angewiesen. Es ist allerdings noch nicht in der Lage, mit nicht direkt vorliegenden Möglichkeiten fertig zu werden oder alternative Möglichkeiten systematisch zu erforschen. Die Fähigkeit zur Informationsverarbeitung ist noch eng an das Vorhandensein konkreter Erfahrungsmöglichkeiten gebunden.

Eine Befreiung von der Rückbindung der Operationen an konkrete Erfahrungen und Gegebenheiten ist erst im *Stadium formaler Operationen* gegeben. Das Kind ist nun fähig, auf der Grundlage hypothetischer Sätze zu denken, mögliche Variablen zu berücksichtigen und mögliche Beziehungen abzuleiten, zu formalisieren und zu axiomatisieren.

2.4 Die Wissensstruktur

Eines der Ergebnisse des Entdeckungslernens ist die ausgebildete *Wissensstruktur* („structure of knowledge"). Bruner stellt drei Eigenschaften dieser Struktur heraus, die zukünftiges Lernen beeinflussen:

(1) Mit *Organisation* („organization") und *Darstellungsform* („mode") meint er die Qualität der strukturellen Beziehungen und die Art der Wissensrepräsentation. Allgemeine und umfassende Prinzipien bilden das Gerüst, die *generalisierende Grundorganisation*. Sie ermöglicht eine Verdichtung und Kodierung von Information. Durch Herausarbeiten der Beziehungen werden möglichst viele Einzelinformationen miteinander verbunden und in *strukturierte Zusammenhänge* eingeordnet („context of connectivity"), wodurch eine vielfältige Verknüpfung des Wissens hergestellt wird. Durch diese Art der Wissensorganisation wird das Gelernte von der speziellen Situation losgelöst, in der es gelernt wurde, und so *für zukünftigen Gebrauch bereitgestellt*.

Die Art der Organisation der Wissensstruktur wird stark beeinflusst von der Art der benutzten Formen der Wissensrepräsentation.

(2) Mit *Ökonomie* („economy") kennzeichnet Bruner einen quantitativen Aspekt der Wissensstruktur: „Ökonomie der Repräsentation eines Wissensbereichs bezieht sich auf die Informationsmenge, die im Kopf behalten werden und verarbeitet werden muss, um Verständnis zu erreichen" (Bruner 1964, S. 310).

Der Grad der Ökonomie der Wissensorganisation steht nach Bruner also in einem umgekehrten Verhältnis zu der Menge der Informationen und der Zahl der Zwischenschritte, die für das Erreichen eines Zieles notwendig sind. Er selbst hängt wiederum ab von der benutzen Darstellungsform des Wissens, von den zugrunde liegenden Ordnungsprinzipien und der Art und Weise, in der das Wissen erworben wurde.

(3) Mit *Wirksamkeit* („effective power") einer Wissensstruktur bezeichnet Bruner ihre Leistungsfähigkeit für zukünftigen Gebrauch: „Die Wirksamkeit irgendeines besonderen Weges, einen Wissensbereich zu strukturieren, bezieht sich auf die Generalisierungsmöglichkeiten, die in einer Menge gelernter Lehrsätze enthalten sind" (Bruner 1964, S. 312).

Die Wirksamkeit einer Struktur hängt also nicht nur von ihren speziellen organisatorischen Merkmalen ab, sondern auch von den Strukturzusammenhängen des betreffenden Gebietes (der betreffenden Wissenschaft): „Wirksamkeit, das ist sicher, wird niemals die Verallgemeinerbarkeit überschreiten, die einem Gebiet aufgrund seiner inneren Logik zukommt (...)" (Bruner 1964, S. 312).

2.5 Intellektuelle Fähigkeiten und Verfügbarkeit heuristischer Methoden

Das Gelingen generalisierenden und problemlösenden Lernens wird auch beeinflusst durch den Umfang, in dem der Lernende über geeignete intellektuelle Fähigkeiten und formale Strategien des Problemlösens („heuristics of discovery") verfügt. Zu nennen sind hier:

• *Fähigkeiten,* die sich auf solche Aktivitäten beziehen wie das Isolieren von Variablen, das Aufgliedern komplexer Aufgaben in Teilaufgaben, das Formulieren von Hypothesen, das systematische Erkunden von Alternativen, intelligentes Vermuten, Plausibilitätsüberlegungen und intuitives Erfassen von Zusammenhängen und Beziehungen, Analyse und Synthese.

• Spezielle *Strategien des Problemlösens* wie das Vorgehen nach einem Plan, das Verwenden von Analogien, das Prüfen ausschließender Hypothesen, das Ausnutzen von Symmetrieeigenschaften, die Fallunterscheidung und die Problemumsetzung durch enaktive oder ikonische Darstellung (Wechsel der Repräsentationsebenen).

3 Lehren als Förderung entdeckenden Lernens

Lehren ist für Bruner die Organisation von Problemlösungssituationen in einer Weise, die

- *aktiv-selbstständige Informationsverarbeitung* des Lernenden herausfordert, fördert und unterstützt,
- eine *generalisierende Organisation einer Wissensstruktur* erfordert und erleichtert,
- *Einstellungen und Motive* in Richtung auf entdeckendes Lernen stabilisiert und
- von extrinsischer zu *intrinsischer Motivierung* überleitet.

Als speziellere Organisationsmomente, die der Verwirklichung dieser allgemeinen Ziele dienen können, stellt Bruner die Berücksichtigung der *Struktur der Disziplin*, die Curriculumorganisation in der Form eines *Spiralcurriculums* und Maßnahmen heraus, die ganz allgemein der *Kompetenz des Lernenden* förderlich sind.

3.1 Die „Struktur der Disziplin" als Leitlinie des Lehrens

Lernen als ein Prozess, bei dem die Transformation des Gegebenen über das erworbene Wissen hinausführen soll und zu den tieferliegenden Ordnungen und zu möglichen Folgerungen und Anwendungen führen soll, hat bei Bruner grundsätzlich einen zukunftsbezogenen Aspekt: Lernen soll zugleich auch zukünftiges Lernen und zukünftige Problembewältigung erleichtern, also zu *Transfer* führen.

Bruner unterscheidet zwei Arten von Transfer: den *spezifischen Übungstransfer* („specific transfer of training"), bei dem spezielle Fertigkeiten in Situationen, die den ursprünglichen Lernsituationen sehr ähnlich sind, anwendbar werden, und den *nichtspezifischen Transfer* („nonspecific transfer"), bei dem allgemeine Ideen, Prinzipien und Einstellungen in einer Vielzahl von sehr unterschiedlichen Situationen wirksam werden. Über den nichtspezifischen Transfer sagt Bruner: „Dieser Transfertyp trifft das Herz des Erziehungsprozesses – das kontinuierliche Erweitern und Vertiefen des Wissens mittels grundlegender und allgemeiner Ideen" (Bruner 1960, S. 17).

Nichtspezifischer Transfer und damit Lernen insgesamt wird am besten unterstützt durch eine Organisation des Lehrens entlang der *Struktur der Disziplin* oder der „Struktur des Gegenstandes" („structure of the subject matter"), d. h. unter Berücksichtigung jener grundlegenden und begründeten Prinzipien, jener allgemeinsten und weitreichendsten Ideen und der fruchtbarsten Einstellungen gegenüber Forschung, die sich in einer Disziplin bewährt und stabilisiert haben: „Optimale Struktur bezieht sich auf die Menge von Lehrsätzen, von der aus ein größerer Korpus des Wissens erzeugt werden kann, und es ist kennzeichnend, dass die Formulierung einer solchen Struktur vom Forschungsstand in einem bestimmten Wissensbereich abhängig ist" (Bruner 1964, S. 307).

3.2 Das Spiralcurriculum als Organisationsform des Curriculums

Zur bestmöglichen Organisation der Wissensstruktur der Lernenden schlägt Bruner vor, die Grundelemente der verschiedenen Gegenstandsstrukturen in der Schule möglichst früh einzuführen. Dazu ist eine Übersetzung dieser Grundelemente in eine dem Stand der intellektuellen Entwicklung des Lernenden angemessenen Form notwendig.

Bruner schlägt weiter vor, diese Grundelemente den Stadien der intellektuellen Entwicklung folgend vertiefend und verfeinernd immer wieder aufzunehmen, d. h. eine *spiralförmige* Curriculumorganisation zugrunde zu legen, die dann zugleich auch der entwicklungsbedingt unterschiedlichen Akzentuierung der verschiedenen Repräsentationsweisen des Wissens gerecht werden könnte. Eine spiralförmige Organisation soll nach Bruner nicht nur zu einer Wissensstruktur des Lernenden führen, in der das Wissen altersgemäß repräsentiert ist, sie soll auch die intellektuelle Entwicklung des Lernenden lenken und fördern und ein tiefergehendes Verständnis sichern.

3.3 Lernhilfen für den Entdeckungsakt

Während durch „Struktur der Disziplin" und „Spiralcurriculum" inhaltliche oder programmatische Prinzipien genannt sind, an denen sich die Auswahl der Problemsituationen, die Art ihrer Formulierung und die Planung der sequentiellen Anordnung orientieren sollen, zielen Lernhilfen als Maßnahmen des Lehrens auf *Hilfestellung und Unterstützung der individuellen Problemlöseprozesse (Entdeckungsakte)*. Da der Lernende fähig werden soll, Probleme selbstständig zu lösen, muss er dazu gebracht werden, Problemlöseprozesse erfolgreich zu bewältigen. Dabei sollen ihn Lernhilfen unterstützen, die am erwarteten Lösungsprozess und an der erwarteten Problemlösung orientiert sind und die sich dementsprechend in prozessorientierte und ergebnisorientierte Lernhilfen unterteilen lassen.[5]

Prozessorientierte Lernhilfen sind an Vorstellungen darüber ausgerichtet, wie der Problemlöseprozess (Entdeckungsakt) idealerweise abläuft. Sie geben deshalb Hilfestellung

---

[5] Die systematische Einteilung von Lernhilfen in prozessorientierte und ergebnisorientierte Lernhilfen stammt nicht von Bruner selbst. Es handelt sich dabei um eine Systematisierung, die auf Riedel (1973) und auf Eigler, Judith, Künzel und Schönwälder (1977) zurückgeht.

- bei der Problemdefinition,
- beim Erfassen definierter (gegebener) Probleme,
- bei der Analyse von Problemsituationen,
- beim Beschaffen notwendiger Informationen,
- beim Isolieren relevanter Variablen,
- bei der Hypothesenfindung und bei der Hypothesenformulierung,
- beim Formulieren und Erkunden von Alternativen,
- bei der Hypothesenprüfung und
- bei der Bewertung der Problemlösung.

Ergebnisorientierte Lernhilfen sind an der *erwarteten Problemlösung* ausgerichtet und lenken die Entdeckungsaktivitäten der Schüler dementsprechend auf

- relevante Informationen,
- brauchbare Vorkenntnisse,
- verwendbare Variablen,
- gegebene Zusammenhänge,
- Teillösungen und
- falsche Hypothesen oder Lösungen.

Prozessorientierte und ergebnisorientierte Lernhilfen sind dann erfolgreich eingesetzt worden, wenn sie mit fortschreitendem Lernen immer stärker zurückgenommen werden können und schließlich alle Schüler in der Lage sind, ihre Problemlöseprozesse von der Problemerfassung bis zur Lösung des Problems und zur Bewertung der Lösung selbstständig und ohne jede Unterstützung zu steuern.

3.4 Lehren als Hilfe, Kompetenz und intrinsische Motivierung aufzubauen

Der hier zu formulierende Aspekt, der bei der Organisation des Lehrens nach Bruner berücksichtigt werden soll, ist relativ allgemeiner Natur: Lehren soll dem Lernenden dazu verhelfen, durch gelungene Problemlösungsvorgänge, durch erfolgreichen Umgang mit gegebenen Informationen und durch Erkennen und Bewertungen auftretender Schwierigkeiten ein Gefühl für seine eigene Leistungsfähigkeit zu gewinnen, dadurch eine angemessene Einschätzung der eigenen *Kompetenz* zu entwickeln und *intrinsisch* motiviert zu werden. Hilfreich ist nach Bruner auf diesem Wege auch, wenn der Lehrer durch sein eigenes Verhalten *Vorbild* für aktives Problemlöseverhalten und *Identifikationsfigur* für die Übernahme angemessener Einstellungen ist.

4 Ausblick

Die hier gegebene Darstellung der Brunerschen Position bezieht sich nur auf zwei Aspekte, die für das Lehren und Lernen in der Schule relevant sind: auf den des generalisierenden Lernens und auf den des entdeckenden Lernens. In der Didaktikliteratur wird Bruner oft sogar auf den letztgenannten Aspekt eingeengt, indem er ausschließlich als Promotor des Entdeckungslernens dargestellt wird. Eine derartige Einengung wird allerdings der Brunerschen Position nicht gerecht, denn der Ansatz des Entdeckungslernens ist bei ihm eingebettet in ein breites Spektrum wissenschaftlicher Betätigung, das von Forschungen im Bereich frühkindlicher Entwicklung bis zu Forschungen über kulturelle Vergleiche des Verlaufs der intellektuellen Entwicklung (einschließlich des Stadiums der Adoleszenz) reicht. Entsprechend vielfältig sind die hier nicht aufgenommenen Aspekte, die Bruner im Zusammenhang mit seinen Überlegungen zum Lehren und Lernen in der Schule teilweise kurz anreißt, teilweise aber auch ausführlicher erörtert. Es handelt sich dabei unter anderem um die Frage nach der Rolle der Intuition (Bruner 1960, S. 55 ff.) und der kognitiven Stile (Bruner 1965 a, S. 608 ff.) beim entdeckenden Lernen, um die Frage nach dem Verhältnis von analytischem und intuitivem Denken (Bruner 1960, S. 55 ff.), um Probleme der Organisation von Lernsequenzen und um Entwürfe zu einer Unterrichtstheorie (Bruner 1960, S. 45 f., Bruner 1964, S. 313 ff., Bruner 1966). Insgesamt hat Bruner sehr viel mehr zur „Relevanz der Erziehung" (Bruner 1973) ausgesagt, als aus der hier auf die Aspekte des generalisierenden Lernens und des Entdeckungslernens eingeschränkten Darstellung hervorgeht.

Literatur

Bruner, J. S. (1960). *The process of education*. Cambridge, Mass.: Harvard University Press.

Bruner, J. S. (1964). Some theorems on instruction illustrated with reference to mathematics. In E. R. Hilgard (Hrsg.), *Theories of learning and instruction*. 63rd Yearbook of the National Society for the Study of Education. Part I. Chicago: University of Chicago Press, S. 306-335.

Bruner, J. S. (1965) (a). The act of discovery. In R. C. Anderson and D. P. Ausubel (Hrsg.), *Readings in the psychology of cognition*. New York: Holt, Rinehart and Winston. S. 606-620.

Bruner, J. S. (1965) (b). Learning and thinking. In R. C. Anderson and D. P. Ausubel (Hrsg.), *Reading in the psychology of cognition*. New York: Holt, Rinehart and Winston. S. 76-86.

Bruner, J. S. (1966). *Toward a theory of instruction*. Cambridge, Mass.: Harvard University Press.

Bruner, J. S. (1971). Needed: A theory of instruction: In R. T. Hyman (Hrsg.), *Contemporary thought on teaching*. Englewood Cliffs. N. J.: Prentice-Hall. S. 152-160.

Bruner, J. S. (1973). *Relevanz der Erziehung*. Ravensburg: Otto Maier. (Original: 1971).

Eigler, G., Judith, H., Künzel, M., Schönwälder, A. (1977[3]). *Grundkurs Lehren und Lernen*. Weinheim, Basel: Beltz.

Riedel, K. (1973). *Lehrhilfen zum entdeckenden Lernen*. Hannover: Schroedel.

Lehrtext 9

Der „Cognitive Apprenticeship"-Ansatz von Collins, Brown und Newman

Bevor Schulen als Institutionen des Lehrens und Lernens eingeführt wurden, war aus der Sicht der Autoren des „Cognitive Apprenticeship"-Ansatzes das Lehrverhältnis die verbreitetste Form des Lehrens und Lernens – beispielsweise im Handwerk, in der Malerei, Bildhauerei, Medizin oder in der Jurisprudenz. In der Lehre wurde der nachwachsenden Generation das Wissen weiter gegeben, das sie zum fachkundigen Handeln braucht. Auch heute noch werden wichtige und komplexe Fertigkeiten – beispielsweise für den Gebrauch einer Sprache oder für soziales Handeln – mittels Ausbildungsmethoden erworben, wie sie für die Lehre kennzeichnend sind: Es wird nicht nach didaktischen Prinzipien unterwiesen, sondern durch Beobachten, Anleiten (coaching) und schrittweisem Annähern gelernt.

In der Lehre werden Fertigkeiten und Kenntnisse zudem in einem *sozialen und funktionalen Umfeld* erworben, in dem qualifizierte Praktiker die zu erlernenden Fertigkeiten tagtäglich als Werkzeuge gebrauchen, um sinnvolle Aufgaben zu erfüllen. In der Schule werden Fertigkeiten und Wissen von ihrem Gebrauch in der Wirklichkeit abgekoppelt erworben, was weit reichende Folgen für ihre Qualität hat.

Collins, Brown und Newman (1989) erarbeiten in drei Schritten, wie Methoden der Lehre auf das schulische Lehren und Lernen kognitiver Fertigkeiten übertragen werden können. Zuerst arbeiten sie heraus, was dem *Lernen in der Schule* und dem *Lernen in der Lehre* gemeinsam ist und was sie *unterscheidet*. Dann stellen sie drei *neuere pädagogische „Erfolgsmodelle"* vor, wie im Schulunterricht kognitive und metakognitive Fertigkeiten für das Lesen, Schreiben und Rechnen vermittelt werden können. Es handelt sich dabei um das „wechselseitige Lehren zu lesen" (reciprocal teaching of reading) von Palincsar und Brown (1984), die „prozessbegleitende Förderung des Schreibens" (procedural facilitation of writing) von Scardamalia und Bereiter (1985) und die Methode des Lehrens von Problemlösen in der Mathematik von Schoenfeld (1983). Vor diesem Hintergrund entwickeln Collins, Brown und Newman dann ihr *allgemeines Rahmenmodell für die Gestaltung von Lernumgebungen*, das unter der Bezeichnung „Cognitive Apprenticeship" bzw. „Kognitive Meisterlehre" in die lehr-lern-theoretische Diskussion eingegangen ist.[1]

---

[1] Hinweise zum praktischen Einsatz der Lehrmethoden der Kognitiven Meisterlehre sind u. a. zu finden in Brühlmann (1998) und Straka et al. (2001).

1 Der Versuch einer Synthese von Schule und Lehre

Die Autoren vertreten die Meinung, dass die Schule zwar verhältnismäßig erfolgreich umfangreiches Begriffs- und Faktenwissen vermittele, die Schüler dabei aber nicht zur Fachkundigkeit (*expertise*) führe. Als Grund für dieses Missverhältnis vermuten sie, dass zu wenig beachtet wird, wie Fachleute ihr Wissen erwerben oder einsetzen, wenn sie komplexe und wirklichkeitsgetreue Aufgaben bearbeiten – mit der Folge, dass viele Schüler nur unverbundenes und träges Begriffs- und Problemlösewissen aufbauen. Sie erachten es deshalb als notwendig, zunächst das Handeln von Fachleuten besser zu verstehen und dann nach Mitteln und Wegen zu suchen, wie das Handeln von Fachleuten erfolgreich erworben werden kann.

In den ethnographischen Studien von Laves über die Lehre in einer westafrikanischen Schneiderei finden die Autoren für ihr Vorhaben Hinweise, wie beim Lernen methodisch vorgegangen und wie das Lernen sozial gestützt werden kann.

(1) Die Lehre in der Schneiderei ist methodisch daran orientiert, wie Aufgaben bearbeitet werden und wie *Lehrlinge dies erlernen* können – nämlich durch eine wohl überlegte *Kombination aus Beobachten, Unterstütung (coaching) und Üben*. Meister müssen deshalb als Lehrende vorführen (modelling), unterstützen (coaching) und dabei ihre Hilfestellung schrittweise zurücknehmen (fading). Die Lehrlinge beobachten zunächst wiederholt, wie der Meister die Zielhandlung, die meist aus unterschiedlichen, aber miteinander verbundenen Teilhandlungen besteht, ausführt (modelling the target process). Dann versuchen sie, die Handlung auszuführen. Dabei leitet der Meister sie an und unterstützt die Ausführung solange mit Hinweisen und Hilfen, bis sie eine angemessene Vorstellung über die aufzubauende Fertigkeit haben. Dann verringert der Meister seine Mitwirkung beim Handeln des Lehrlings, indem er zunehmend weniger Hinweise, Erläuterungen und Rückmeldungen gibt. Dieses Zusammenspiel von Beobachten, Unterstützung und zunehmend eigenständigem praktischen Üben versetzt den Lehrling in die Lage, sein Tun selbst zu überwachen, zu korrigieren und diejenigen Fertigkeiten und begrifflichen Kenntnisse miteinander zu verbinden, die ihn zum Experten werden lassen. Überraschenderweise nimmt dabei das Beobachten eine Schlüsselrolle ein. Es hilft dem Lernenden, sich ein gedankliches Modell[2] der zu bearbeitenden Aufgabe oder der auszuführenden Handlung aufzubauen.

---

[2] Vgl. dazu das „operative Abbildsystem" Hackers (1998).

(2) Die Lehre in der Schneiderei findet in einer *sozialen Umgebung* statt, in der die meisten Mitglieder darauf angewiesen sind, die zu erlernenden Fertigkeiten zu beherrschen. Die Lehrlinge haben also ständig Modelle praktizierter Fachkundigkeit vor Augen, die sie nutzen können, um ihr eigenes Verständnis von komplexen Fertigkeiten zu verfeinern. Meist sind sogar mehrere Könner ihres Fachs und damit verschiedene Modelle von Fachkundigkeit anwesend. Das erleichtert das Verständnis und verdeutlicht zugleich, dass es viele Wege gibt, eine Aufgabe auszuführen, und dass niemand über alles Wissen und die gesamte Expertise allein verfügt. Zusätzlich können die Lehrlinge beobachten, wie Lernende mit unterschiedlichen Fähigkeitsniveaus vorgehen. Dabei erkennen sie, dass Lernen ein Prozess ist, der schrittweise zum Ziel führt, und sie haben konkrete Prüfsteine für ihre eigenen Fortschritte.

Collins, Brown und Newman fassen ihre Erkenntnisse, dass die Lehre am Handeln von Experten orientiert ist, mittels angeleiteter Erfahrungen gelehrt und dabei auch gelernt wird, das eigene Handeln zu überwachen und zu korrigieren, in ihrem Ansatz der „Kognitiven Meisterlehre" zusammen und übertragen diesen dann auf das Lehren und Lernen in der Schule.

Die *Kognitive Meisterlehre* ist auf des *Handeln von Experten* ausgerichtet: Wie gehen Experten vor, wenn sie komplexe Aufgaben bearbeiten? Begriffs- und Faktenwissen wird in die Zusammenhänge, in denen es eingesetzt wird, eingebettet (situated), auf diese Weise veranschaulicht und folglich unter den Bedingungen gelernt, unter denen es gebraucht wird. Dieses Vorgehen hilft, die Bedeutung der Begriffe und Fakten besser zu verstehen, die Begriffe und Fakten zusammen mit Handlungen und Prozessen in ein weit- und feinverzweigtes Netz von Zusammenhängen einzubinden und Wissen somit sicherer zurückrufen zu können. Von Lernprozessen, die auf das Handeln von Experten ausgerichtet und in entsprechende Handlungssituationen eingebunden sind, wird erwartet, dass sie anders als schulische Lernprozesse nicht zu „zerbrechlichen Fertigkeiten" und „trägem Wissen" führen.

Die „Kognitive Meisterlehre" ist darauf ausgerichtet, dass *kognitive und metakognitive Fertigkeiten* über „Lernen-durch-angeleitete-Erfahrungen" erworben werden. Dazu ist es erforderlich, Vorgänge, die üblicherweise verinnerlicht ablaufen, sichtbar zu machen. Lehrmethoden der Kognitiven Meisterlehre sind deshalb darauf ausgerichtet, stille (tacit) Prozesse an die Oberfläche zu bringen, damit die Lernenden sie mit Hilfe der Lehrkraft und anderer Mitlernender beobachten, sich vorstellen und üben können.

„Kognitive Meisterlehre" erfordert auch umfassende Maßnahmen, die den Lernenden helfen, *sich selbst überwachen und korrigieren* zu können. Beim Erlernen psychomotorischer Fertigkeiten – wie Schneidern – kann man sich nicht allein auf die vergleichsweise leicht zu durchschauende Beziehung zwischen einem Prozess und seinem Ergebnis verlassen. Die Unterschiede zwischen Fachleuten und Anfängern müssen reflektiert werden, denn ein Problemlöser kann nur dann zum Ziel kommen, wenn er sich selbst und sein Problemlösen überwachen kann.

2 Ein Rahmen zur Gestaltung von Umgebungsbedingungen für Lernen

Umgebungen für Lernen werden von den vier Dimensionen Inhalt (content), Methoden, Strukturierung und soziales Umfeld (sociology) bestimmt. Jede dieser Dimensionen umfasst mehrere Merkmale, die berücksichtigt werden müssen, wenn Lernumgebungen zu gestalten und zu beurteilen sind.

2.1 Die Dimension Inhalt

Nach dem gegenwärtigen Stand der kognitiven Forschung ist Expertise – also Expertenwissen – durch folgende Wissensbereiche bestimmt: durch offengelegtes (explicit) Begriffs-, Fakten- und Prozesswissen und durch stilles (tacit) strategisches Wissen – wie die Autoren es bezeichnen. Letzteres umfasst die Art und Weise, wie Experten ihr Begriffs-, Fakten- und Prozesswissen einsetzen, wenn sie Probleme lösen oder Aufgaben erledigen. Es handelt sich also um eine Art *Problemlösewissen* von Experten. Es besteht aus Problemlösestrategien und Heuristiken, Strategien, mit denen der Problemlöseprozess kontrolliert werden kann, und Lernstrategien, die Experten einsetzen, um sich neue Begriffe, Fakten und Herangehensweisen anzueignen.

Mittels „Kognitiver Meisterlehre" sollen Lernumgebungen so gestaltet werden, dass im Idealfall gleichzeitig vier Bereiche des Expertenwissens aufgebaut werden, nämlich bereichsspezifisches Wissen, heuristische Strategien, Kontrollstrategien und Lernstrategien:

(1) *Bereichsspezifisches Wissen* umfasst Begriffs-, Fakten- und Prozesswissen, das für ein bestimmtes Gebiet explizit ermittelt wurde. Es wird im Allgemeinen in Lehrbüchern, Lehrervorträgen und in Vorführungen dargestellt. Diese Art von Wissen ist sicherlich wichtig, aber es vermittelt vielen Lernenden nur ungenügende Hinweise darüber, wie in einem Bereich Probleme gelöst oder Aufgaben bearbeitet werden. Wird das bereichsspezifische Wissen darüber hinaus

losgelöst von lebensechten Problemzusammenhängen und Problemlöseprakti-
ken von Fachleuten erworben, bleibt es selbst bei erfolgreich Lernenden in Situationen träge, für die es in Frage kommt. Und selbst dann, wenn Begriffe for-
mal angemessen beschrieben werden können, werden Feinheiten ihrer Bedeutung am besten erworben, wenn sie in unterschiedlichen Problemsituationen
angewendet werden.

(2) *Heuristische Strategien* sind im Allgemeinen wirksame Techniken und Herangehensweisen, um in einem bestimmten Bereich knifflige Aufgaben zu meis-
tern. Experten erwerben Heuristiken beim praktischen Problemlösen meist un-
bemerkt (tacit).

(3) *Kontrollstrategien* dienen dazu, das Bearbeiten einer Aufgabe zu überwachen, unter verschiedenen möglichen Problemlösestrategien auszuwählen und
zu entscheiden, wann eine Strategie gewechselt werden muss usw. Das Experten verfügbare Wissen, wie beim Lösen von Problemen vorzugehen ist, wird als
Kontroll- und Strategiewissen bezeichnet. Dieses Wissen entsteht, wenn Problemlöser über ihren Problemlöseprozess reflektieren. Kontrollstrategien laufen
auf verschiedenen Ebenen ab und umfassen Strategien des Überwachens (monitoring), des Diagnostizierens und des Regulierens (remedial). *Überwachungs-
strategien* helfen einer Person, ihren Fortschritt zu ermitteln. Auf der Grundlage
meist einfacher Kriterien wird entschieden, ob ein Ziel erreicht oder nicht erreicht ist. *Diagnosestrategien* sind darauf gerichtet, Art und Ursachen von
Schwierigkeiten beim Problemlösen herauszufinden. Mittels *Regulierungsstra-
tegien* (remedial strategies) werden Schwierigkeiten beim Problemlösen besei-
tigt, beispielsweise, indem neues Wissen herangezogen oder ein anderer Weg
beschritten wird.

(4) *Lernstrategien* beruhen auf Wissen darüber, wie man am besten lernt. Dieses Wissen reicht von Strategien, wie ein neues Gebiet (domain) zu untersuchen
ist, bis zu mehr bereichsbezogenen Strategien, wie Wissen ausgeweitet oder
umgestaltet werden kann, wenn dies beim Problemlösen oder bei der Ausführung komplexer Aufgaben erforderlich wird.

2.2 Die Dimension Methode

Lehrmethoden sollen Lernenden helfen, kognitive und metakognitive Strategien
aufzubauen und zu verknüpfen, die dem Gebrauch, dem Umgang mit und dem
Entdecken von Wissen dienen. Wie diese Strategien erworben und dann beim
Problemlösen eingesetzt werden, ist bislang kaum geklärt. Beides – Erwerb und
Gebrauch dieser Strategien – hängt von dem vielfältigen Wechselspiel zwischen
dem aktuellen Wissen und den Überzeugungen des Individuums, den Eigen-

schaften der sozialen und physikalischen Umgebung, in die das Problemlösen eingebunden ist, und den Besonderheiten des zu lösenden Problems ab. Erfolgreiche Lehrmethoden sind dadurch gekennzeichnet, dass die kognitiven und metakognitiven Strategien explizit erarbeitet werden und in ihrem Zentrum Aktivitäten stehen, mit denen diese Strategien den Lernenden gut vermittelt werden können.

Collins, Brown und Newman weisen allerdings darauf hin, dass nicht alle Strategien ermittelt und explizit gemacht werden können, die in komplexe, kognitive Aktivitäten eingebunden sind. Solche Strategien und Fertigkeiten sind der formalen Erziehung nicht zugänglich, weil sie aus der praktischen Problemlösung herrühren und in Folge dessen „still" wirken. Und selbst wenn diese Strategien genau dargelegt werden können, hängt ihr Einsatz immer noch ganz wesentlich von dem Verständnis ab, wie sie im aktuellen Problemlösen eingebunden sind.

Lehrmethoden sollten deshalb den Lernenden die Möglichkeit eröffnen, Strategien an Experten in deren jeweiligen Umfeld zu beobachten, sie zu entdecken oder zu erfinden. Lernende können dann erkennen, wie diese Strategien mit ihrem Fakten- und Begriffswissen zusammenpassen, wie ihre soziale und physikalische Umgebung ihnen helfen kann und wie sie diese Hilfen nutzen können. Diese methodischen Empfehlungen bilden den Kern des *situierten Lernens,* wie die Autoren es verstehen. Sie begründen damit zugleich ihre Meinung, dass die „Kognitive Meisterlehre" über Vorführen, Unterstützen und allmähliches Zurücknehmen der Unterstützung (modelling – coaching – fading) erfolgreich und auf Dauer wohl auch unverzichtbar sein wird.

Collins, Brown und Newman stellen sechs Lehrmethoden heraus, die als „modellhaftes Vorführen" (modelling), „Anleiten" (coaching) und „strukturiertes Unterstützen" (scaffolding) im Mittelpunkt der Kognitiven Meisterlehre stehen. Sie sollen den Lernenden helfen, sich durch Beobachten sowie gelenktes und auch unterstütztes Üben miteinander verbundene, kognitive und metakognitive Fertigkeiten anzueignen. Die Lehrmethoden „Artikulation" und „Reflexion" sollen Lernenden bewusst machen, wie sie das Problemlösen von Experten beobachten, über welche Problemlösestrategien sie bereits verfügen und wie sie ihr Problemlösen kontrollieren. Die Lehrmethode des „Erkundens" soll Lernende ermutigen, Problemlöseprozesse der Experten selbstständig nachzuvollziehen und Probleme, die zu lösen sind, eigenständig zu bestimmen und zu beschreiben.

(1) *Modellhaftes Vorführen (modelling)* liegt vor, wenn ein Experte zeigt, wie er eine Aufgabe bearbeitet, damit der Lernende den Prozess, der zur Bearbeitung einer Aufgabe erforderlich ist, beobachten und sich davon eine Begriffsvorstellung machen kann. In kognitiven Bereichen (domains) erfordert dies, dass die normalerweise verinnerlicht ablaufenden Vorgänge und Aktivitäten, mit denen Experten ihr grundlegendes Begriffs- und Verfahrenswissen einsetzen, sichtbar gemacht werden.

(2) *Anleiten (coaching)* bedeutet, Lernende beim Bearbeiten einer Aufgabe zu beobachten und ihnen dabei Hinweise, Hilfen, Rückmeldungen, modellhafte Vorführungen, Erinnerungsstützen zu geben und neue Aufgaben zu stellen, damit sie ihre Leistungen schrittweise an die der Experten annähern können. Anleiten kann auch dazu dienen, Lernende auf einen bisher nicht berücksichtigten Abschnitt der Aufgabe oder auf einen zwar bekannten, aber übersehenen Gesichtspunkt aufmerksam zu machen. Anleiten konzentriert sich deshalb darauf, Fertigkeiten so darzustellen und zu verknüpfen, dass mittels wechselseitiger und situationsbezogener Rückmeldungen und Vorschläge die angestrebten Fertigkeiten tatsächlich erworben werden. Anleiten ist also unmittelbar auf Vorkommnisse oder Schwierigkeiten bezogen, die Lernende haben, wenn sie eine gestellte Aufgabe bearbeiten wollen.

(3) *Strukturiertes Unterstützen (scaffolding) und allmähliche Rücknahme (fading)* umfasst die Hilfestellungen, die Lehrkräfte Lernenden beim Bearbeiten von Aufgaben zukommen lassen – entweder in Form von Vorschlägen, schriftlichen Leitfäden, Vereinfachungen oder in Form von Modellierungen. Strukturiert unterstützt werden Lernende, wenn sie Teile der auszuführenden Gesamtaufgabe noch nicht bewältigen können. Beim Strukturierten Unterstützen handelt es sich also um kooperative Problemlöseversuche von Lehrkräften und Lernenden. Erklärte Absicht ist dabei, dass der Lernende nach und nach möglichst viel Verantwortung dafür übernimmt, wie er Aufgaben bearbeitet. Folglich muss die Unterstützung nach und nach zurückgenommen (= fading) und der Lernende zunehmend auf sich selbst gestellt werden.

(4) *Artikulation* umfasst alle Methoden, die Lernende dazu bringen sollen, ihr Wissen, Denken oder Problemlöseverhalten in einem Bereich explizit zu „artikulieren". Collins, Brown und Newman unterscheiden folgende Methoden der Artikulation:

- *Erkundendes Lehren*, bei dem Lernende angeregt werden, ihre subjektiven Theorien („prototheories") über die zuvor genannten vier Wissensarten deutlich zu formulieren und dadurch zugleich zu verfeinern.

- Lernende dazu *ermutigen,* die bei ihrem Problemlösen auftretende Gedanken festzuhalten.

- Lernende bei ihren kooperativen Aktivitäten *kritisieren* oder *überwachen,* um sie dazu zu bringen, sich bewusst zu machen und für sich zu dokumentieren, wie sie beim Problemlösen und Kontrollieren vorgehen.

(5) *Reflexion* soll die Lernenden befähigen, ihr eigenes Vorgehen beim Problemlösen mit dem eines Experten, eines anderen Lernenden und letztlich mit ihrer eigenen Vorstellung von Fachkundigkeit zu vergleichen. Die Reflexion wird verbessert, wenn geeignete Techniken zur Wiedergabe oder Wiederholung der Leistungen von Experten zum Vergleich mit Leistungen von Novizen genutzt werden. Um die Arbeitsweisen von Lernenden und Experten zu wiederholen, können Aufnahmetechniken wie Video- oder Audioaufzeichnungen und Computeranimationen eingesetzt werden. Dabei kann abhängig vom Lernstand des Lernenden der Ausschnitt für eine Wiederholung variiert werden. Darüber hinaus wird empfohlen, zentrale Vollzüge von Experten und Lernenden in verschiedener Form *abstrakt zu wiederholen* und dabei hervorzuheben. Reflexionen werden auch angeregt, wenn Aufzeichnungen über das laute Denken der Lernenden anschließend abgespielt und mit dem Denken von Fachleuten und anderen Lernenden verglichen werden.

(6) *Erkunden (exploration)* soll Lernende in die Lage versetzen, Probleme auf sich selbst gestellt zu lösen. Diese Methode ist besonders anspruchsvoll. Es muss sorgfältig geprüft werden, ob die Lernenden daran interessiert und dazu in der Lage sind, Fragen oder Probleme einzugrenzen. Mit der Aufforderung zum Erkunden wird ein Wendepunkt erreicht, an dem die Unterstützung sowohl beim Problemlösen als auch beim Bestimmen eines Problems langsam zurück zu nehmen ist. Da Lernende aber vorab meist nicht wissen, wie sie ein Gebiet erfolgreich erkunden können, müssen ihnen zunächst Erkundungsstrategien zusammen mit Lernstrategien vermittelt werden.

2.3 Die Dimension Sequenzierung

Sequenzieren bedeutet, die in den verschiedenen Stufen des Aufbaus von Fertigkeiten auftretenden Lernbedürfnisse in eine Abfolge zu bringen und Lernende dabei zu unterstützen, Wissen und komplexe Fertigkeiten miteinander zu verknüpfen und zu verallgemeinern. Collins, Brown und Newman geben drei Prinzipien an, die den systematischen Aufbau „robuster" Problemlösefertigkeiten leiten sollten.

(1) Aufgaben, Aufgabenumgebungen oder deren Teilbereiche sollten nach *zunehmender Komplexität* angeordnet werden und so schrittweise die für fachkundige Leistung verlangten Fertigkeiten und Begriffe zu erzeugen helfen. Um den Lernenden zu unterstützen, mit der zunehmenden Komplexität zurecht zu kommen, werden zwei Vorgehensweisen empfohlen: Die Komplexität der Aufgaben sollte begrenzt werden. Ausbilder und andere Helfer sollten die Lernenden dabei strukturiert unterstützen (scaffolding), die erforderlichen komplexen Aktivitäten zu bewältigen, die zum Bearbeiten jeder anstehenden Aufgabe erforderlich sind.

(2) Aufgaben, zu deren Bearbeitung zunehmend unterschiedliche Strategien oder Fertigkeiten erforderlich sind, sollten nach *ansteigender Vielgestaltigkeit* (diversity) geordnet werden. Solche Aufgaben sind so einzuführen, dass die Lernenden unterscheiden können, unter welchen Bedingungen Fertigkeiten und Strategien angewendet oder nicht angewendet werden dürfen. Indem Lernende angehalten werden, Fertigkeiten bei zunehmend unterschiedlichen Fragestellungen und in verschiedenartigen Situationen anzuwenden, werden die erworbenen Strategien schrittweise von ihrer Verhaftung an konkrete Situationen gelöst und bei ungewohnten oder neuen Problemen einsetzbar.

(3) *Allgemeine vor bereichsspezifischen Fertigkeiten.* In einer Schneiderlehre lernen die Auszubildenden als erstes, wie ein Kleidungsstück aus vorher zugeschnittenen Stoffstücken zusammengesetzt wird und erst dann, wie die Teile gezeichnet, ausgeschnitten und angefertigt werden. Diese Abfolge der Handlung ermöglicht es den Lernenden, sich zuerst ein allgemeines begriffliches Modell darüber zu machen, wie alle Teile des Kleidungsstückes zusammenpassen. Für Unterrichtsstunden im kognitiven Bereich bedeutet das, Lernenden anhand einer interessanten Problemstellung zuerst die Gesamtfähigkeit entwickeln zu lassen, bevor dann die darin enthaltenen (Teil-) Fertigkeiten aufgebaut werden. Dabei ist *Strukturierendes Unterstützen* (scaffolding) hilfreich.

Sequenzieren soll Lernende also dazu bringen, zuerst ein allgemeines Begriffsnetz bzw. sich eine allgemeine begriffliche Vorstellung der angestrebten Fähigkeit oder Vorgehensweise aufzubauen und erst dann den Einzelheiten in einem Gegenstandsbereich nachzugehen. Dieses Vorgehen erfüllt zwei Funktionen: Lernende begreifen, wie sich die Teile zusammenfügen. Sie entwickeln eine klare Vorstellung des Ziels, dem sie sich nähern, wenn sie zunehmend Teile aufnehmen und zusammenfassen und jeweils nur Teilschritte zur Lösung der Aufgaben ausführen. Eine klare begriffliche Vorstellung von der Zielaufgabe orientiert Lernende auch über ihre anschließenden Leistungen und verbessert ihre Fähigkeit, die eigenen Fortschritte zu überwachen und sich selbst zu korrigieren.

2.4 Die Dimension soziales Umfeld (sociology)

Collins, Brown und Newman vertreten den Standpunkt, dass das soziale Umfeld des Lernens eine oft nicht beachtete Dimension ist, wenn Lehrgänge gestaltet werden und praktisches pädagogisches Handeln stattfindet. Auszubildende erwerben Fertigkeiten im Umgang mit Problemen der Praxis und innerhalb einer durch fachkundiges Handeln bestimmten Kultur. Auszubildende sehen, wie zu erwerbende Fertigkeiten genutzt werden, in Fachkundigkeit eingebunden sind und wie wirksam und bedeutsam diese Fertigkeiten in einer Subkultur sind. Mit zunehmendem Können werden sie dann Mitglieder der Gemeinschaft und fachkundige Praktiker.

Die soziale Organisation der Ausbildung eröffnet Lernenden auch fruchtbare Einsichten in die „Natur" von Lernen und Fachkundigkeit: Sie zeigt, wie bedeutsam Motivation und Vertrauen sind und wie sie mit Problemen umgehen können, die ihnen beim Lernen begegnen. Die anderen Lernenden liefern beispielsweise Hinweise, wie die eigenen Fortschritte zu beurteilen sind, wo ihre Stärken und Schwächen liegen und wie sie sich verbessern lassen. Die verfügbaren Modelle können Lernenden zu der Erkenntnis verhelfen, dass selbst Experten über unterschiedliche Stile, Vorgehensweisen und Fertigkeiten verfügen.

Fünf Merkmale bestimmen das *soziale Umfeld des Lernens*: der Situationsbezug des Lernens, die Kultur fachkundiger Praxis, intrinsische Motivation, das Nutzen von Kooperation und von Wettbewerb.

(1) Der *Situationsbezug des Lernens (situiertes Lernen)* hat einige Vorzüge: Lernende verstehen leichter, welchen Zweck oder Nutzen das Wissen hat, das ihnen vermittelt wird. Sie lernen durch aktives Nutzen von Wissen statt durch passives Aneignen. Sie erkennen die Bedingungen, unter denen sie ihr Wissen anwenden können. Das Lernen in vielen, sehr verschiedenen Zusammenhängen fördert das Verallgemeinern von Wissen. Ihr Wissen ist verbunden mit dem Zusammenhang, in dem es genutzt wird, aber auch unabhängig von ihm. Das Lösen des Wissens aus dem jeweiligen Zusammenhang, in dem es erworben wurde, begünstigt, dass es auf neue Probleme und Bereiche übertragbar wird. Unter Bezug auf Dewey und anderen befürworten Collins, Brown und Newman daher das Lernen in Projekten statt des Lernens entlang einzelner und begrenzter Probleme.

(2) Die *Kultur fachkundigen Handelns* erfordert Lernumgebungen, in denen sich die Beteiligten über die Fachkundigkeit ausmachenden Fertigkeiten aktiv verständigen und sich verpflichten, sie zu übernehmen. Dabei wird Fachkundigkeit als eine Praxis verstanden, in der Probleme gelöst und Aufgaben eines Bereichs erfüllt werden. Eine Kultur, in der das Handeln von Fachleuten zentrales Thema ist, hilft auf vielfältige Weise, Lernen zu verorten und zu unterstützen. Vor allem stellt sie den Lernenden jederzeit Modelle vorgelebten, fachkundigen Handelns zu Verfügung. Um den Lernenden zu helfen, nützliche begriffliche Modelle zu verinnerlichen, müssen die Fachleute allerdings in der Lage sein, ihre beim Lösen der Probleme ablaufenden kognitiven Prozesse zu ermitteln und den Lernenden darzustellen. Lernende in eine Kultur fachkundigen kognitiven Handelns einzubinden umfasst auch, ihnen zu vermitteln, wie Fachleute denken. Selbst wenn Lernende dabei die Vorgänge beim fachkundigen Handeln nicht verstehen und beschreiben können, kann das Lösen von Problemen in Gruppen hilfreich sein, die sachdienlichen Vorgänge und Überlegungen so explizit zu machen, dass die Lernenden sie beobachten und einstudieren können. Deshalb muss einer Kultur des Handelns von Fachleuten, die Lernen fördern soll, auf Interaktionen zwischen Experten und Lernenden beim Lösen von Problemen und Bearbeiten von Aufgaben beruhen.

(3) Beim situierten Lernen, das in Kulturen fachkundigen Handelns eingebettet ist, spielt die *intrinsische Motivation* des Lernens eine herausragende Rolle. Externe Belohnungen von Leistung führen in der Regel dazu, dass Lernende Aufgaben nicht von sich aus bearbeiten. Methoden des modellhaften Vorführens und des Unterstützens mit allmählicher Abnahme *(modelling - coaching - fading)* fördern im Allgemeinen die intrinsische Motivation vor allem dann, wenn der Erwerb komplexer und vernetzter Fertigkeiten unterstützt wird. Mindestens ebenso bedeutsam ist, dass Lernende von sich aus versuchen, Aufgaben aus dem Leben in der Art und Weise zu bearbeiten, wie dies für das Handeln von Experten kennzeichnend ist.

(4) *Nutzen der Zusammenarbeit* bedeutet, Lernende so zusammenarbeiten zu lassen, dass dabei ihr gemeinsames Lösen von Problemen gefördert wird und sie zugleich ihre Lernfähigkeit erweitern. Gemeinsames Lernen und Lösen von Problemen macht Kenntnisse und Methoden allen Gruppenmitgliedern zugänglich. Und es führt zu gegenseitigem strukturiertem Unterstützen, weil Lernende ihr Wissen und ihre Fertigkeiten mit anderen teilen. Lernende sind oft besser als Lehrende in der Lage, sich gegenseitig dabei zu helfen, die Grundprinzipien und die versteckten Merkmale neuer Begriffe oder Fertigkeiten zu begreifen. Sie können sich die damit verbundenen Lernschwierigkeiten besser vorstellen, weil ihnen ihre eigenen Erfahrungen mit gleichen oder ähnlichen Schwierigkei-

ten noch gegenwärtig sind. Gemeinsames Lernen begünstigt es auch, Prozesse und Begriffe situationsbezogen und deutlich heraus zu arbeiten. Auf diese Weise erhalten Lernende bewussten Zugang sowohl zu kognitiven und metakognitiven Prozessen und deren Kontrolle als auch zu der Art und Weise, wie andere ihr Begriffs- und Prozesswissen einsetzen.

(5) *Wettbewerb zu nutzen* bedeutet, Lernende die gleiche Aufgabe bearbeiten zu lassen und dann zu vergleichen, wie jeder dabei vorgegangen ist. Ein solcher Vergleich macht sichtbar, worauf zu achten ist, wo die Stärken und Schwächen des Einzelnen liegen und was sich verbessern lässt. Damit Wettbewerb den Aufbau von Fachkundigkeit fördern kann, sind *nicht die Ergebnisse* zu vergleichen, die Lernende erzielen, *sondern ihre Prozesse beim Problemlösen.*

Obwohl Wettbewerb äußerst motivierend sein kann und manchen Lernenden hilft, ihr Lernen zu organisieren, ist er nicht unproblematisch. So gibt es Hinweise, dass einige Lernende sich durch Wettbewerbssituationen eher hemmen als motivieren lassen oder bestehende emotionale Problemlagen eher verschärft werden. Zu bedenken ist auch, dass Wettbewerb sozial unerwünschtes und moralisch nicht zu vertretendes Verhalten und die ihm zugrunde liegenden Einstellungen fördern kann.

Einige der schädlichen Auswirkungen des Wettbewerbs haben damit zu tun, welche Einstellungen und Überzeugungen Lernende zukünftig mit auftretenden Fehlern verbinden. Vor allem schwächere Lernende können durch Wettbewerb entmutigt werden, wenn sie dadurch den Eindruck bekommen, für „dumm" erklärt zu werden, weil sie Fehler machen oder ihnen einige Arbeitsgänge misslingen. Wettbewerb kann außerdem die Bereitschaft hemmen, die Prozesse, Strategien und Heuristiken genauer verstehen zu wollen, die beim Lösen von Problemen wichtig sind.

Einige der beschriebenen schädlichen Auswirkungen können abgeschwächt werden, indem Zusammenarbeit und Wettbewerb miteinander verbunden werden. Beispielsweise können Einzelne in Gruppen zusammenarbeiten und als Mitglied der Gruppe mit anderen Gruppen wetteifern. In einer solchen Konstellation kann jeder davon profitieren, dass er beim Lernen durch die Gruppe unterstützt wird und er selbst die Leistungsfähigkeit der Gruppe im Wettbewerb stärkt.

3 Grenzen und Ausblick

Collins, Brown und Newman machen auf zwei gewichtige *Unterschiede* zwischen der *Lehre* im klassischen Sinn und der *Kognitiven Meisterlehre* aufmerksam: Die klassische Lehre ist an den Arbeitsplatz gebunden, weshalb sich die den Auszubildenden gestellten Probleme und Aufgaben unmittelbar aus dem Arbeitsprozess ergeben. Bei der Kognitiven Meisterlehre dagegen stehen hinsichtlich Aufgabenstellung und Vorgehen pädagogische Überlegungen im Vordergrund: Es werden solche Probleme und Aufgaben ausgewählt, die die Vorzüge zu erwerbender Techniken oder Methoden veranschaulichen und den Schülern die Möglichkeit bieten, diese Techniken und Methoden unter verschiedenen Bedingungen anzuwenden. Zudem wird die Komplexität der Aufgaben nach und nach erhöht und Teilfertigkeiten und Modelle werden schrittweise miteinander verbunden. Die Aufgaben werden also auf die sich verändernden Erfordernisse des Lernens und nicht auf jene der Arbeits- und Geschäftsprozesse abgestimmt. Letzteres ist aus der Sicht der Autoren die Ursache dafür, dass sich die traditionelle Lehre als relativ nutzlos herausgestellt hat.

In der Kognitiven Meisterlehre wird auch besonderer Wert darauf gelegt, das Wissen aus dem Zusammenhang zu lösen, in dem es erworben wurde, und es für unterschiedliche Bedingungen einsatzfähig zu machen. Mittels Kognitiver Meisterlehre soll das an Situationen verhaftete Lernen überwunden werden und die Schüler sollen dazu geführt werden, ihre Fertigkeiten in unterschiedlichen Umgebungen einzusetzen.

Collins, Brown und Newman meinen, auf der Grundlage ihres Rahmenmodells der „Kognitiven Meisterlehre" Schule so gestalten zu können, dass die Schüler „wahre" Fachkundigkeit, „robuste" Problemlöse-Fertigkeiten und die Fähigkeit zu lebensbegleitendem Lernen erwerben.

In dieser Darstellung wurde weniger deutlich gemacht, dass nach Überzeugung der Autoren die Techniken des modellhaften Vorführens, strukturierten Unterstützens und seiner allmählichen Rücknahme formalisiert werden können und so – eingebaut in die leistungsstarken Personalcomputer von morgen – eine Wiedereinführung des „Lernens wie Lehrlinge" begünstigt werden könnte. Collins, Brown und Newman vermuten, dass rechnergestütztes Lernen zukünftig für Bildung und Ausbildung immer bedeutsamer wird. Rechner eröffnen persönliche Zuwendung in einem Umfang, ohne den eine unterstützende Anleitung (coaching) und ausklingende strukturierte Unterstützung (scaffolding), wie sie in der Lehrlingsausbildung üblich sind, in der Schule nicht realisierbar wäre. Möglicherweise wichtiger ist allerdings, dass rechnerunterstützte, an der Form traditioneller Lehre orientierte Lernumgebungen Forschungen ermöglichen, die zu einer genaueren Beschreibung der Prozesse und des Wissens führen, die Lernende auf dem Wege zum Fachmann benötigen. Darüber hinaus kann auch das Wissen genauer beschrieben werden, das Lehrkräften hilft, Schwierigkeiten bei Lernenden zu ermitteln, Lernaktivitäten in eine Abfolge zu bringen etc. Diese Art von Wissen kann fruchtbare Implikationen nicht nur für die Gestaltung elektronischer Lernumgebungen haben, sondern ganz allgemein für Lehrerbildung, Curriculumentwicklung und Bildungspolitik.

Literatur

Brühlmann, J. (1998). Qualitätsentwicklung in der Berufsausbildung am Arbeitsplatz: Die ganze Organisation lernt mit. *Zeitschrift für Berufs- und Wirtschaftspädagogik*, 94 (2). 289-296.

Collins, A.; Brown, J. S. & Newman, S. E. (1989). Cognitive apprenticeship: Teaching the crafts of reading, writing, and mathematics. In L. B. Resnick (Hrsg.), *Knowing, learning, and instruction*. Hillsdale: Erlbaum, S. 453-494.

Hacker, W. (1998). *Allgemeine Arbeitspsychologie: Psychische Regulation von Arbeitstätigkeiten.* Bern: Huber.

Palincsar, A. S., & Brown, A. L. (1984). Reciprocal teaching of comprehension – fostering and monitoring activities. *Cognition and Instruction* 1, 117-175.

Scardamalia, M., Bereiter, C (1985). Fostering the development of self-regulation in children's knowledge processing. In S.°F. Chipman, J.°W. Segal, und R. Glaser (Hrsg.), *Thinking and learning skills: Research and open questions*. Hillsdale: Erlbaum. S. 563-577.

Schoenfeld, A. (1983). Problem solving in the mathematics curriculum: A report, recommendations and an annotated bibliography. The Mathematical Association of America, MAA Notes, No. 1.

Straka, G. A.; Nenninger, P.; Plaßmeier, N.; Spevacek, G. & Wosnitza, M. (2001). Entwicklung, Erprobung und Evaluation von Weiterbildungsmaßnahmen für Lehrer und Ausbilder zur Förderung motivierten selbstgesteuerten Lernens in der kaufmännischen Erstausbildung. In K. Beck & V. Krumm (Hrsg.), *Lehren und Lernen in der beruflichen Erstausbildung*. Opladen: Leske und Budrich. S. 77-92.

Lehrtext 10

Der Ansatz der „Anchored Instruction"
der Cognition & Technology Group at Vanderbilt

Mit der Monographie „The Jasper Project – Lessons in Curriculum, Instruction, Assessment, and Professional Development" zieht die „Cognition & Technology Group at Vanderbilt" (CTGV 1997) eine Zwischenbilanz ihrer über siebenjährigen Arbeit, die sie mit Hunderten von Lehrkräften und Tausenden von Schülern in Nord-Amerika geleistet hat. Ausgangspunkt für den Ansatz der „Anchored Instruction" waren Mängel, die in der Praxis des Mathematikunterrichts in den Vereinigten Staaten zu beobachten waren. Im Mittelpunkt der Bilanz stehen die Videoserie mit den zwölf „Abenteuern des Jasper Woodbury", mit der die Praxisveränderung angestrebt wurde, und Erfahrungen, was alles berücksichtigt werden muss, damit theoretisch begründete Instruktionsansätze tatsächlich zur gewünschten Praxisveränderung führen.

1   Warum die „Abenteuer des Jasper Woodbury" entwickelt wurden

Aus der Sicht der CTGV-Gruppe ist Mathematikunterricht dadurch gekennzeichnet, dass selten authentische Probleme vorkommen, Problemstellungen allein auf der Ebene von Zahlen abgehandelt werden, weshalb sie kein mathematisches Denken auslösen, und dass das Anwenden von Wissen falsch oder sehr verkürzt gesehen wird. Dies führe überwiegend dazu, dass *träges Wissen* aufgebaut wird, das zwar erinnert, aber auch dann nicht eingesetzt wird, wenn es geeignet ist, anstehende Probleme zu lösen. Wird „träges Wissen" überhaupt eingesetzt, dann nur in einem sehr begrenzten Bereich, obwohl es eigentlich in vielen Bereichen einsetzbar wäre (CTGV 1997, S. 41).

1.1   Bearbeiten wirklichkeitsfremder Probleme

Studien im Labor und im Klassenzimmer zeigen, dass „träges Wissen" weit verbreitet ist und das Ausmaß seiner Trägheit wesentlich davon abhängt, *wie das Wissen dargestellt und wie es erworben wird*. In Lehrmaterialien wird Wissen meist isoliert dargestellt, also ohne Angaben darüber, warum, wann und wie es angewendet werden kann. Diese Art der Darstellung verführt dazu, zu erwerbendes neues Wissen als Faktum zu betrachten, das gelernt werden muss, und nicht als Werkzeug, mit dessen Hilfe Probleme gelöst werden können (CTGV 1997, S. 25). Die Gruppe veranschaulicht ihre Einschätzung mit Aufgaben aus

Lehrwerken sowie häufig anzutreffenden Lösungen:

Beispiel 1: Tony fährt jeden Sommer mit dem Bus zum Zelten. Mit dem Bus fahren acht weitere Kinder mit. Der Bus legt in einer Stunde neun Meilen zurück. Es dauert vier Stunden, um dorthin zu kommen. Wie weit entfernt liegt der Zeltplatz?

Eine typische Lösung lautete: $8 + 9 + 4 = 21$.

Auf die Frage, warum die Zahlen addiert wurden, antworteten die Schüler: Weil die Aufgabe lautet: „Wie weit entfernt liegt der Zeltplatz?"

Dass es sich dabei um kein rein US-amerikanisches Problem handelt, wird durch Rückgriff auf Untersuchungsergebnisse von Karl Reusser (1988), einem Schüler Aeblis, untermauert.

Beispiel 2: Auf einem Schiff befinden sich 26 Schafe und zehn Ziegen. Wie alt ist der Kapitän?

Etwa 75 Prozent der Schüler, die eine Zahl angegeben hatten, antworteten auf Nachfragen, dass sie überwiegend überlegt hatten, ob die Grundrechenarten einzusetzen sind, und kaum, ob die Frage überhaupt sinnvoll ist (Reusser 1988).

Ein Mitglied der CTGV Gruppe stellte diese Aufgabe seinem eigenen Kind. Es kam zur Zahl „36" als Lösung. Die Antwort auf die Frage, wie das Kind zu dieser Lösung gekommen war, lautete: „Bei Aufgaben dieser Art ist zu addieren, zu subtrahieren oder zu multiplizieren, und hier schien das Addieren am besten zu passen."

In der Videoserie Jasper wird mit authentischen, lebensechten und der Wirklichkeit entsprechenden Problemen versucht, die Schüler zum Denken zu bringen und zu vermeiden, dass sie nur träges Wissen anhäufen. Die Serie orientiert sich am Lernen aus Fällen, Problemen oder Projekten, wie es beispielsweise in der Ausbildung von Wirtschaftswissenschaftlern, Juristen oder Medizinern üblich ist.

1.2 Mathematisch Denken statt Operieren mit Zahlen

Die Art, wie Schüler mathematische Aufgaben des oben dargestellten Typs bearbeiten, bringt sie nach Meinung der CTGV-Gruppe dazu, mathematisches Denken als ein Operieren mit Zahlen zu verstehen. Sie suchen nach Schlüsselwörtern, die auf Zahlenoperationen wie Addieren, Subtrahieren, Multiplizieren oder Dividieren hinweisen und verknüpfen dann die Zahlen, mit denen sie operieren, nicht mit den Sachverhalten, die in einer Problemstellung formuliert sind (CTGV 1997, S. 26).

Um derartigen Fehlentwicklungen entgegen zu wirken, werden in der Unterrichtspraxis beispielsweise Problemlösetechniken vermittelt. Ob dadurch die beschriebenen Fehlentwicklungen verhindert werden können, ist für die CTGV-Gruppe eher fraglich. Forschungsbefunde sprechen nämlich dafür, dass Denken nicht darauf beruht, allgemeine *Denkstrategien* einzusetzen, sondern vor allem darauf, dass *starke (powerful) begriffliche Vorstellungen* mit *bereichsspezifischem Wissen* verknüpft werden. Ergebnisse der Expertiseforschung zeigen, dass Experten sich im Laufe ihres Lebens ein umfangreiches Wissen aufbauen und ihre Erfahrungen als Verzeichnis von Fällen speichern, das sie durchgehen, wenn sie neue Probleme lösen müssen. Die Befunde zeigen, dass *Expertise* offensichtlich nicht auf allgemeinen Problemlösefähigkeiten beruht, die dann auf Einzelfälle angewendet werden (top-down-application) (CTGV 1997, S. 37).

1.3 Träges Wissen als Folge des Aufbaus von Lehrbüchern

In heutigen Lehrbüchern werden in einem Abschnitt zuerst Fakten und Regeln eingeführt und dann auf Probleme angewendet. Dieses Vorgehen trägt aus der Sicht der CTGV-Gruppe erheblich dazu bei, dass Schüler „träges Wissen" aufbauen. Denn nicht Fakten und sprachlich formulierte Lehrsätze bilden die Grundlage für fachkundige Leistungen, sondern Handlungsvorstellungen. *Handlungsvorstellungen (productions)* bestehen aus „*Bedingungs-Handlungs-Paaren*, die genau angeben, welche geistigen (oder physischen) Handlungen stattfinden sollen, um einen bestimmten Zustand eintreten zu lassen" (Anderson 1987, S. 193, Hervorhebung d. V.). Handlungsvorstellungen umfassen Informationen über solche Merkmale von Problemsituationen, die spezifische Handlungen als zweckmäßig erscheinen lassen. Handlungswirksam wird Wissen, das aus erlernten „Bedingungs-Handlungs-Paaren" besteht, und nicht aus Wissen, das sich aus in Lehrbüchern meist vermittelten isolierten Fakten zusammensetzt. In Lehrbüchern werden meist nur die Natur und die Gesetzmäßigkeiten der Mathematik beschrieben und es wird nichts dazu gesagt, wann diese Gesetzmäßigkeiten beim Lösen von Problemen nützlich sein können. Deshalb bleibt es weitgehend den Lernenden überlassen, sich diejenigen „Bedingungs-Handlungs-Paare" aufzubauen, mit deren Hilfe sie neue Probleme lösen können (CTGV 1997, S. 38).

Die CTGV-Gruppe illustriert die Vorzüge von „Bedingungs-Handlungs-Paaren" mit Beispielen. Auf den ersten Blick scheinen sich die Sprichwörter „Viele Köche verderben den Brei" und „Viele Hände machen die Arbeit leichter" zu widersprechen. Dieser Widerspruch löst sich allerdings auf, wenn die Bedingungen des gemeinten Handelns benannt werden. Kann eine Aufgabe nur schwer in unabhängige Teilaufgaben zerlegt werden, trifft das Sprichwort mit den „vielen Köchen" zu. Bei einem Menü mit mehreren Gängen machen dagegen „viele Hände" durchaus Sinn. Es müssen also immer die Bedingungen angegeben werden, unter denen Handlungen ausgeführt werden sollen. Es muss gesagt werden, *warum*, *wann*, *wo* und *wie* das formulierte Wissen nützlich werden kann (CTGV 1997, S. 39).

1.4 Träges Wissen und Anwendungsprobleme

„Träges Wissen" kann auch entstehen, wenn das Problem, wie Wissen angewendet wird, falsch oder verkürzt gesehen wird:

(1) Traditionell werden Anwendungsprobleme so formuliert, dass Lernende sie ohne tiefergehende Überlegungen bearbeiten und es unterlassen, über die Einschränkungen nachzudenken, die im „wahren" Leben gegeben sind. Sie werden nicht dazu gebracht, über lebensechte Probleme nachzudenken.

(2) Bei Anwendungsproblemen wird häufig unterstellt, dass nur eine einzige Lösung richtig ist. Das führt dazu, dass Lernende nach einer statt nach vielen Lösungen suchen und dabei unangemessene Auffassungen entwickeln, wie Probleme gelöst werden. Hinzu kommt, dass viele Lernende Schwierigkeiten beim Lesen haben und deshalb sprachlich formulierte Probleme nur schwer verstehen. Es ist deshalb schwierig, Probleme so zu formulieren, dass sie die Komplexität lebensechter Probleme wiedergeben und die Schüler sie noch verstehen.

Unterricht sollte daher nicht darauf ausgerichtet werden, dass Schüler Teilfertigkeiten und Fakten erwerben, aus denen sich komplexe Leistungen zusammensetzen. Vielmehr sollte Unterricht solche Fähigkeiten aufbauen, die es Lernenden ermöglichen, ganzheitliche und wirklichkeitsechte Aufgaben zu bearbeiten. Beispielsweise ist die Fähigkeit, einfache, aus ein bis zwei Schritten bestehende und wohl definierte Probleme lösen zu können, nicht gleichzusetzen mit der Fähigkeit, lebensechte und komplexe Probleme lösen zu können, selbst dann nicht, wenn diese sich in einfache Probleme zerlegen lassen.

(3) Traditionelles Vorgehen verführt Lernende auch dazu, Anwendungsprobleme eher mechanisch zu lösen, weil sie meist nur die Informationen benötigen, die sie sich in dem oder den vorausgehenden Abschnitten erarbeitet haben. Eigenständiges Bearbeiten von Problemen besteht bei diesem Vorgehen darin, sich an die zuvor dargestellten Informationen zu erinnern, und nicht darin, sich beim Bearbeiten auf eigene Einfälle zu verlassen. Auf diese Weise kann sich eigenständiges Denken nur begrenzt entfalten.

(4) Bei traditionellen Anwendungen werden die Probleme vorgegeben. Lernende werden nicht dazu angeregt, sich ihre Probleme selbst zu stellen (CTGV 1997, S. 41).

Mit Hilfe *authentischer Probleme*, die der Wirklichkeit entsprechen (die lebensecht sind), möchte die CTGV-Gruppe Lernende zum Denken anregen und es aufrecht erhalten, zu mathematischem Denken statt zum Operieren mit Zahlen führen und Wissen so anwenden lassen, dass kein „träges Wissen" angehäuft wird. Aus diesen Gründen wurden zwölf audio-visuell präsentierte Abenteuer des Jasper Woodbury mit eingebundenen mathematischen Problemen entwickelt, die sich am Lernen aus Fällen, Problemen oder Projekten orientieren, um eine in den USA weit verbreitete Praxis des Mathematikunterrichts zu verändern.

2 Ansatz und Merkmale der „Anchored Instruction"

„Anchored Instruction" („Verankerte Unterweisung") ist der Ansatz der CTGV-Gruppe, um die zuvor beschriebenen Mängel schulischen Unterrichts zu vemeiden.

2.1 Der Ansatz

Anchored Instruction soll mittels bedeutungshaltiger Lernumgebungen, in denen Probleme zu lösen und Erkundungen durchzuführen sind, träges Wissen verhindern. Die Schüler sollen begreifen, welchen Problemarten und Handlungsanlässen Experten begegnen, und herausfinden, wie Experten ihr Wissen als Werkzeug benutzen, um Probleme zu erkennen, darzustellen und schließlich zu lösen. Und sie sollen ihr Wissen vernetzen, indem sie gleiche Situationen (= *Anker*) unter mehreren, sich unterscheidenden Gesichtspunkten untersuchen – beispielsweise als Naturwissenschaftler, Mathematiker oder Historiker (CTGV 1997, S. 24).

Die Lehre wird zweifach verankert: im *bereits erworbenen Wissen* der Schüler und in *lebenspraktischen Zusammenhängen*. Das Wissen, dass Lernende in die Lernsituation einbringen, hat insofern die Funktion eines Ankers, als es die vermittelten Informationen bedeutungsvoll macht. Nicht jedem Lehr-Lern-Prozess muss also eine Ankeridee vorangestellt werden. Als zweiter Anker wird den Schülern die Gelegenheit geboten, mit dem erworbenen Wissen Probleme zu lösen, die in einem *lebenspraktischen Zusammenhang* stehen. Dadurch erleben sie den Erwerb von Wissen nicht mehr als Selbstzweck, sondern als ein Mittel, bedeutungsvolle Zwecke zu verfolgen.

Beispielsweise erkennen Schüler im Literaturunterricht meist nicht, dass auch klassische Texte ihnen helfen können, heutige Probleme angemessen zu erkennen und zu lösen. In den naturwissenschaftlichen Fächern erfahren Lernende nicht, wie neue Sichtweisen und Theorien komplexe Probleme lösbar machen und wie scheinbar diffuse Daten strukturiert werden können. In beiden Fällen werden neue Informationen als zu lernende Fakten wahrgenommen und nicht als Wissen, das zweckorientiert genutzt werden kann. „Anchored Instruction" dagegen möchte Lernende *Probleme so erleben lassen, wie Experten sie in ihrem Bereich erleben, und Lernende verstehen lassen, dass Kernbegriffe einer Disziplin hilfreich sind, Probleme zu klären und zu lösen.* Dabei soll „Anchored Instruction" nicht auf das Klassenzimmer beschränkt bleiben. Vielmehr sollte dieser Ansatz auch dazu führen, dass Schüler zusammen mit Lehrkräften, Eltern und anderen Personen ihr Umfeld erkunden und sich eine gemeinsame Kommunikationsgrundlage schaffen.

2.2 Gestaltungsprinzipien zur Erstellung audio-visueller Materialien

Ein Mittel, die angestrebten Ziele der „Anchored Instruction" zu realisieren, ist die Videoserie *Jasper*. Sie ist an sieben Gestaltungsprinzipien orientiert, denen ein besonderer Nutzen für das Lernen unterstellt wird:

Gestaltungsprinzipien	Angenommener Nutzen
(1) Videogestützte Form	⇒ höhere Motivation ⇒ vereinfachte Suche ⇒ fördert das Verständnis, verschiedene Teile zu einem geschlossenen Ganzen zu verbinden ⇒ besonders hilfreich für schwache Leser, kann sogar das Lesen fördern
(2) Erzählform mit lebensechten Problemen statt eines mit Video aufgezeichneten Vortrags	⇒ leichteres Erinnern ⇒ fesselnder ⇒ hilft Lernenden, die Bedeutung von Mathematik und logischem Denken für alltägliche Vorkommnisse zu erkennen
(3) Generative Form: Die Geschichten enden so, dass die Lernenden daraus zu lösende Probleme entwickeln müssen	⇒ motiviert, einen Ausgang zu bestimmen ⇒ veranlasst den Lernenden, Probleme zu finden und zu bestimmen, die von ihnen zu lösen sind ⇒ regt zunehmend zum logischen Denken an
(4) Einbettung der Angaben: Alle Angaben, die zur Problemlösung benötigt werden, sind im Video enthalten	⇒ erlaubt es, begründete Entscheidung zu fällen ⇒ motiviert, auf Entdeckungsreise zu gehen ⇒ bringt den Lernenden und sein Wissen auf den „richtigen Weg" ⇒ verdeutlicht, wie sich die Bedeutung von Daten aus den jeweiligen Zielsetzungen ergibt

(5) Komplexität des Problems: Jedes Abenteuer enthält ein Problem mit mindestens 14 Teilschritten	⇒ überwindet die Tendenz, kurz zu probieren und dann gleich aufzugeben ⇒ führt in ein Ausmaß von Komplexität ein, das lebensechte Probleme kennzeichnet ⇒ hilft Lernenden, mit Komplexität umzugehen ⇒ baut Vertrauen in eigene Fähigkeiten auf
(6) Paare ähnlicher Abenteuer	⇒ stellt zusätzlich Möglichkeiten bereit, zentrale Strukturen einzuüben. ⇒ hilft zu klären, was und was nicht übertragen werden kann ⇒ veranschaulicht, wie bei gegebenen Ähnlichkeiten analog zu denken ist
(7) Verbindungen zu anderen Lehrinhalten	⇒ hilft, mathematisches Denken auf andere Bereiche (z. B. Geschichte, Naturwissenschaft) zu übertragen ⇒ spornt an, das Wissen zu vernetzen ⇒ unterstützt, Informationen zu finden und weiterzugeben

Tab. 1: Sieben Gestaltungsprinzipien der Serie „Jasper" (CTGV 1997, S. 46)

Die genannten Gestaltungsprinzipien beeinflussen sich wechselseitig, weshalb das audio-visuelle Material als „Gestalt" bzw. als Gesamtheit wirkt und nicht als Addition unterscheidbarer Eigenschaften. Beispielsweise ermöglichen es Erzählform (Gestaltungsprinzip 2), generative Form (Gestaltungsprinzip 3) und die Einbettung von Angaben zur Problemlösung in die Abenteuer (Gestaltungsprinzip 4) in ihrer Gesamtheit, dass Bearbeiter es lernen, sich Unterziele zu setzen, benötigte Informationen selbst zu finden und sich begründet zu entscheiden. Komplexe Probleme (Gestaltungsprinzip 5) veranlassen Lernende, sich überhaupt mit Problemen zu befassen, und die eingesetzten Videos (Gestaltungsprinzip 1) machen Komplexität für sie handhabbar. Das Videoformat erlaubt es auch, auf einfache Weise solche Informationen einzubetten, die Verbindungen über den gesamten Lehrstoff herstellen (Gestaltungsprinzip 7). Lernenden mit Leseschwächen ermöglichen es die Videos darüber hinaus, die zu lösenden komplexen mathematischen Problemstellungen überhaupt erfassen zu können (vgl. auch CTGV 1990, 1997).

2.3 Strukturierende Unterstützung (scaffolds) des Lernens

Einige Abschnitte in den Abenteuern Jaspers, die bildliche Darstellungen enthalten, Informationen in Geschichten eingebunden darstellen oder Daten umfassen, die wiederum in andere Zusammenhänge eingebettet sind, dienen dazu, Lernen und Transfer strukturierend zu unterstützen. Diese Materialgestaltung soll begründete Entscheidungsprozesse unterstützen und den Lernenden motivierende

Rollenmodelle anbieten. Transfer soll strukturierend unterstützt werden durch ähnliche und weitergehende video-gestützte Problemstellungen, die in jedes A-benteuer eingebunden sind. Den Lehrkräften wird empfohlen, die Erfahrungen aus der Arbeit mit Jasper auszuweiten und thematisch verwandte Probleme auf-zugreifen, zu deren Lösung die ganze Schule und die sie umgebende Gemeinde eingebunden wird. Strukturierendes Unterstützen (*scaffolds*) bedarf zu seiner Wirksamkeit auch der Rückmeldung und des ständigen Wechsels der Gesichts-punkte (multiple perspectives), unter denen unterstützt wird.

Erfahrungen aus der Arbeit mit Jasper haben die CTGV-Gruppe dazu geführt, in die Abenteuer Unterrichtsszenen einzufügen, die den Lernenden Modelle anbie-ten, wie Probleme bearbeitet werden können. Zusätzlich wurden didaktische Materialien für solche Begriffe bereitgestellt, die mittels Lehrerhandeln nur schwer zu vermitteln sind (scaffolds).

3 Einordnung des Ansatzes und Ausblick

Im Titel der Monographie wird bereits deutlich, das es in der siebenjährigen Ar-beit der CTGV-Gruppe nicht darum ging, „Anchored Instruction" als theoreti-schen Ansatz des Lernens und Lehrens empirisch zu überprüfen, sondern auch darum, im schulischen Feld zu erkunden, welche Bedingungen geschaffen wer-den müssen, damit der Ansatz wirksam werden kann. Nach den langjährigen Erfahrungen der Gruppe muss *Lernen* aus einem *sozialen und einem individuel-len Blickwinkel betrachtet* und *verstanden* werden.

Auf Lehrkräfte, die mit dem „Anchored Instruction"-Ansatz arbeiten wollen, kommen neue Aufgaben und Rollen zu. Soll also der „Anchored Instruction"-Ansatz erfolgreich umgesetzt werden, müssen Lehrkräfte viel Neues lernen und sich weiterbilden, sie müssen bereit sein, von ihren Kollegen zu lernen, Rück-meldung zu erhalten und gemeinsam zu reflektieren. Lehrkräfte müssen lernen, die grundlegende Veränderung der Unterrichtspraxis zu bewältigen, und sie soll-ten dies in *Lerngemeinschaften (learning communities)* tun (CTGV 1997, S. 109), die die Veränderung der Schulwirklichkeit fortlaufend durch neue In-formationen und Rückmeldungen unterstützen. Die CTGV-Gruppe ist davon überzeugt, dass eine prozessbegleitende Qualifizierung einer punktuellen Quali-fizierung vorzuziehen ist. In diesem Sinne muss Praxisveränderung, die von the-oretischen Vorgaben und Programmen ausgeht, als individuelle Qualifizierung sowohl der Lehrer als auch der Experten verstanden werden, die in kooperative Formen der Schulentwicklung einzubetten ist (CTGV 1997, S. 127). Wichtig ist dabei, alle Beteiligten – Experten, Lehrer, Schüler, Eltern, Gemeindemitglieder – einzubeziehen und eine Kultur der gegenseitigen Rückmeldung und fortwährenden Reflexion zu fördern. Dazu ermittelte die CTGV-Gruppe als Bedingungen, die eine Umsetzung fördern:

(1) vernetzte Zusammenarbeit in Verbindung mit Problemen und Projekten;
(2) Zusammenarbeit und Weitergabe von Expertise;
(3) Verknüpfen von intrinsischer und extrinsischer Motivation;
(4) Einbinden in eine große Gemeinschaft von Befürwortern;
(5) prozessbezogene Selbstbeurteilung fördern;
(6) Werkzeuge einsetzen, die die Wirksamkeit des Handelns erhöhen;
(7) Technik befürworten;
(8) Rollenwechsel zwischen Experte und lernendem Anfänger;
(9) Lehrkräfte für derartige Arbeiten freistellen;
(10) Lehrhilfen bereitstellen, auf die Lehrkräfte zurückgreifen können, um den Lernenden die Begriffe, die besonders schwierig zu vermitteln sind, „begreifbar" zu machen (CTGV 1997, S. 119 ff.).

Solchen Kontextbedingungen, die für instruktionstheoretisch fundierte Veränderungen der Praxis des Lernens und Lehrens förderlich oder hinderlich sind, geht die CTGV-Gruppe im abschließenden Kapitel nach. Weil wir uns hier allerdings auf Ansätze des Lernens und Lehrens beschränkt haben, gehen wir ihren weiter führenden Überlegungen zur Schulentwicklung, Qualitätsentwicklung und Professionalisierung und den damit zusammenhängenden Forschungsproblemen nicht weiter nach.

Die CTGV-Gruppe betont in ihrem Ausblick, dass die von ihr angestoßene und sich noch ausweitende Veränderung der Unterrichtspraxis in den USA noch keinesfalls zum Stillstand gekommen ist. Obwohl es der CTVG-Gruppe anfänglich darum ging, das Konzept der „Anchored Instruction" zu entwickeln und zusammen mit Lehrkräften ein aus der Sicht der CTGV-Gruppe angemesseneres Verständnis des Lernens in der Schule aufzubauen, wurde mit Jasper zum einen eine sich immer noch ausweitende Bewegung im US-amerikanischen Erziehungswesen in Gang gesetzt, zum anderen aber auch die Forschungslandschaft weltweit verändert. Kennzeichen dieser Entwicklung ist, dass instruktionale Ansätze zunehmend um konstruktivistische Ansätze in der lehr-lern-theoretischen Diskussion ergänzt werden.

Literatur

Anderson, J. R. (1987). Skill acquisition: Compilation of weak-method problem solutions. *Psychological Review*, 94, 192-210.

CTGV (Cognition and Technology Group at Vanderbilt) (1990). Anchored instruction and its relationship to situated cognition. *Educational Researcher*, 19(6), 2-10.

CTGV (Cognition and Technology Group at Vanderbilt) (1997). The Cognition and Technology Group at Vanderbilt. *The Jasper Project: Lessons in curriculum, instruction, assessment, and professional development*. Mahwah, NJ: Lawrence Erlbaum Associates.

Reusser K. (1988). Problem solving beyond the logic of things: Contextual effects on understanding and solving word problems. *Instructional Science*, 17, 309-338.

Lehrtext 11

Gestalten problemorientierter Lernumgebungen der Gruppe um Mandl

Die Gruppe um Mandl hat sich in einer Vielzahl von Veröffentlichungen mit Problemen des Lehrens und Lernens beschäftigt und dabei zum Teil sehr heterogene Anregungen aus verschiedenen, teilweise sehr unterschiedlichen Ansätzen aufgenommen. Am deutlichsten wird die Art, wie die Gruppe den Lehr-Lern-Zusammenhang modelliert, im Forschungsbericht „Unterrichten und Lernumgebungen gestalten" (Reinmann-Rothmeier & Mandl 1999), weshalb wir hier die dort vertretene Position als die der Gruppe um Mandl darstellen. Dieses Vorgehen macht allerdings insofern Probleme, als die Modellierung in Abgrenzung zu zwei anderen Positionen herausgearbeitet wird und deshalb nur nachvollzogen werden kann, wenn diese wiedergegeben werden.

Der Entwicklung ihrer eigenen Position liegt eine spezifische Sicht des Verhältnisses von *Theorie und Praxis* zugrunde, die im genannten Forschungsbericht explizit wie folgt entfaltet wird: „Trotz aller Bemühungen und Fortschritte bleibt jedoch eine (alte) Erkenntnis gültig, die wohl vor allem die Praktiker sehr gut nachvollziehen können: Erfahrungswissen und Intuition spielen beim Unterrichten eine nicht zu unterschätzende Rolle; man kann sogar sagen: Unterricht lässt sich zwar wissenschaftlich fundieren, aber ohne gesunden Menschenverstand, praktische Vernunft und plausible Erfahrungsgeneralisierung lassen sich wissenschaftliche Prinzipien in der Praxis kaum nutzen (...)" (Reinmann-Rothmeier & Mandl 1999, S. 4 f.).

Implizit wird die angesprochene Sichtweise des Theorie-Praxis-Verhältnisses auch in der Anlage und im begrifflichen Vorgehen des Forschungsberichts sichtbar. Es werden als „Die Theorie" und „Die Praxis" zwei Ebenen unterschieden. Der Theorieebene ordnen sie „zwei puristische Positionen zum Lehren und Lernen [zu] (...), wie sie in der *Theorie* akzentuierend diskutiert werden". Diese als „puristisch" bewerteten Positionen zum Lehren und Lernen sind von den Autoren selbst konstruierte und auf Verallgemeinerungen beruhenden Positionen, in die Begrifflichkeiten aus sehr heterogenen theoretischen Kontexten eingehen. Sie werden „als kognitivistisch gefärbte Auffassung" bzw. als „konstruktivistisch geprägte Auffassung" etikettiert. Diesen beiden Positionen setzen sie auf der Ebene der Praxis ihre eigene Position als „integrierte Position zum Lehren und Lernen" mit „pragmatischer Auffassung" entgegen. Die drei Positionen werden mit Hilfe der Begriffe „Unterricht" und „Lernumgebung" charakterisiert:

„Mit *Unterricht* sind im Allgemeinen solche Situationen gemeint, in denen mit pädagogischer Absicht und in organisierter Weise innerhalb eines bestimmten institutionellen Rahmens von professionell tätigen Lehrenden Lernprozesse initiiert, gefördert und erleichtert werden. Dabei werden die Begriffe Unterricht, Lehren und Instruktion vielerorts synonym gebraucht. (...) Der Begriff der *Lernumgebung* soll zum Ausdruck bringen, dass das Lernen von ganz verschiedenen Umgebungsfaktoren abhängig ist, die sich in unterschiedlichem Ausmaß von außen gestalten lassen. Die Lernumgebung besteht aus einem Arrangement von Unterrichtsmethoden und -techniken sowie von Lernmaterialien und Medien. Sie stellt gleichzeitig aber auch die aktuelle zeitliche, räumliche und soziale Lernsituation dar und schließt letztlich auch den jeweiligen kulturellen Kontext ein. Unabhängig davon, welche konkreten Methoden und Techniken im einzelnen zur Anwendung kommen, kann die Gestaltung von Lernumgebungen zunächst einmal nach verschiedenen Grundorientierungen ausgerichtet werden, denen bestimmte Auffassungen von Lehren und Lernen zugrunde liegen" (Reinmann-Rothmeier & Mandl 1999, S. 5, Hervorhebung d. V.).

1   Die kognitivistisch gefärbte Auffassung

Als *kognitivistisch gefärbte Auffassung* vom Lehren und Lernen bündeln die Autoren Positionen, bei denen dem Lehrenden im Sinne von Unterrichten als Anleiten, Darbieten und Erklären der aktive Teil zufällt und die Lernenden passiv verharren, weil Lernen vorrangig als rezeptiver Prozess aufgefasst wird. Diese Verknüpfung von aktivem Lehren und passivem Lernen nennen sie Instruktion und interpretieren *Instruktion* als Gestalten *gegenstandszentrierter Lernumgebungen*.

Beim Gestalten gegenstandszentrierter Lernumgebungen geht es um Wissensausschnitte als Gegenstand des Lehrens und Lernens. Der Lehrende „hat die Funktion, Wissensinhalte zu präsentieren und zu erklären sowie die Lernenden anzuleiten und ihre Lernfortschritte sicherzustellen. (...) Das Lehr-Lerngeschehen wird dabei als ein Prozess betrachtet, bei dem der Lehrende versucht, objektive Inhalte so zu übermitteln, dass der Lernende am Ende dieses „Wissenstransports" (...) den vermittelten Wissensausschnitt (Gegenstand) in ähnlicher Form besitzt wie der Lehrende" (Reinmann-Rothmeier & Mandl 1999, S. 9). Die für den Unterricht vorgesehenen Inhalte sind in einem Lehrplan festgehalten, die Unterrichtsorganisation ist durch Frontalunterricht und strenge Fächergrenzen gekennzeichnet, das Vorgehen ist systematisch geplant, schrittweise konstruiert, die Lernerfolge werden auf vorher definierte Lehr-Lernziele bezogen und entsprechend überprüft: „Die Evaluation bildet gewissermaßen den letzten Analyseschritt bei der Planung und Durchführung von Unterricht und dient dazu festzustellen, zu welchen Lernergebnissen die eingesetzten Instruktionsstrategien und -methoden geführt haben" (Reinmann-Rothmeier & Mandl 1999, S. 10). Hinter solchen stark systematisierten und kontrollierten Formen des Unterrichts verbirgt sich im Allgemeinen die Vorstellung, dass Lernen ein regelhaft ablaufender Prozess der Informationsverarbeitung ist.

Als prototypisches Beispiel für eine kognitivistisch gefärbte Auffassung des Lehrens und Lernens werden die Modelle des *Instructional Designs* herausgestellt, in deren Zentrum jeweils „Instruktionspläne [stehen], die dem Lehrenden genau sagen, unter welchen Voraussetzungen er welche Instruktionsstrategien und Lehrmethoden einsetzen soll" (Reinmann-Rothmeier & Mandl 1999, S. 10). Typisch für diese Modelle ist ein schrittweises Vorgehen, das sich aus der Analyse von Anfangszuständen (= Vorwissen und Fähigkeiten der Lernenden), von Endzuständen (= Ziele bzw. Leistungskonstrukte) und der Übergänge zwischen beiden (= Instruktionen) ergibt. Dem Lernenden werden dann systematisch aufbauend Informationen dargeboten, bis ein vorher festgelegtes Instruktionsziel erreicht ist. Das gängige Verfahren ist also, „Ganzheiten in elementare Teile zu zerlegen und dann getrennt voneinander zu vermitteln" (Reinmann-Rothmeier & Mandl 1999, S. 19).

Die Gruppe um Mandl beurteilt dieses Verfahren sowohl in theoretischer als auch in praktischer Hinsicht als problematisch. Theoretisch, weil ihrer Meinung nach „Verstehen von der gesamten Wissensstruktur und nicht von isolierten Teilen derselben abhängig ist. Mit anderen Worten: Eine ausschließlich auf Informationsverarbeitung ausgerichtete Perspektive wird – insbesondere mit ihrer Metapher vom Computer – den verschiedenen beim Lernen ablaufenden Prozessen nicht gerecht" (Reinmann-Rothmeier & Mandl 1999, S. 19 f.). Praktisch, weil negative Auswirkungen auf die Lernenden zu erwarten sind: „Der daraus folgende Mangel an Eigeninitiative und Selbstverantwortung für den Prozess und Erfolg des Lernens gleichermaßen erhöht die Wahrscheinlichkeit, dass sich Lernende in eine eher passive Rolle begeben, sich demotiviert oder allenfalls extrinsisch motiviert fühlen (...) [und] systematisiertes und logisch aufbereitetes Wissen mit den komplexen und wenig strukturierten Anforderungen und Erfahrungen in Alltagssituationen meist nur wenig gemein" (Reinmann-Rothmeier & Mandl 1999, S. 20) hat.

2   Die konstruktivistisch geprägte Auffassung

Bei der *konstruktivistisch geprägten Auffassung* des Lehrens und Lernens werden andere Akzente gesetzt: „Es interessiert hier weniger das Problem, wie Wissen vermittelt wird, als vielmehr die Frage, wie Wissen konstruiert wird und in welcher Verbindung Wissen zum Handeln steht (...)" (Reinmann-Rothmeier & Mandl 1999, S. 24). Durch die Gestaltung *situierter Lernumgebungen* soll der Lernende zu mehr Aktivität und Eigenverantwortung motiviert werden und das neue Wissen mit „sinnvollen Kontexten und relevanten Handlungen" verknüpfen.

Konstruktivistische Auffassungen lassen sich vom Primat der *Konstruktion,* von Lernen als „aktiver, konstruktiver Prozess in einem bestimmten Handlungskontext" und der sich daraus ergebenden aktiven Position des Lernenden leiten. Lernumgebungen müssen deshalb Situationen anbieten, „in denen eigene Konstruktionsleistungen möglich sind und kontextgebunden gelernt werden kann. (...) Ziel *situierter Lernumgebungen* ist es, dass die Lernenden neue Inhalte verstehen, dass sie die erworbenen Kenntnisse und Fertigkeiten flexibel anwenden können und darüber hinaus Problemlösefähigkeiten und andere kognitive Strategien entwickeln" (Reinmann-Rothmeier & Mandl 1999, S. 22, Hervorhebung d. V.).

Der Lehrende wird in eine reaktive Position gerückt. Seine Aufgabe ist es, den Lernenden zu unterstützen, anzuregen und zu beraten. Er soll also lediglich „Problemsituationen und „Werkzeuge" zur Problembearbeitung zur Verfügung (...) stellen und bei Bedarf auf Bedürfnisse der Lernenden (...) reagieren" (Reinmann-Rothmeier & Mandl 1999, S. 24).

Während die Evaluation in der kognitivistischen Auffassung eine große Rolle spielt, sind im konstruktivistischen Ansatz „Lernerfolgskontrollen (...) ebenso wenig von Bedeutung wie die Voraussage von Lernergebnissen oder die Bildung von Rangreihen unter den Lernenden" (Reinmann-Rothmeier & Mandl 1999, S. 24). Die Verantwortung für den Verlauf und Erfolg des Lernens wird dem Lernenden übertragen. „Entscheidend ist grundsätzlich die Beteiligung der Lernenden an allen Prozessen des Beobachtens und Beurteilens bis hin zur *Selbstevaluation,* bei der Lernende den Lernprozess vollständig selbst überwachen und bewerten" (Reinmann-Rothmeier & Mandl 1999, S. 24 f.).

Als Problem des konstruktivistischen Ansatzes wird die „in situierten Lernumgebungen oft fehlende oder mangelnde Anleitung und Unterstützung der Lernenden [gesehen, was] in der Praxis unerwünschte Wirkungen, vor allem in Form von Überforderung, haben [kann]" (Reinmann-Rothmeier & Mandl 1999, S. 34). Situierte Lernumgebungen können also zur Folge haben, dass sich „die Kluft zwi-

schen „guten" und „schlechten" Schülern, Studenten oder Weiterbildungs-
teilnehmern noch vergrößern kann" (Reinmann-Rothmeier & Mandl 1999, S. 34).

3   Die pragmatische Position der Gruppe um Mandl

Die von der Gruppe um Mandl vertretene *pragmatische Auffassung* vom Lehren
und Lernen stellt sich als ein Kompromiss aus kognitiver und konstruktivistischer
Auffassung dar. Ziel ist es, durch die Gestaltung *problemorientierter Lernumgebungen* die Vorteile beider Ansätze zu nutzen und dabei ihre Nachteile und Grenzen zu vermeiden. Ausgangspunkt möglichst vieler Lernprozesse sollten Probleme bilden, die entweder authentisch sind oder Bezug zu authentischen Situatio-
nen/Ereignissen haben, die für die Lernenden relevant sind, die Aktualität und
allgemeine oder persönliche Brisanz besitzen und die neugierig und auch betroffen machen. Dabei wird davon ausgegangen, dass Probleme

- zu einer *aktiven* Auseinandersetzung des Lernenden mit den neuen Inhalten
  führen, da sie Interesse wecken und motivieren,

- dazu führen, dass der Lernende sich *selbstgesteuert* mit ihnen beschäftigt, dazu ermutigen, persönliche Erfahrungen zu nutzen und *konstruktive* Leistungen
  zu erbringen,

- sich nur in einem spezifischen Kontext konstituieren und damit verdeutlichen,
  dass Interpretationen, Standpunkte und Lösungen immer *situative* Merkmale
  haben,

- sich besonders gut dazu eignen, in *sozialen* Austauschprozessen gemeinsam
  Lösungen zu erarbeiten.

Die „pragmatische Position" weist also den Lernenden eine vorrangig *aktive* und
nur zeitweise *rezeptive* Position zu und dem Lehrenden einen situationsspezifi-
schen Wechsel zwischen *reaktiver* Position (unterstützen, anregen und beraten)
und *aktiver* Position zu (anleiten, darbieten und erklären).

Die pragmatische Auffassung lässt sich also von einer „Vereinbarkeit von Instruktion und Konstruktion" (Reinmann-Rothmeier & Mandl 1999, S. 35) leiten,
denn „Konstruktion und Instruktion lassen sich nicht nach einem Alles-oder-
Nichts-Prinzip realisieren. Lernen erfordert zum einen immer Motivation, Interesse und Aktivität seitens des Lernenden: Das heißt, jeder Lernprozess ist konstruk-
tiv und es muss oberstes Ziel des Unterrichts sein, den Lernenden *Konstruktionen*

zu ermöglichen und diese anzuregen. Lernen erfordert zum anderen aber auch Orientierung, Anleitung und Hilfe: Das heißt, jeder Lernprozess ist interaktiv, und es ist ebenfalls eine zentrale Aufgabe des Unterrichts, Lernende unterstützend zu begleiten und ihnen hilfreiche *Instruktionen* anzubieten. Ziel muss es folglich sein, eine Balance zwischen expliziter Instruktion durch den Lehrenden und konstruktiver Aktivität des Lernenden zu finden" (Reinmann-Rothmeier & Mandl 1999, S. 38).

Von der pragmatischen Position werden also folgende Prozessmerkmale des Lernens herausgestellt (Reinmann-Rothmeier & Mandl 1999, S. 37):

Prozessmerkmal	Rolle des Lernenden
Aktiv	Aktive Beteiligung; er muss motiviert sein und an dem, was er tut und wie er es tut, Interesse haben oder entwickeln.
Selbstgesteuert	Übernimmt Steuerungs- und Kontrollprozesse, die je nach Lernsituation nach Art und Umfang variieren.
Konstruktiv	Der je individuelle Erfahrungs- und Wissenshintergrund und eigene Interpretationen bestimmen die kognitiven Prozesse.
Situativ	Gelernt wird stets in spezifischen, also situativen Kontexten.
Sozial	Beeinflusst durch soziokulturelle Komponenten oder das interaktive Geschehen beim Lernen.

Tab. 1: Prozessmerkmale

Zur Gestaltung problemorientierter Lernumgebungen werden fünf Leitlinien formuliert. Werden sie nur „minimal" realisiert, weist das auf ein eher gegenstandszentriertes Vorgehen hin, werden sie „maximal" realisiert, auf ein vorrangig *situiertes Vorgehen* (Reinmann-Rothmeier & Mandl 1999, S. 39 f.):

Leitlinie des Lernens	Minimale Realisation	Maximale Realisation
Situiert und anhand authentischer Probleme lernen Ziel: Hohen Anwendungsbezug sichern.	Beim systematischen Darbieten neuer Inhalte an aktuelle Probleme, authentische Fälle oder persönliche Erfahrungen anknüpfen.	In authentische Problemsituationen versetzen, die reales Handeln erfordern.
In multiplen Kontexten lernen Ziel: Gute Nutzung des Gelernten sichern, Bindung erworbener Kenntnisse und Fähigkeiten an konkrete Situationen meiden.	Beim systematischen Darbieten neuer Inhalte auf unterschiedliche Anwendungssituationen verweisen.	Dazu anregen, Gelerntes in unterschiedlichen Problemstellungen konkret anzuwenden.
Unter multiplen Perspektiven lernen Ziel: Eine große Flexibilität bei der Anwendung des Gelernten sichern.	Beim systematischen Darbieten neuer Inhalte verschiedene Sichtweisen deutlich machen.	Dazu anregen, Gelerntes in unterschiedlichen Problemstellungen mit wechselnden Perspektiven konkret anzuwenden.
In einem sozialen Kontext lernen Ziel: Den sozialen Kontext und eine angehende ‚Enkulturation" sichern.	Beim systematischen Darbieten neuer Inhalte Gruppenarbeit einbauen.	Kenntnisse, Fertigkeiten und Einstellungen in Expertengemeinschaften erwerben.
Instruktional unterstützt lernen Ziel: Ineffektivität und Überforderung vermeiden.	Lernangebote machen.	Komplexe Situationen bereitstellen; Lernende anleiten und bei Problemen gezielt unterstützen.

Tab. 2: Problemorientierte Lernumgebung (Leitlinien)

„Komplexe Ziele erreicht man nicht in einem Schritt; vielmehr bewährt es sich, Ziele in Teilziele zu untergliedern und das Anspruchsniveau allmählich zu erhöhen" (Reinmann-Rothmeier & Mandl 1999, S. 43). Deshalb ist für „die Bewältigung authentischer Herausforderungen in Form von Fallgeschichten und Projekten zunächst das Einüben problemorientierten Lernens, Denkens und Handelns [erforderlich]. Zu diesem Zweck werden *Lernzyklen* realisiert, die mehrmals mit

komplexer werdenden Herausforderungen (bildlich vorstellbar als höher werdende Berge) zu durchlaufen sind" (Reinmann-Rothmeier & Mandl 1999, S. 43,
Hervorhebung d. V.). Solche Lernzyklen umfassen folgende Schritte:

Lernschritt	Aufgabe des Lernenden
Look ahead	Sich Ziele setzen und eine konkrete Vorstellung von der zu be-wältigenden Herausforderung und ihrem Kontext entwickeln.
Generating ideas	Erste Ideen sowohl allein als auch in der Gruppe sammeln und erste Antworten auf die gestellten Fragen suchen.
Multiple perspectives	Die Vorstellungen und Sichtweisen der anderen Lernenden ken-nen lernen, verschiedene Perspektiven ausloten und sich die da-mit verbundenen Kontraste bewusst machen.
Research & revise	Gemeinsam und mit den verschiedensten Aktivitäten das Wissen erarbeiten, mit dem die bestehenden Herausforderungen bewäl-tigt werden können.
Test your mettle	Durch Konfrontation mit der Realität überprüfen, ob und inwie-weit das erworbene Wissen für die anstehende Aufgabe aus-reicht; Fehler selbst entdecken und korrigieren, ohne Sanktionen erwarten zu müssen.
Go public	Ist der Wissenserwerb hinsichtlich der gestellten Herausfor-derung vorerst abgeschlossen, die Ergebnisse den anderen Ler-nenden oder auch der Öffentlichkeit präsentieren.
Reflect back	Die Lernfortschritte noch einmal reflektieren.

Tab. 3: Lernzyklen (Schritte)

4 Selbstgesteuertes und kooperatives Lernen als Ziel und Voraussetzung des Lernens

„Sowohl selbstständiges und eigenverantwortliches Lernen als auch die Integration des Lernens in einen sozialen Kontext spielen in situierten Lernumgebungen
eine zentrale Rolle (siehe oben) und gehören auch in problemorientierten Lern-

umgebungen zum Standardrepertoire des Unterrichts" (Reinmann-Rothmeier & Mandl 1999, S. 46).

„*Selbstgesteuertes* und *kooperatives Lernen* gelten heute als diejenigen Formen des Lernens, die den neuen Anforderungen in unserer Gesellschaft besser gerecht werden als der traditionelle Klassenzimmer- oder Seminarunterricht" (Reinmann-Rothmeier & Mandl 1999, S. 46, Hervorhebung d. V.). Dabei zeichnet sich das selbstgesteuerte Lernen „durch einen hohen Selbstbestimmungs- und Selbststeuerungsanteil" (S. 47) aus. Des Weiteren erfordert „jedes Lernen und Verstehen (...) ein Minimum an selbstgesteuerter Aktivität. So betrachtet ist Selbststeuerung zunächst einmal *Voraussetzung* selbstgesteuerten Lernens" (Reinmann-Rothmeier & Mandl 1999, S. 48). Allerdings ist bislang „keineswegs geklärt, wie ein Lernender, der noch nicht selbstgesteuert lernen kann, mit der Selbststeuerung als methodischem Zugang zurechtkommt (...)" (Reinmann-Rothmeier & Mandl 1999, S. 48). Einige *Bedingungen der Selbststeuerung* lassen sich identifizieren:

„Voraussetzung aller Selbststeuerungsvarianten beim Lernen ist, dass der Lernende Wahlmöglichkeiten hat und erlebt, dass er in der Lage ist, selbst etwas zu verursachen und zu bewirken, oder anders ausgedrückt, dass er in Selbstbestimmung lernen kann" (Reinmann-Rothmeier & Mandl 1999, S. 48). Darüber hinaus muss der Lernende bereits über Strategien verfügen. „Hierzu zählen vor allem *kognitive* Strategien, mittels derer neue Informationen verarbeitet, mit dem Vorwissen verknüpft und behalten werden können" (Reinmann-Rothmeier & Mandl 1999, S. 48).

Unter unterrichtspraktischen Gesichtspunkten kann selbstgesteuertes Lernen auf unterscheidbare Handlungsabschnitte bezogen werden, die beim Lernen unterschieden werden können und vom Lernenden eigenständig zu kontrollieren und durchzuführen sind. Mögliche Handlungsabschnitte sind z. B. das *Vorbereiten*, die *Steuerung*, das *Koordinieren* und das *Organisieren* des Lernens, also Handlungen, die sich auf die Zielsetzung, den Verlauf und die Entscheidung beziehen, „wann, wie lange, wo, mit welchen Strategien und Hilfsmitteln und in welcher Organisationsform [der Lernende] lernen will und kann" (Reinmann-Rothmeier & Mandl 1999, S. 49 f.).

Selbststeuerung ist auch wichtig für alle Formen des kooperativen Lernens, da „Lernen und andere kognitive Prozesse (...) keine ausschließlich individuellen Vorgänge [sind], sondern (...) immer auch soziale Aspekte" (Reinmann-Rothmeier & Mandl 1999, S. 52) umfassen. Lernen sollte deshalb in soziale Kontexte bzw. in Gemeinschaften eingebettet werden. In sozial-konstruktivistischen Ansätzen „wird Lernen als Hineinwachsen oder Enkulturation in eine Gemeinschaft praktisch tätiger Menschen interpretiert und beschränkt sich entsprechend nicht nur auf den Erwerb von Fakten und Fertigkeiten, sondern schließt auch die Aneignung von Expertenkniffen, Denkmustern und ethischen Standards ein, die die Mitglieder der jeweiligen Gemeinschaft teilen. Dabei spielt die Interaktion vor allem zwischen erfahrenen und weniger erfahrenen Gemeinschaftsmitgliedern eine herausragende Rolle: Durch Teilnahme an allen Aktivitäten entwickelt sich im Laufe der Zeit jeder Lernende zum gleichberechtigten Partner" (Reinmann-Rothmeier & Mandl 1999, S. 53).

Kooperatives Lernen hat folgende Vorteile (Reinmann-Rothmeier & Mandl 1999): Es zwingt dazu, sich mit unterschiedlichen Sichtweisen auseinander zu setzen, um ein tieferes Verständnis der bearbeiteten Inhalte zu entwickeln; soziale und kommunikative Fertigkeiten werden erworben und erweitert; soziale Bindung wird durch geteilte Verantwortlichkeit und explizite oder unausgesprochene Gruppennormen hergestellt.

Dabei muss berücksichtigt werden, dass Kooperation Fähigkeiten *voraussetzt*, die wiederum Unterstützungs*methoden* erforderlich machen, „um die theoretisch postulierten Vorteile des kooperativen Lernens tatsächlich als *Ziel* erreichen zu können" (Reinmann-Rothmeier & Mandl 1999, S. 53 f.). Es ist also erforderlich, dass die Gruppenmitglieder „in der Lage sind, sich mit den anderen auszutauschen, zu diskutieren und gemeinsam Aufgaben zu bearbeiten oder Lösungsansätze zu entwickeln" (Reinmann-Rothmeier & Mandl 1999, S. 54). Auch wenn diese Voraussetzungen erfüllt sind, gilt: „In ähnlicher Form wie beim selbstgesteuerten Lernen zeigen praktische Erfahrungen und empirische Ergebnisse gleichermaßen, dass Lernen in der Gruppe nur dann zu den erhofften Erfolgen führt, wenn die darin stattfindende Kooperation angeleitet und gefördert wird" (Reinmann-Rothmeier & Mandl 1999, S. 55).

Ungeklärt ist jedoch die Frage „wie viel Strukturiertheit einerseits und wie viel Offenheit andererseits zur Förderung erfolgreichen kooperativen Lernens erforderlich ist. Eine zu starke Strukturierung kann kreative und produktive Prozesse in der Gruppe behindern, zu wenig Vorgaben hingegen bergen die Gefahr in sich, dass es nicht zu kooperativen Prozessen und Ergebnissen kommt" (Reinmann-Rothmeier & Mandl 1999, S. 55).

5   Zusammenfassende Bewertung der pragmatischen Position

Insgesamt bewertet die Gruppe um Mandl ihre pragmatische Position als eine, „die im Hinblick auf die *Praxis* zunehmend an Akzeptanz gewinnt" (Reinmann-Rothmeier & Mandl 1999, S. 6 f.; Hervorhebung d. V.). Zusammenfassend urteilen sie: „[Dabei] spiegelt sich in der Praxis vielerorts eher eine pragmatische Position zum Lehren und Lernen wieder, auf deren Basis nicht puristische Theorien, sondern einzelne Strategien und Methoden aus verschiedensten Lehr-Lernansätzen und -modellen realisiert werden. Mit dem Konzept der Problemorientierung entwickelt sich derzeit ein Ansatz, der diese in der Praxis schon lange zu beobachtende Tendenz systematisiert, theoretisch fundiert und eine empirische Überprüfung ermöglicht. Ähnliches gilt für die damit zusammenhängende Forderung, Eigenverantwortung und Selbststeuerung einerseits, sowie Teamgeist und Kooperation andererseits bereits in der Schule vorzubereiten, in der Hochschule fortzuführen und vor allem im Rahmen der Weiterbildung zum Standard zu machen" (Reinmann-Rothmeier & Mandl 1999, S. 57 f.).

Literatur

Reinmann-Rothmeier, G. & Mandl, H. (1999). *Unterrichten und Lernumgebungen gestalten*. Forschungsbericht Nr. 60. Ludwig-Maximilians-Universität München.

Wie Lernen und Lehren zusammenspielen – Überlegungen zu den Grundzügen einer Lern-Lehr-Theoretischen Didaktik (LLTD)

Im Einleitungskapitel haben wir den Leser mit Begriffen wie „Verhalten", „interne Bedingungen des Verhaltens" und „Umgebungsbedingungen" vertraut gemacht, die wir bisher in unserem lern-lehr-theoretischen Ansatz verwendet haben. Wir wollten den Leser dazu anregen, sich mit Hilfe dieser Begrifflichkeit die dargestellten Ansätze zu erarbeiten, sie zu verstehen, sie miteinander zu vergleichen, sie für sich einzuordnen und zu bewerten.

Wer dieser Anregung gefolgt ist, wird Defizite in unserer bisherigen Begrifflichkeit bemerkt haben: Einige Begriffe müssen präzisiert und/oder differenziert werden, andere Begriffe müssen neu eingeführt werden, damit das Zusammenspiel von Lernen und Lehren angemessen beschrieben werden kann. Beispielsweise müssen Arten des Verhaltens unterschieden werden. Dies kann nur dadurch geschehen, dass die jeweiligen Gegenstände betrachtet werden, auf die das Verhalten gerichtet ist. Verhalten ist als Kategorie unverzichtbar und notwendig, aber sie ist nicht hinreichend und zu eng, weshalb sie durch andere Kategorien ergänzt werden muss. Vergleichbares gilt für die weiter zu differenzierenden internen Bedingungen und vor allem für die Umgebungsbedingungen, die so zu gestalten bzw. zu organisieren sind, dass Lernen gefördert wird.

Darüber hinaus ist zu überlegen, wie die im Zusammenspiel von Lernen und Lehren angestrebten Lernergebnisse, die in Form von Lern-, Lehr-, Erziehungs- und Bildungszielen formuliert werden, zu begründen und zu rechtfertigen sind. [1]

1 Verhalten und seine Gegenstände – Anmerkungen zu begrifflichen Problemen unseres bisherigen Ansatzes

Im Einleitungskapitel wurden Beispiele für Verhalten genannt: „Ein Bild betrachten", „eine Aussage verstehen", „ein Werkstück bearbeiten". Die Formulierungen umfassen jeweils ein Verb und ein Substantiv: Die Verben „betrachten", „verstehen" und „bearbeiten" benennen Verhalten; die Substantive „Bild", „Aussage" und „Werkstück" sprechen die Gegenstände an, auf die das Verhal-

---

[1] Wir beschränken uns zunächst darauf, die Grundzüge einer Lern-Lehr-Theoretischen Didaktik argumentativ zu entwickeln und darzustellen. Der Gang der Argumentation und die gewählte Begrifflichkeit – der Leser möge sich beides am Inhaltsverzeichnis verdeutlichen – zeigen allerdings sehr schnell, welche Leitvorstellungen und Bildungsziele uns implizit bewegen.

ten gerichtet ist. An den Beispielen wird ein Problem deutlich: Im Allgemeinen versuchen wir, Verhalten dadurch genauer zu beschreiben, dass wir die Gegenstände des Verhaltens benennen. So kann man nicht nur ein Bild betrachten, sondern auch eine Person, eine Landschaft oder ein Auto. Das Betrachten wird jeweils anders ausfallen, weil die Gegenstände ganz unterschiedliche und unterschiedlich viele Eigenschaften haben und weil jeweils andere Eigenschaften unmittelbar ins Auge fallen. Hinzu kommt, dass die Sehgewohnheiten des Betrachters das Verhalten beeinflussen.[2]

Die *analytische* Trennung von Verhalten und Gegenständen ist der Kern der behavioristischen Lehrzieldefinition. Ein Lehrziel ist nach diesem Verfahren definiert, wenn ein Inhalt und ein Verhalten angegeben sind, das eine Person an diesem Inhalt ausüben soll. Diese Sichtweise führt zu einer zweidimensionalen Matrix, die auch als *Tyler-Matrix*[3] bezeichnet wird (Klauer 1974, 1978). Sie wird mit folgendem Beispiel veranschaulicht (Macke 1978, S. 302):

Verhalten Inhalt	Identi- fizieren	Zu- ordnen	Ordnen	Ver- gleichen	Aus- wählen	Folgern	Kon- struieren
Konkrete Objekte							
Merkmale							
Merkmals- kombinationen							
Begriffe							
Relationen							
Singuläre Aussagen							
Allaussagen							
Aussagenver- knüpfungen							

Tab. 1: Beispiel für Tyler-Matrix

Aufgrund einer Entscheidung der Kultusministerkonferenz (KMK 1996) soll die in der Berufsbildung bis dahin vorherrschende Fachorientierung weitgehend

---

[2] Im Bereich der Didaktik werden die Gegenstände, mit denen sich Lernende auseinandersetzen sollen, mit so unterschiedlichen Ausdrücken wie Inhalt, Lehrstoff, Thema, Sachverhalt oder auch Lerngegenstand bezeichnet.
[3] Es sei jedoch darauf hingewiesen, dass Tyler (1973, S. 57) zwar vom Verhaltensaspekt spricht, sich inhaltlich jedoch nicht auf diesen beschränkt, wenn er dem Verhaltensaspekt beispielsweise die „Fähigkeit, Daten zu interpretieren", „umfassende reife Interessen" etc. zuordnet.

durch die Handlungsorientierung ersetzt werden. Als Folge sind nun die Lehrpläne in der Form von Lernfeldern zu strukturieren. „*Lernfelder* sind durch Zielformulierung, Inhalte und Zeitrichtwerte beschriebene thematische Einheiten, die an beruflichen Aufgabenstellungen und Handlungsabläufen orientiert sind. Aus der Gesamtheit aller Lernfelder ergibt sich der Beitrag der Berufsschule zur Berufsqualifikation" (KMK 1996, S. 14, Hervorhebung d. V.). Die Zielformulierungen benennen erwartete Qualifikationen und Kompetenzen, die durch *didaktische Schwerpunkte* und *Anspruchsebenen* gekennzeichnet werden. Für das Lernfeld „Konten führen" des Ausbildungsberufs Bankkaufmann/-frau ist beispielsweise Folgendes angegeben (Rahmenlehrplan Bank 1998, S. 17):

Didaktischer Schwerpunkt	Anspruchsebene
Nutzungsmöglichkeiten von Konten	Präsentieren
Kontoarten	Unterscheiden
Kunden bei Kontenwahl und Verfügung	Beraten
Probleme bei Kontoführung	Analysieren
Lösungsvorschläge für Probleme bei Kontoführung	Erarbeiten
Rechte der Kunden und Verbraucher	Beachten
Kunden bei Auswahl von Zahlungsformen	Beraten

Tab. 2: „Konten führen"

Die Übersicht zeigt, dass die Zielformulierungen über die beim behavioristischen Vorgehen unterschiedenen Aspekte[4] nicht hinausgehen: Der „didaktische Schwerpunkt" entspricht in behavioristischer Sicht dem „Inhalt", die „Anspruchebene" dem „Verhalten".

Die dritte internationale Mathematik- und Naturwissenschaftsstudie (TIMSS-III) benennt für die Mathematik neben *allgemeinen Unterrichtszielen* wie beispielsweise „Vermittlung einer positiven Einstellung gegenüber der Mathematik" oder „Vermittlung grundlegender Berufsqualifikationen", folgende *Stoffgebiete* und *Verhaltenserwartungen* (Baumert et al. 2000, S. 46):

---

[4] Zur weitergehenden Kritik siehe Straka, Lang & Lange (2000).

Stoffgebiete	Verhaltenserwartungen
- Zahlen, Zahlverständnis[5] - Messen und Maßeinheiten - Geometrie - Proportionalität - Funktionen, Relationen und Gleichungen - Datenanalyse, Wahrscheinlichkeitsrechnung und Statistik - Beweisen	- Wissen[6] - Beherrschung von Routineverfahren - Lösen von anwendungsbezogenen Aufgaben und innermathematischen Problemen - Mathematisches Denken - Mathematisches Kommunizieren

Tab. 3: Stoffgebiete und Verhaltenserwartungen (TIMSS-III)

Die ausgewählten Beispiele verdeutlichen einerseits, dass die Aktivitäten eines Individuums auch mit Hilfe der beiden Kategorien *Verhalten* und *Verhaltensgegenstand* beschrieben werden können. Andererseits ist eine solche Beschreibung für menschliche Aktivitäten unzureichend. Denn selbst wenn wir uns mit einem real existierenden Gegenstand – in unseren Beispielen „Bild" und „Werkstück" – auseinandersetzen, ist unser reales Verhalten auch durch *Vorstellungen über diese Gegenstände* geleitet. Solche *intern* repräsentierten Verhaltensgegenstände werden wir zukünftig als *Information* kennzeichnen. Des Weiteren wollen wir von einem relativ engen, an der Physiologie des Organismus orientierten Verhaltensbegriff zu einem umfassenderen *Handlungsbegriff* übergehen, der auch das über das Verhalten hinaus gehende motivationale und emotionale Erleben umfasst. Die sich daraus ergebende mehrdimensionale Einbettung des Zusammenspiels von *Handeln* und *Information* (Macke & Straka 1981) werden wir als *Handlungsepisode* bezeichnen.

2   Handeln und Information als zentrale Bedingungen für Lernen und Lehren

Eine Sekretärin will sich in eine aktualisierte Version ihres Textverarbeitungsprogramms einarbeiten. Sie hält das für wichtig, weil aktuellere Versionen ihr bisher das Arbeiten erfahrungsgemäß immer erleichtert haben. Sie meint, dass das auf dem PC bzw. in den Handbüchern verfügbare Lernmaterial ausreicht. Da

---

[5] „Zahlverständnis" kann nur bedingt als „Stoffgebiet" bezeichnet werden.
[6] Es sei bereits an dieser Stelle darauf hingewiesen, dass in unserem Konzept „Wissen" kein Verhalten, sondern Gegenstand und Ergebnis des Handelns ist (vgl. 5.2).

es aber sehr umfangreich ist, nimmt sie sich vor, sich beim EDV-Berater ihrer Firma kurz über die für sie wichtigen Neuerungen zu informieren. Weiterhin bestimmt sie Zeitkorridore, in denen sie sich einarbeiten will, soweit diese vom Arbeitsablauf her zu vertreten sind.

Nachdem sie sich über die Neuerungen beim betrieblichen EDV-Berater informiert hat, gliedert sie diese nach inhaltlichen Zusammenhängen sowie praktischen Erfordernissen und legt einen Zeitplan an. Um die Neuerungen leichter und schneller zu erlernen, stellt sie das Telefon um, markiert die ihr wichtig erscheinenden Befehle im Manual, versucht sich diese mit Beispielen aus ihrem Arbeitsalltag zu veranschaulichen und erarbeitet Unterschiede sowie Gemeinsamkeiten zu ihrem bisherigen bereichsspezifischen Wissen. Sie probiert die neuen Befehle gleich aus, ihr kompliziert erscheinende Befehlsabfolgen wiederholt sie mehrmals, unterstützt durch inneres Sprechen, um in ihrer Ausführung sicherer zu werden. Beim Lesen und Strukturieren der Texte prüft sie fortlaufend, ob sie damit ihren Lernbedarf deckt. Passagen, von denen sie den Eindruck hat, dass sie deren Angaben wohl kaum benötigen wird, überspringt sie. Nach Abschluss der ersten Lernphase meint sie feststellen zu können, dass sie das erreicht hat, was sie sich vorgenommen hat. Das überrascht sie nicht, da sie sich konzentriert hat und sich auf diesem Gebiet für kompetent hält.

2.1 Handeln

Das fiktive Beispiel lässt erkennen, dass das beobachtbare Verhalten – beispielsweise „Markieren" – eigentlich nur die Spitze des Eisbergs im Kontext von Handeln und Lernen darstellt. Was dabei unter Handeln verstanden werden soll, wird im folgenden Zitat umrissen:

„Der Mensch nimmt seine Handlungen nämlich nicht nur wahr wie einen außerhalb von ihm ablaufenden Bewegungsprozess, wie eine objektiv feststellbare und intersubjektiv nachprüfbare Ereignisfolge, sondern er *erlebt* sein Handeln auch (und dies ist ein Charakteristikum des *Handelns* gegenüber bloßem *Sich-Verhalten* bzw. gegenüber objektiv beschreibbaren Bewegungen) als von ihm gesetzte, gewollte und zumeist bewusst initiierte zielorientierte Tätigkeit" (Lenk 1992, S. 120; Hervorhebungen im Original).

Die Begriffsskizze führt uns zu einigen Merkmalen eines pädagogisch orientierten Handlungsbegriffs:

(1) Die am Zusammenspiel von Lernen und Lehren beteiligten Personen sind *Subjekte ihres Handelns*. Das bedeutet, dass sie ihre eigenen Handlungen nicht nur selbst wahrnehmen, sondern das eigene Handeln zugleich in vielfacher Hinsicht erleben: beispielsweise als gewollt und bewusst initiiert, von Interessen

geleitet, mehr oder weniger rational begründet, für sich selbst bedeutsam und sinnvoll bzw. sinnhaft. Handeln ist *durchgehend mit subjektivem Erleben verbunden*. In dieser Hinsicht unterscheidet sich Handeln vom Verhalten, vom Tun oder von Tätigkeit: Auch Atome oder Moleküle verhalten sich unter dem Einfluss von Kräften und bewegen sich auf unterschiedlichen Bahnen; Tiere fliehen bei Annäherung von Feinden (Fluchtverhalten); Autos verhalten sich im Grenzbereich konstruktionsbedingt unterschiedlich – einige übersteuern, andere untersteuern.

Handeln im Sinne einer *Verknüpfung von bloßer Tätigkeit oder bloßem Sich-Verhalten mit einem subjektiven Erleben, das seinerseits kognitiv (mental), emotional und motivational höchst individuell (idiosynkratisch) gefärbt ist,* kann allein der Mensch. Im Handeln erlebt er sich beispielsweise als autonom,[7] er fühlt sich für sein Tun verantwortlich, er erfährt sich als fähig, sein Handeln zu reflektieren, es rational zu begründen und darüber mit anderen zu kommunizieren. Darüber hinaus ist er sich seiner selbst bewusst und dessen, dass er mit seinem Handeln Absichten, Zwecke, Ziele verfolgt, dass er sich von Wertvorstellungen und Normen leiten lässt, dass er Entschlüsse fassen und sich möglicherweise zwischen mehreren Alternativen entscheiden muss. Gefühle, die mit seinen Antizipationen, Beweggründen, Wünschen, Erwartungen und Hoffnungen zusammenhängen, begleiten sein Handeln oder werden durch das Handeln, sein Gelingen oder Scheitern, seinen Erfolg oder Misserfolg oder seine nicht vorhergesehenen Folgen ausgelöst.

(2)   Von Handeln wollen wir nur dann sprechen, wenn das Tun, das Verhalten, die Tätigkeit *zielorientiert,* also auf vorab bestehende *Handlungsziele* ausgerichtet ist. Handelnden bieten sich meist mehrere Möglichkeiten zu handeln. Zielorientierung setzt deshalb voraus, sich aufgrund längerfristiger Zielvorstellungen zwischen mehreren Handlungszielen bewusst und begründet entscheiden zu müssen. Im Unterschied zum Tun, Verhalten, Tätigsein, die mehr oder weniger an das Hier und Jetzt gebunden sind, ist Handeln *zielgerichtet, absichtsvoll* und *zweckhaft* – also in die Zukunft hinein und auf zunächst noch nicht Realisiertes hin orientiert. Die Zielvorstellungen, die Wünsche, die Intentionen, die Zwecke, die Absichten und die Beweggründe gehen den ausgeführten konkreten Handlungen *zeitlich voraus* und treiben das Handeln an.

---

[7] Das schließt nicht aus, dass ein sich selbst als autonom erlebender Handelnder aus der Sicht anderer als für sein Tun nicht verantwortlich gesehen wird oder seine Willensfreiheit zur Illusion erklärt wird (Roth 1998).

(3) Die Zielorientierung des Handelns lässt jede *konkret ausgeführte Handlung* zu einem *Mittel der Zielerreichung* werden. Der Handelnde erlebt sein Handeln deshalb als einen Weg, der zum Ziel führt.[8]

(4) Handlungen sind an konkrete S*ituationen, Kontexte bzw. Rahmungen* gebunden, die von handelnden Subjekten allerdings höchst *subjektiv* interpretiert werden.[9]

Beim Handeln wirken demnach *zwei Klassen von Bedingungen* zusammen:

- Bedingungen, die in der Situation unabhängig vom handelnden Subjekt gegeben sind (= *externe Bedingungen,* wie verfügbare Zeit, gestellte Aufgabe, Hilfsmittel, andere Personen);

- Bedingungen, die das handelnde Subjekt selbst in die Situation einbringt (= *interne Bedingungen* wie Motive, Absichten, Intentionen, Ziele, Beweggründe, normative Orientierungen, aber auch Wissen, Fertigkeiten, Fähigkeiten und Einstellungen).

(5) Die internen Bedingungen beeinflussen, wie Handelnde die Handlungssituation *interpretieren,* welche Handlungen sie *ausführen möchten* und welche Handlungen sie tatsächlich *ausführen können* (gegenständliche Tätigkeiten, (berufs-) praktische, kognitiv-analytische, kreative usw.). Die dann tatsächlich ausgeführten Handlungen sind auf *Gegenstände* – etwa physikalische Objekte, aber auch Personen, Gruppen, Organisationen – gerichtet, auf die sie einwirken, die sie verändern usw.

(6) *Bewusstes* und als *zielgerichtet erlebtes* Handeln ist folglich kein isoliertes Phänomen, sondern in ein *Netz vielfältig geknüpfter Beziehungen eingebunden:* Es ist verknüpft mit im Augenblick des Handelns konkret Gegebenem, mit zurückliegenden Erfahrungen und mit gedanklich Vorweggenommenem, mit Geplantem und tatsächlich Ausgeführtem, mit Kognitionen, Emotionen und motivationalem Geschehen, die es ständig begleiten.

(7) Beim Handeln wirken also *zwei Aktivierungsstränge* durchgehend zusammen:

---

[8] Natürlich sollte professionelles Handeln möglichst zweckmäßig und effektiv sein, aber dies sind keine Merkmale, die Handeln definieren. Professionelles Handeln ist eine Variante, die über die allgemeinen Merkmale von Handeln hinaus, weitere Merkmale zu erfüllen hat.
[9] vgl. dazu auch 2.2.

- Das *aktuelle Verhalten, das Tun, die Tätigkeit* als der Strang, der eher als *organismisch* und *psychomotorisch* bedingt zu betrachten ist (Motorik, Bewegung usw.).

- Der Strang des begleitenden und überwachenden *kognitiven, emotionalen und motivationalen Erlebens* hinsichtlich Absichten, Pläne, Kontrollstrategien, Erfolg oder Misserfolg, Selbstwahrnehmung, Ursachenzuschreibung usw.

(8) Jedes Handeln erstreckt sich über einen mehr oder weniger großen Zeitraum, weshalb sich Handlungen und Handlungssituationen auch *zeitlich* gliedern lassen:

- In der *Ausgangssituation* ist mindestens das Handlungsziel festgelegt.

- In einer mehr oder weniger umfangreichen *Phase des Planens und des Ausführens* wird mittels Teilhandlungen und über Teilziele das übergeordnete Handlungsziel zu erreichen versucht.

- In der *Abschlusssituation* ist bei erfolgreichem Handeln das angestrebte Handlungsziel realisiert, bei erfolglosem Handeln wird das Ziel nicht erreicht und das Handeln abgebrochen.

(9) Das *mehrdimensionale* und komplexe Geschehen zwischen einem Anfang und einem (vorläufigem) Ende fassen wir im Begriff *Handlungsepisode* zusammen.

(10) Da Handeln in einem *Ziel-Mittel-Zusammenhang* steht, sollte es möglichst rational und bewusst sein, also in einen vorwärtsgerichteten (antizipierenden) Sinnhorizont eingeordnet sein, vorausschauend geplant, und handlungsbegleitend (= formativ) kontrolliert, reflektiert und ggf. reguliert werden. Rückblickend und abschließend (= summativ) sollte bewertet werden, ob das Handlungsziel erreicht wurde, wie die erzielten Ergebnisse einzuordnen sind und welche Ursachen zu den erreichten Handlungsergebnissen beigetragen haben. Handeln läuft also auch *parallel auf mehreren Ebenen* ab (vgl. 2.3).

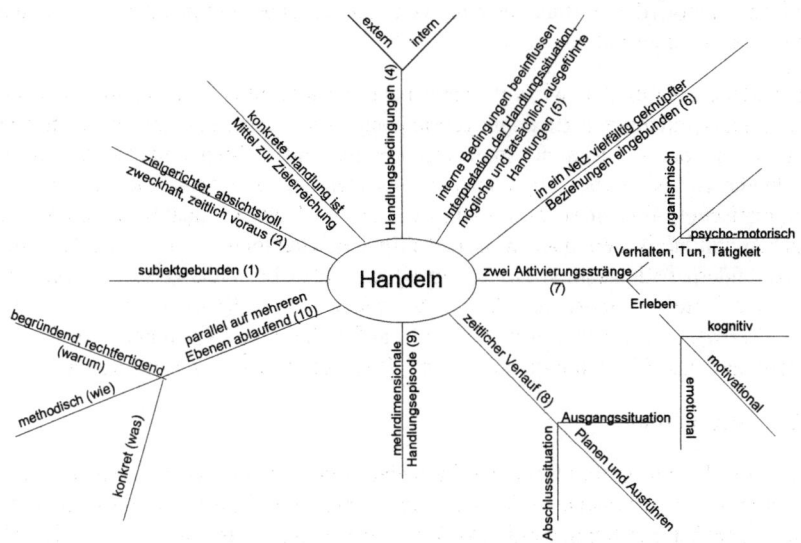

Abb. 1: Merkmale eines pädagogisch orientierten Handlungsbegriffs

Der hier skizzierte Handlungsbegriff wirft natürlich Probleme auf, wenn konkrete Handlungen beschrieben, interpretiert oder erklärt werden sollen. Die Verknüpfung der unterschiedlichen Bestandteile bedeutet ja, dass nicht alle Elemente menschlicher Handlungen direkt beobachtbar sind. Handlungsbegriffe sind also *keine Beobachtungsbegriffe, sondern theoretische, zumindest aber interpretierende Begriffe*. Sie sollen helfen, Beobachtbares zu erklären, zumindest aber zu verstehen. Wir wollen zwar den Deutungs- bzw. Interpretationsspielraum für menschliches Handeln nicht herunterspielen. Mit Blick auf die Bedingungen des Zusammenspiels von Lernen und Lehren, die konkret gestaltet werden sollen, wollen wir uns aber darauf beschränken, das Handeln aus der Perspektive der jeweils Handelnden zu beschreiben. Nicht diskutiert werden soll, ob eine solche Handlungsbeschreibung einer anderen Perspektive des Beobachtens und Beschreibens standhalten kann. Vielmehr wollen wir die kognitiven Elemente des Handelns, ohne die beispielsweise Intentionen, Begründungen, Reflexionen des menschlichen Handelns nicht möglich sind – also Erkennen, Deuten, Interpretieren, Denken, Reflektieren, Entscheiden, Diskutieren, Argumentieren –, selbst wiederum als analytisch isolierbare (Teil-) Handlungen interpretieren und sie im Kontext menschlichen Handelns je nach dem Gegenstand, auf den das Handeln gerichtet ist, unterschiedlichen Handlungsebenen zuordnen (vgl. dazu 3.1). Der Handlungsbegriff ist für uns als theoretisches Konstrukt ein *Interpretationsbe-*

griff, der zugleich perspektivisch, kontext- und begriffsabhängig (Lenk 1992) ist und es erlaubt, das Zusammenspiel von Lernen und Lehren zu verstehen und angemessen zu gestalten.

Längerfristig verbinden wir mit einem handlungstheoretischen Zugang nicht nur die Absicht, diejenigen Bedingungen angemessen zu erfassen und zusammenzuführen, die beim Zusammenspiel von Lernen und Lehren eine Rolle spielen. Vielmehr ist es unser Ziel, menschliches Handeln und seine Bedingungen in pragmatischer Absicht so zu fassen, dass die im Kontext didaktischen, pädagogischen, bildnerischen oder wissenschaftlichen Handelns in den verschiedenen Praxisfeldern bedeutsamen *Handlungstypen* – also beispielsweise *Lehren, Lernen und Erziehen, Schreiben, Lesen, Sprechen, Reden, Kommunizieren, Vortragen, Denken, Forschen, Problemlösen* – auf einheitlicher Grundlage handlungsleitend und das Handeln unterstützenden Weise beschrieben werden können.

2.2 Information

Handeln als Interpretationskonstrukt bedarf eines angemessenen *Informationsbegriffs* – ein technischer oder gar quantifizierender Informationsbegriff dürfte mit einem Interpretationskonstrukt kaum verträglich sein. Wir wollen deshalb auf Überlegungen zurückgreifen, die Carl Friedrich von Weizsäcker in folgenden Thesen zusammengefasst hat:

(1) Information ist nur, was verstanden wird.
(2) Information ist nur, was Information erzeugt.
(3) Information ist immer Information unter einem Begriff (von Weizsäcker 1974, S. 351 f.).

In der ersten These wird ausgesagt, *was* Information ist (nämlich Verstandenes, das im Prozess des Verstehens erst konstruiert werden muss) und *wo* sie zu finden ist (nämlich am Ort des Verstehens, also ausschließlich in unseren Köpfen). Als Ergebnis von Verstehensprozessen ist Information ein *Produkt individuellen Handelns*. Verstanden wird nur, was im aktuellen Handeln in das bereits bestehende Gebäude des Wissens eingeordnet und vor dem Hintergrund des je individuellen Wissens interpretiert und bewertet werden kann. Anders formuliert: Verstehen gründet auf bereits Verstandenem. Damit ist zugleich gesagt, dass Information zunächst immer *subjektive Information* ist und als individuell Verstandenes ausschließlich *in den Köpfen* derer zu finden ist, die verstanden haben. Information außerhalb von Köpfen, also ohne einen im Handeln aktualisierten Bezug zum schon bestehenden Wissen, kann es nicht geben. *Außerhalb unserer Köpfe ist reine Physik*, Materie in Form von Zeichen und Signalen oder Energie, die benötigt wird, die Zeichen und Signale zu übertragen. Erst wenn die Zeichen und Signale wahrgenommen[10] werden und sie Erkennen und Verstehen anregen, kann aus ihnen Information werden.

Die zweite These nennt als weitere *Eigenschaften* von Information Wirkungen, die Information haben muss: Als Verstandenes muss sie auch in anderen Köpfen Erkennen und Verstehensprozesse anregen können und so im Prinzip dazu führen, dass sie als Produkt von Verstehen beliebig oft erzeugt werden kann. Anders formuliert: Information hat – im Unterschied zu Materie oder Energie – die Eigenschaft, zugleich an beliebig vielen Orten (in beliebig vielen Köpfen) sein zu können.[11]

Wenn Information an anderen Orten Information erzeugen kann, verbindet sich damit leicht die Vorstellung, dass Information fließen könne. Eine genauere Analyse zeigt allerdings, das zwischen den Köpfen keine Information fließt. Vielmehr werden mittels Materie und Energie Zeichen und Signale transportiert. Der Empfänger nimmt die Zeichen und Signale wahr und erzeugt durch Interpretation für sich Information. Weder Computer noch Internet noch Zeitungen liefern Informationen. Nur vom Ergebnis her – wenn verstanden wurde, was als Zeichen und Signal aufgenommen wurde, wenn daraus verstandene Begriffe, Bedeutungen, Aussagen geworden sind – kann von Information und von Informationsfluss gesprochen werden. Kategorial gesehen wird Information als Verstandenes durch Interpretation jeweils neu erzeugt – mit allen subjektiven Unterschieden, Abweichungen, Gewichtungen, die dabei zu erwarten sind.

In der dritten These wird mit anderem Akzent noch einmal aufgegriffen, dass Information ein Produkt des Verstehens ist. Es wird darauf hingewiesen, dass das Verstehen ein Unterordnen unter bereits bestehende Begriffe bedeutet. So kann man beispielsweise an das Phänomen „Information" unter dem Begriff der „Nachrichtentechnik" herangehen, aber auch unter dem Begriff der „Menge" oder unter dem Begriff des „Verstehens". Das Verständnis, das über das Phänomen „Information" gebildet wird, wird aufgrund des jeweils anderen Vorverständnisses und des jeweils spezifischen Interesses verschieden sein: Unter dem Begriff der „Nachrichtentechnik" interessiert beispielsweise, wie die einer Information zugeordneten Zeichen störungsfrei übertragen werden können, unter dem Begriff der „Menge", wie Information quantitativ bestimmt und gemessen werden kann, und unter dem Begriff des „Verstehens", warum ein und dieselbe Zeichenfolge von verschiedenen Menschen so verschieden verstanden werden kann. Die dritte These besagt letztlich, dass Information zunächst unter „Vor"begriffen gebildet wird – also eine subjektive Konstruktion ist.

---

[10] Manchmal wird von sensorischem Input oder gar von sensorischer Information gesprochen.
[11] Vgl. auch das Privat-Sprachen-Argument von Wittgenstein (1992) sowie Luhmann (1997).

Zusammen gesehen bedeuten die drei Thesen für das Zusammenspiel von Lernen und Lehren, dass Information als Produkt des Handelns von den individuellen internen Bedingungen dieses Handelns bestimmt wird, nicht nur von kognitiven Bedingungen wie Vorwissen und Fähigkeiten, sondern auch von denjenigen Vorbegriffen, unter denen sich unsere Interessen, unsere Motive und unsere Emotionen artikulieren. Anders formuliert: *Information und Handeln sind als die zwei Seiten einer Medaille unauflösbar miteinander verknüpft.* Ohne Handeln gibt es keine Information und ohne Information kein Handeln (allenfalls Verhalten). Wie das individuelle Handeln selbst ist auch Information als sein Produkt höchst subjektiv und damit idiosynkratisch (vgl. auch Roth 1997, Willke 1998).

2.3 Emotionales und motivationales Erleben

Die dargestellten Bedingungen Handeln und Information sowie die Zusammenhänge zwischen ihnen rücken das Handeln der am Zusammenspiel von Lernen und Lehren beteiligten Personen und die beiden, in allen Handlungsepisoden simultan ineinandergreifenden Aktivierungsstränge *Verhalten, Tun, Tätigkeit* und *kognitives, emotionales und motivationales Erleben* in den Mittelpunkt der Überlegungen. Das motivationale Erleben bezieht sich auf den Anlass, das Aufrechterhalten und den Abschluss einer Handlungsepisode, das emotionale Erleben auf ihre gefühlsgetönte Seite.

Emotionale Elemente einer Handlungsepisode sind angesprochen, wenn die handelnde Person eine andere Person sympathisch findet, sich darüber freut, dass sie den Unterschied zwischen Handeln und Information verstanden hat und ihn mit eigenen Worten beschreiben kann, sich über Mobbing am Arbeitsplatz ärgert, Angst hat, mit ihrem Vorgesetzten zu sprechen oder beim Gedanken an eine bevorstehende Prüfung ins Schwitzen kommt. Mit *emotionalem Erleben* sind angenehme oder unangenehme Empfindungen gemeint, die das Handeln und seine Gegenstände, seine Ergebnisse bzw. Folgen begleiten. Dieses Erleben kann weiteres Verhalten auslösen (= aktivieren) oder hemmen (= deaktivieren). Beispielsweise können Freude oder Ärger eine entsprechende Mimik oder Gestik bzw. Schwitzen oder Gänsehaut zur Folge haben (Pekrun & Schiefele 1996). Das gefühlsmäßige Erleben kann zukunftsbezogen (Angst vor dem nächsten Tag), gegenwartsbezogen (Sich-Wohlfühlen in der augenblicklichen Situation) oder vergangenheitsbezogen sein (aufkommende Freude beim Gedanken an gemeinsame Erlebnisse mit guten Freunden), es kann kennzeichnende Verlaufsformen haben (Aufbrausen mit dem damit verbundenen Abbau emotionaler Spannungen versus In-Sich-Hineinfressen mit oft verzögert auftretenden, so nicht erwarteten und umso überraschenderen Gefühlsausbrüchen). Emotionen können von Person zu Person unterschiedlich stark ausgeprägt sein und unterschiedliche Verlaufsformen haben (Ewert 1983).

Motivationale Elemente einer Handlungsepisode sind angesprochen, wenn danach gefragt wird, warum sich ein Individuum auf eine Auseinandersetzung mit
seiner Umgebung einlässt oder sie meidet, warum es sie aufrecht erhält oder ir-
gendwann einstellt. Das *motivationale Erleben* umfasst alle Bedingungen, die
Handeln auslösen (beispielsweise bestehende Interessen), die Handeln auf Gegenstände ausrichten (zu- bzw. abwenden; z. B. Interesse oder Desinteresse an
einer Seite im Internet) und die dem Handeln Stärke und Intensität verleihen
(z. B. Beharrlichkeit, Ausdauer, Selbstvergessenheit (flow)). Wie die Emotionen
kann auch die Motivation zukunftsbezogen (Verfolgen von Lebenszielen), gegenwartsbezogen (bei der Sache bleiben) bzw. vergangenheitsbezogen (was hat
mich bewogen, etwas bestimmtes zu tun?) sein. Motivationales Erleben ist eng
verflochten mit dem emotionalen Erleben („Ich habe jetzt keine Lust dazu")
und/oder mit dem kognitiven Erleben (beispielsweise mit kognitiven Bewertungen wie „Bei Stress komme ich immer ins Schleudern"). Erlebte Gefühle (emotionaler Aspekt) oder vollzogene Ursachenzuschreibungen (= Attributionen;
kognitiver Aspekt) werden die Motivation zukünftig beeinflussen.

2.4 Mehrdimensionale Handlungsepisoden

Bei analytischer Betrachtung erweisen sich Handlungsepisoden als ein komplexes Ineinandergreifen isolierbarer Elemente und Dimensionen, die in der folgenden Grafik dargestellt sind:

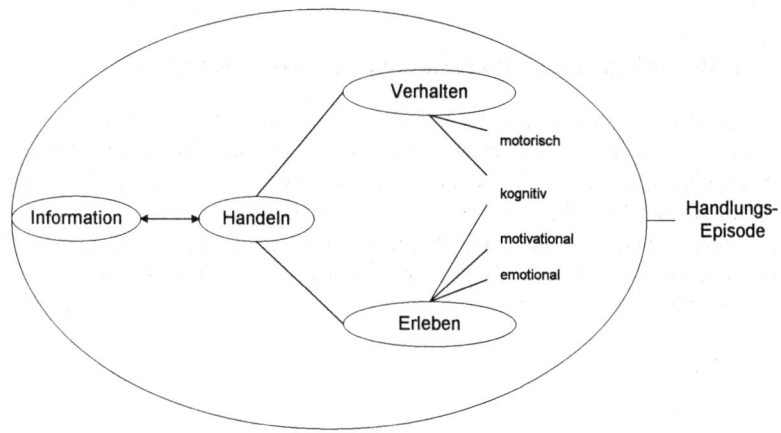

Abb. 2: Elemente einer mehrdimensionalen Handlungsepisode

169

Elemente sind das Verhalten samt begleitendem motivationalen und emotionalen Erleben, Information und externe Bedingungen als Gegenstände des Handelns. In einer konkreten Handlungsepisode werden die analytisch isolierten Bedingungen im aktuellen Handeln zu einem Ganzen verknüpft; sie erzeugen und beeinflussen sich gegenseitig in vielfältiger Weise und sie setzen sich wechselseitig voraus. Beispielsweise wird Information durch Handeln erzeugt. Jedes Handeln wird an realen Gegenständen oder an Informationen realisiert, Motivation wird durch die Ziele und Absichten des Handelns oder durch die Handlungssituation und deren Gegenstände angeregt, Emotionen begleiten im Erleben die Motivation, die Informationen und das gesamte Handeln. Ganzheitlichkeit des Handelns schließt allerdings nicht aus, dass in einer konkreten Handlungsepisode ein Element des Handelns im Vordergrund stehen kann (etwa die Motorik beim Steuern eines Segelboots, die Information beim Nachdenken über ein Problem, die Emotionen beim Hören von Musik; vgl. Becker, Oldenbürger & Piel 1987).[12]

Das folgende *Beispiel* einer Handlungsepisode möge das Gesagte verdeutlichen: A hat sich – am Schreibtisch sitzend – über lärmende Kinder auf der Straße so geärgert, dass er von einem Text, den er gerade liest und als sehr wichtig erachtet, nichts behält. Nach einiger Zeit legt sich sein Ärger. A liest den Text jetzt aufmerksam, vergleicht das Gelesene mit seinem bisherigen Wissen und erkennt, wo das Gelesene sein Wissen ergänzt. A freut sich, dass er etwas Neues gelernt hat. Allerdings überrascht es ihn auch nicht, weil er erfahrungsgemäß Dinge, die ihn interessieren, leicht versteht und auch behält.

3   Differenzierung der Dimensionen einer Handlungsepisode

Im Folgenden sollen die analytisch isolierbaren Dimensionen einer Handlungsepisode – die Verhaltensdimension, die emotionale und die motivationale Dimension des Erlebens und die informative Dimension – weiter differenziert werden. Auf der Grundlage dieser Differenzierung wird dann auch erörtert, welche Gemeinsamkeiten und Unterschiede zwischen einer Handlungsepisode und einer Lernepisode bestehen. Abschließend wird ein empirischer Beleg für Teile diese Modellierung vorgestellt.

---

[12] Allerdings deuten Befunde darauf hin, dass der bewusste Einfluss auf Emotionen schwach ist, umgekehrt jedoch Emotionen das ganze Bewusstsein überfluten können (Ledoux 1998, S. 22).

3.1 Die Verhaltensdimension des Handelns

Einer der beiden durchgehenden Aktivierungsstränge des Handelns umfasst das fortlaufende Verhalten und seine Gegenstände. Dieser Strang erlaubt es, nach Handlungstyp und Gegenstandsbereich, drei Ebenen des Handelns zu unterscheiden, auf die dann ausgewählte Handlungsarten bezogen werden.

Ein Drei-Ebenen-Modell des Handelns
Aus dem bisher erläuterten Handlungsbegriff haben sich bereits Hinweise ergeben, dass Handeln nach den Aspekten *Elemente, Dimensionen* und *Perspektiven des Handelns* systematisiert werden kann:

• *Elemente des Handelns* sind (mindestens) die handelnde Person, ihre Handlungsziele, die Gegenstände, auf welche die Handlungen gerichtet sind, die Handlungssituation und deren Bedingungen, die inhaltliche und zeitliche Anordnung der zu planenden und auszuführenden Handlungen, Teilhandlungen und Teilziele, die Unterscheidung nach Ausgangssituation, Handlungsphase und Abschlusssituation.

• *Dimensionen des Handelns*, die fortlaufend simultan ineinander greifen, sind die organismisch-motorische und die kognitive Dimension des Verhaltens und das es begleitende kognitive, emotionale und motivationale Erleben.

• *Perspektiven des Handelns* äußern sich in den *Kontroll-* und *Reflexionsprozessen*, die das Handeln überwachen und regulieren:

- vorausschauend-planend (Ziel-Mittel-Perspektive des Handelns);
- handlungsbegleitend, kontrollierend, regulierend, vor- und zurückblickend (Ist-Soll-Perspektive des Handelns);
- zurückblickend-bewertend (Ziel-Ergebnis-Perspektive des Handelns);
- bewertend-vorausschauend hinsichtlich der Handlungsfolgen, die sich aufgrund der erzielten (oder auch nicht erzielten) Handlungsergebnisse einstellen können, und die eingeordnet, bewertet und attribuiert werden (Ergebnis-Folge- bzw. Ursache-Wirkungs-Perspektive des Handelns).

Die genannten Aspekte spielen eine Rolle, wenn man Handlungen nach ihrem jeweiligen *Gegenstand* unterschiedlichen Ebenen des Handelns zuordnen möchte. Unsere Unterscheidung von Handlungsebenen ist an die in Wissenschaft und Forschung gebräuchliche Unterscheidung der Ebenen „Forschungsgegenstand und Gegenstandstheorien", „Forschungsmethodologie" und „Wissenschaftstheorie" angelehnt:

Ebene 1 umfasst – analog zur Ebene „Forschungsgegenstand und Gegenstands-theorien" – auf konkrete Handlungsgegenstände wie physikalische Objekte, Personen, Organisationen usw. gerichtete Handlungen. Den Handelnden leitet die Frage: *Was* muss ich konkret tun? Beispiele sind: ein Buch lesen, einen Text schreiben, Bahnverbindungen heraussuchen, Wissen darstellen, Daten erheben.

Ebene 2 umfasst – analog zur Ebene „Forschungsmethodologie" – Handlungen, die dazu dienen, dass konkrete Handlungen möglichst effektiv und zielorientiert ausgeführt werden und ihr Verlauf entsprechend gesteuert und kontrolliert wird. Auf dieser Ebene des Handelns geht es der Idee nach also darum, dem Ziel-Mittel-Zusammenhang, der allem Handeln immanent ist, durch eine wie immer geartete Methodologie des Handelns – durch *methodisch geleitetes Handeln* – zu genügen. Die zu stellenden Fragen lauten: *Wie* kann ich möglichst effektiv und zielorientiert handeln? *Wie* kann ich dementsprechend mein Handeln steuern und kontrollieren? *Wie* erreiche ich systematisch kontrolliert meine Handlungsziele? Gegenstand des Handelns auf Ebene 2 sind also konkrete Handlungen der Ebene 1. Für die auf Ebene 1 genannten Beispiele lautet die Frage: Wie gehe ich methodisch geleitet vor, wenn ich ein Buch, einen Text schreibe, Bahnverbindungen heraussuche, Wissen darstelle, Daten erhebe?

Ebene 3 – in Analogie zu der Ebene „Wissenschaftstheorie" – schließlich umfasst Handlungen, die dazu dienen, das konkrete Handeln und dessen Methodologie kriterien- oder (alltags-) theoriebezogen zu analysieren, zu reflektieren, zu begründen und zu rechtfertigen. Gegenstand der Handlungen von Ebene 3 sind also die konkreten Handlungen von Ebene 1 und die Methodologie, die das konkrete Handeln leitet (Ebene 2). Hier stellt sich der Handelnde die Fragen: *Warum* handele ich überhaupt? *Warum* handele ich so und nicht anders? Bezogen auf die Beispiele: Warum lese ich ein Buch, schreibe ich einen Text, suche ich Bahnverbindungen, stelle ich Wissen dar, erhebe ich Daten? Warum handele ich dabei so, wie ich handele?

Handlungsebenen	Handlungsleitende Fragen
Ebene 3: Rechtfertigung/Begründung/ Reflektion des methodischen und des konkreten Handelns (= handlungs-, erkenntnis-, wissenschafts-theoretisch)	*Warum* handele ich? *Warum* handele ich so und nicht anders?
Ebene 2: Methodisches Handeln (= Methodologie)	*Wie* gehe ich planmäßig, durchdacht vor?
Ebene 1: Konkretes Handeln (Handlungspraxis und ihre Bedingungen)	*Was* muss ich tun?

Abb. 3: Drei-Ebenen-Modell zur Systematisierung des Zusammenhangs von Praxis, Methodologie und Begründung von Handeln

Ausgewählte Handlungsarten
Handlungen, die Information zum Gegenstand haben, lassen sich unter Rückgriff auf Theorien und empirische Befunde verwandter Forschungsfelder (Weinstein et al. 1987, Pintrich & De Groot 1990, Boekaerts 1999) systematisieren und dem Drei-Ebenen-Modell zuordnen. Diese Art der Klassifikation soll hier exemplarisch durchgespielt werden.

Arbeitsstrategien umfassen die Handlungsklassen *Bearbeiten* von Information (Handlungsebene 1; Gegenstand = Information), *Planen* und *Organisieren* des Bearbeitens (Handlungsebene 2; Gegenstand = die eigenen Handlungen).

Individuell erzeugte Information kann mit Strategien des Strukturierens, Elaborierens und Wiederholens bearbeitet werden (Handlungsebene 1; Gegenstand = Information). Beim *Strukturieren* wird die aktuell verfügbare Information geordnet, reduziert und verdichtet. Das ist beispielsweise dann der Fall, wenn der Leser eines Textes sich Stichworte macht, zentrale Aussagen notiert oder Informationen nach Gemeinsamkeiten bzw. Unterschieden ordnet (= Handlungsebene 1).

Beim *Elaborieren* setzt der Handelnde neue Informationen möglichst umfassend, vielfältig und systematisch mit seinem schon vorhandenen Wissen und seinen Erfahrungen in Beziehung (= Handlungsebene 1: das Elaborieren von Information; Handlungsebene 2: methodisch geleitetes Elaborieren). Die neue

173

Information wird mit bereits Bekanntem angereichert, mit eigenen Worten neu-
bzw. umformuliert (Paraphrasieren), Unterschiede und Gemeinsamkeiten mit
bereits Erlerntem werden erarbeitet, Analogien gebildet, Folgerungen gezogen,
oder man stellt sich die neue Information bildlich vor (Weinstein & Mayer
1986).

Wiederholen kann beim informationsbearbeitenden Handeln in zwei Formen
erfolgen: Man kann rein mechanisch auf der Ebene der sprachlichen Zeichen
Memorieren; man kann aber auch auf der Ebene der erzeugten Information ge-
danklich-sinnvoll Repetieren (Memorieren), indem man sich das Verstandene
(z. B. Regeln oder Aussagen) still oder laut aufsagt, um so die sprachlich repräsentierte Information und ihre Struktur für sich zu festigen.

Informationsbearbeitendes Handeln kann durch *organisierendes* Handeln unterstützt werden (= Handlungsebene 1): Eigenes Wissen und Können wird aktiviert
(= interne Bedingungen bzw. Ressourcen), apersonale, externe Ressourcen werden herangezogen, die Arbeitsumgebung wird gestaltet und es wird geregelt, wie
mit anderen Personen zusammengearbeitet werden *soll*.

Ressourcen *beschaffen* (= Handlungsebene 1) heißt, Fachbücher zurate zu zie-
hen (= externe apersonale Bedingung) oder das eigene Wissen und Können zu
aktivieren (= interne Bedingung). Die Arbeitsumgebung *gestalten* (= Handlungsebene 1) bedeutet beispielsweise, am Arbeitsplatz ein Ordnungssystem zu
entwickeln, um alle Unterlagen rasch zu finden. *Zusammenarbeiten*
(= Handlungsebene 1) umfasst die Art und Weise, wie jemand andere Personen
einbezieht, etwa Aufgaben möglichst oft mit anderen zusammen löst oder andere dabei zurate zieht.

Das *Planen* (= Handlungsebene 2) umfasst Handlungen, mit denen vorausschauend und an den Handlungszielen orientiert festgelegt wird, mit welchen
Schritten neue Information er- und bearbeitet werden sollen sowie welche Abfolge diese Schritte haben sollen. Eingeplant werden auch Phasen zur Ent-
spannung – beispielsweise eine Kaffeepause oder körperliche Bewegung – und
die *Zeit*, wann welche Handlung ausgeführt werden soll.

Ob und wie die geplanten Handlungen dann realisiert werden, wird mit zwei unterschiedlichen *Kontrollstrategien* überwacht, beurteilt, reguliert und unterstützt
(= Handlungsebene 2), die bewusst oder unbewusst (= automatisiert, vgl. Aebli
1987) verwendet werden können: Handlungen der *kognitiven* Kontrolle sollen
ein zielgerichtetes, konzentriertes und störungsfreies Bearbeiten von Information
sicherstellen. Beispielsweise möchte der Handelnde nicht von Lärm oder anderen Störungen abgelenkt werden. Er schaltet deshalb Störquellen bewusst aus

und schließt ein offenes Fenster, um den Verkehrslärm zu mindern (= Handlungsebene 1).

Beim *metakognitiven* Kontrollieren wird der Ablauf der eingesetzten Arbeitsstrategien überwacht, reflektiert und ggf. reguliert (= Handlungsebene 2). Wird das eigene Handeln beobachtet und werden die erzeugten Zwischenergebnisse ermittelt, findet *Überwachen* statt. Wird beim Bearbeiten eines Auftrags auf das eigene Vorgehen geachtet, ist diese Form der Selbst-Beobachtung (selfmonitoring) eine Überwachungshandlung. Wird der beobachtete Handlungsverlauf mit dem geplanten verglichen und beurteilt, ob er zum Erreichen des Ziels beiträgt, findet *Reflektieren* statt. Reflektieren im Sinne eines Soll-Ist-Vergleichs läuft ab, wenn man sich beim Bearbeiten einer Aufgabe fragt, ob das eigene Handeln zu ihrer Lösung beiträgt. Wird dann aufgrund dieser Abschätzungen festgestellt, dass die Aufgabe so nicht oder nicht schnell genug zur Lösung kommt und wird daraufhin das Vorgehen geändert, findet *Regulieren* statt. So kann es einem Leser verworren erscheinen, was er sich bisher beim Lesen erarbeitet hat. Er reguliert daraufhin sein Lesen: Er liest den Text langsam noch einmal durch und strukturiert ihn stärker, indem er die wichtigsten Begriffe und Aussagen markiert.

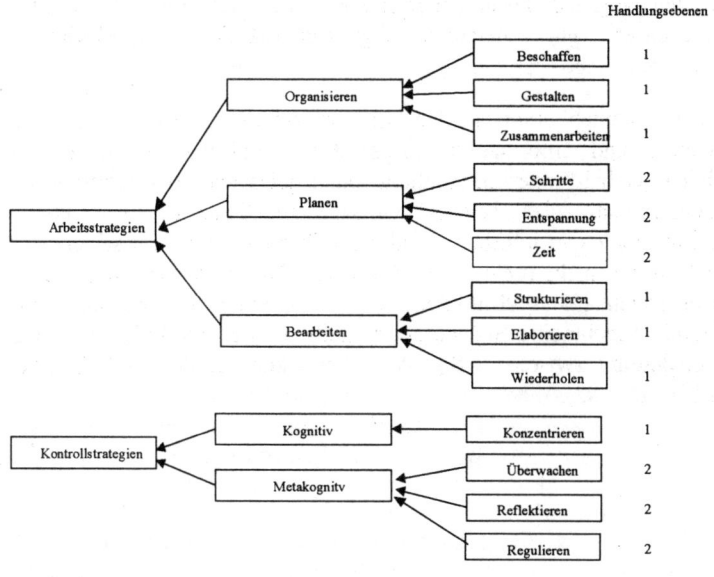

Abb. 4: Verhaltensarten und Handlungsebenen

3.2   Der Informationsbezug des Handelns

Im Abschnitt über Information (2.2) haben wir argumentiert, dass Information als individuell Verstandenes nur in unseren Köpfen vorhanden sein kann und nirgends sonst. Außerhalb unserer Köpfe, so haben wir formuliert, ist reine Physik – Materie in Form von Zeichen und Signalen (z. B. die Druckerschwärze auf dieser Seite unseres Buchs) oder Energie, die zum Transport von Zeichen und Signalen benötigt wird (beispielsweise der Strom zum Übertragen einer E-Mail). Die Zusammenhänge zwischen dem, was bloße Physik ist, und dem, was Information ist, sollen in diesem Abschnitt etwas eingehender behandelt werden.

Information – Zeichen – Signale
Handelnde sind in einen ständigen Strom von Zeichen bzw. Signalen[13] eingebettet, die sie wahrnehmen und aufnehmen können. Der Übergang von Zeichen zu Information, den Handelnde zu leisten haben und der sich in ihrem Kopf abspielt, wird als *Dekodieren* (Entschlüsseln) bezeichnet, der Übergang von Information zu übermittelbaren Zeichen und Signalen mit *Kodieren* (Verschlüsseln). Diese Unterscheidung zwischen Zeichen und Signalen einerseits und Information anderseits ist wichtig. Zum einen wird damit verdeutlicht, dass nur Zeichen und Signale übertragen werden, nicht aber Information. Zum anderen lassen sich aufgrund dieser Unterscheidung Lernarten wie einsichtiges Lernen und Memorieren gut voneinander abgrenzen (Macke 1978, Macke & Straka 1981, vgl. auch Abb. 5).

Umgangssprachlich unterscheiden wir normalerweise recht gut zwischen Signal/Zeichen und Information. „Das Wort „Information" meint umgangssprachlich „Gehalt" oder „Bedeutung" einer gelesenen oder gehörten Mitteilung und nicht „Signal" oder „Zeichen". So sagt jemand zum Beispiel: „Diese Mitteilung ist für mich sehr informativ" oder der Büroleiter herrscht seinen Mitarbeiter an: „Ich wurde nicht rechtzeitig informiert!" Niemand wird in diesem Zusammenhang sagen: „Diese Mitteilung enthält für mich viele Zeichen" oder „Mir wurden nicht rechtzeitig Signale übermittelt!" (...) Es wird also umgangssprachlich eindeutig zwischen Signal/Zeichen und Bedeutung unterschieden" (Roth 1997, S. 105).

---

[13] Die Begriffe „Zeichen" und „Signal" werden hier synonym verwendet. Zum Zusammenhang vergleiche auch Klix 1971, S. 29 ff.

176

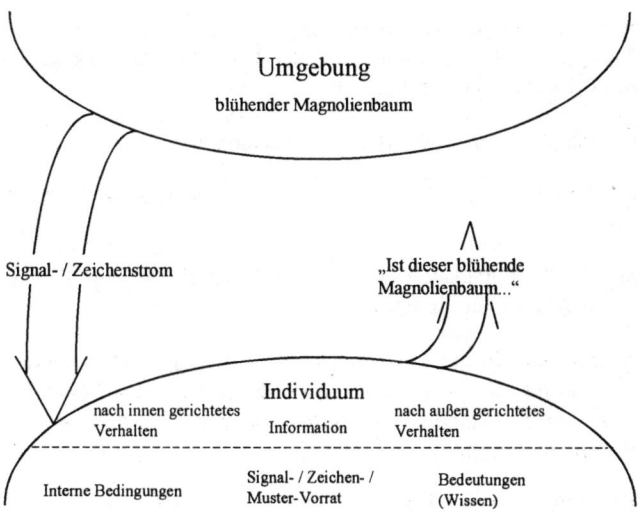

Abb. 5: Magnolienbaum

Ausubels (1968) Hinweis, dass sprachlichen Texten nur „potentielle Bedeutung"
zukommt, weist in dieselbe Richtung: Erst der Leser eines Textes mit potentieller Bedeutung erzeugt in einem „idiosynkratischen Akt" der Auseinandersetzung
mit dem Text „aktuelle" Bedeutung. Allerdings muss nicht allen Zeichenkombi-
nationen „potentielle Bedeutung" zukommen. Ausubel befasst sich mit Texten,
in denen der Autor die Bedeutungen sprachlich kodiert hat, die ihm beim
Schreiben vorgeschwebt haben.

Beispiel: Dieser Text, den Sie gerade lesen, ist eine Abfolge von Zeichen, die
Sie über visuelle Wahrnehmungsprozesse aufnehmen. Die Ebene der Zeichen –
die Buchstaben, ihre Anzahl, ihre Kombinationen zu Worten und schließlich zu
Sätzen und die dabei geltenden Regeln – wird Sie im Augenblick vermutlich
kaum beschäftigen. Sie interessieren sich für Lehren und Lernen und versuchen
deshalb zu verstehen, was hier geschrieben steht. Sie setzen das Gelesene mit
Ihrem Wissen, über das Sie im Bereich des Lehrens und Lernens und darüber
hinaus bereits verfügen (und das sich für Sie intersubjektiv und kommunikativ
bereits bewährt hat), in Beziehung[14] und versuchen so, für sich selbst neue Information zu erzeugen, die Sie dann weiter verarbeiten.

---

[14] Sie könnten das meist verinnerlichte Verhalten „buchstabieren, lesen" nicht ausführen, wenn Sie noch nicht
über den entsprechenden *Zeichenvorrat* verfügen (vgl. auch Abb. 5).

Drei Dimensionen des Informationsbegriffs
Bernd-Olaf Küppers hat – wie wir, ausgehend von von Weizsäckers Thesen – den Informationsbegriff weiter präzisiert:

„Der (...) Informationsbegriff besitzt drei Dimensionen:

(a) Die *syntaktische* Dimension umfasst die Beziehung der Zeichen untereinander;

(b) die *semantische* Dimension umfasst die Beziehung der Zeichen untereinander und das, wofür sie stehen;

(c) die *pragmatische* Dimension umfasst die Beziehung der Zeichen untereinander, das, wofür sie stehen, und das, was dies für den beteiligten Sender und Empfänger als Handlungsforderung darstellt." (Küppers 1986, S. 63; Hervorhebung im Original).

In Küppers Formulierung wird deutlich, dass die drei *Dimensionen* als *ineinander verschachtelt* zu denken sind: die pragmatische umfasst die semantische und die syntaktische, die semantische die syntaktische. Diese Verschachtelung kann man auch so interpretieren: Information als Verstandenes (semantische Dimension) bedarf einerseits der Zeichen zwecks Darstellung des Verstandenem und Informationserzeugung durch Übermittlung von Zeichen (syntaktische Dimension), andererseits kann Information nur handlungswirksam sein (pragmatische Dimension), wenn sie mittels Zeichen zunächst Verstehen erzeugt.

Syntax als der Aspekt der formalen Beziehungen zwischen den Zeichen einer Sprache, Semantik als der Aspekt der Bedeutungen sprachlicher Zeichen und Pragmatik als der Aspekt des Handlungsbezuges zeichengebunden übermittelter Bedeutungen gehören folglich unauflösbar zusammen, wenn von Information die Rede ist: Information als Verstandenes (Semantik) und Information als Erzeugendes (Semantik und Pragmatik) setzen jeweils Sender und Empfänger voraus und bedürfen deshalb der Zeichen als Medium der Übertragung (Syntax).

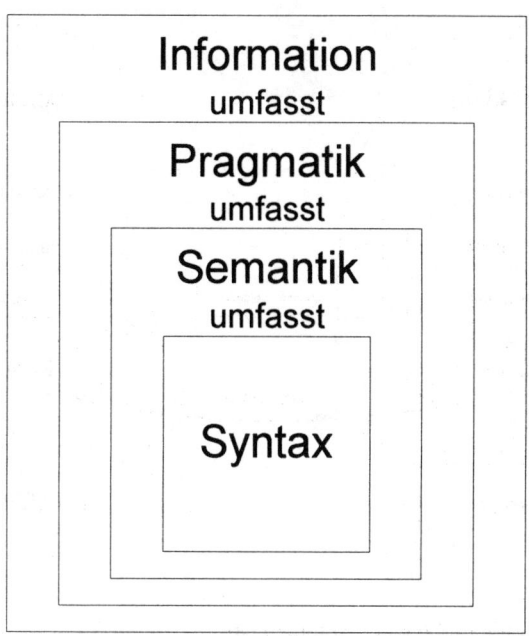

Abb. 6: Verschachtelung von Information, Pragmatik, Semantik und Syntax

Auf der Grundlage dieser Präzisierung dessen, was Information ist, lässt sich noch einmal schärfer herausarbeiten, wo denn Information zu finden ist: Information als Verschachtelung von Syntax, Semantik und Pragmatik kann nur in den Köpfen von Sender und Empfänger existieren. Nur in unseren Köpfen sind *zugleich Zeichen, Bedeutungen und Handlungsforderungen* miteinander verknüpft. Außerhalb unserer Köpfe finden wir *nur die Zeichen,* mit deren Hilfe wir das Gemeinte und das Geforderte kodiert haben und übermitteln.

Der syntaktische Anteil von Information sichert die geforderte Übertragbarkeit auf der Grundlage von Zeichen und *ihrer Abfolge* (Zeichenfolgen).[15] Aus diesem Grund muss *dieser Anteil sowohl in den Köpfen als auch außerhalb der Köpfe* zu finden sein.

---

[15] Die Beziehungen von Zeichen untereinander und Probleme, die bei der Speicherung, Umwandlung und Übertragung von Zeichen und Zeichenfolgen auftreten, etwa das nachrichtentechnische Problem, eine vorgegebene Zeichenanordnung strukturgetreu vom Sender auf den Empfänger zu übertragen, werden u. a. von der Shannonschen Informationstheorie behandelt.

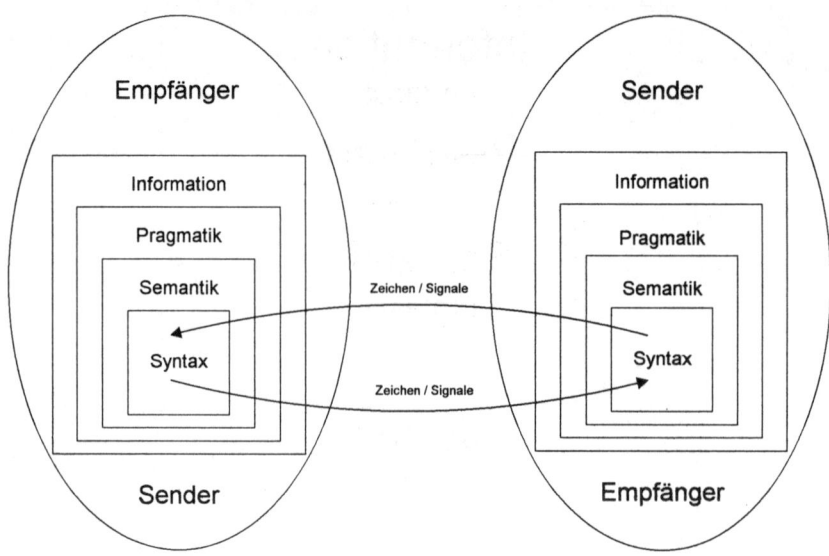

Abb. 7: Information und wo sie zu finden ist

Der semantische Anteil von Information, der als Verstandenes und zu Verstehendes nur in den Köpfen zu finden ist, bedarf gemäß von Weizsäckers dritter These einer Verständigung über die Begriffe, unter denen verstanden werden soll. Insofern muss der semantische Anteil von Information *zwei Ebenen* zugeordnet werden: der Ebene dessen, *was verstanden werden soll* (die Information, um die es gerade geht), und einer *übergeordneten Ebene der Begriffe, unter denen verstanden werden soll, als semantischer Bezugsebene* (die Begriffe, unter der Information gebildet werden soll).

Information (und damit Semantik) in einem *absoluten* Sinn kann es demnach nicht geben, sondern – gemäß der Weizsäckerschen dritten These – immer nur *relativ* in Bezug auf einen semantischen *Bezugs*rahmen und zunächst auch immer nur *subjektiv* in Bezug auf die je individuelle Interpretation und Einordnung in einen Bezugsrahmen.

Der pragmatische Anteil von Information sichert die geforderte Wirksamkeit von Information beim Empfänger, seien es nun relativ dauerhafte Änderungen *im* Empfänger (z. B. Lern*ergebnisse*), sei es die beim Empfänger hervorgerufene Bereitschaft, der Handlungsforderung durch eine zielgerichtete Handlung nachzukommen.

180

Daten und Information
Daten nehmen im Kontext von Zeichen und Information eine gewisse Sonder-
stellung ein. Datum bedeutet seinem lateinischen Ursprung nach „gegeben". Daten spiegeln folglich Gegebenheiten oder Tatsachen der Gesellschaft, der Wirtschaft, der Geschichte, die in Zahlen, Sprache/Text (Worten, Sätzen und Satz-
folgen mit meist charakteristischer Struktur) oder Bildern (Diagramme, Tabellen
usw.) dokumentiert werden und im Allgemeinen durch Beobachten, Messen o-
der andere Handlungen erhoben wurden. Als erhobene Daten über Gegebenheiten sind Daten so, wie sie sind: Man kann Daten selbst zunächst *nur zur Kenntnis* nehmen, etwa das Geburtsdatum von Goethe oder Daten zur Entwicklung
der Zahl der Schüler in der Bundesrepublik von ihrer Gründung bis heute. Weil
Daten im Allgemeinen isolierte Gegebenheiten bzw. Tatsachen spiegeln, gibt es
an ihnen selbst meist nichts zu verstehen. Zwar bedürfen Daten der Zeichen,
damit sie nicht verloren gehen, sie sind aber mehr als Zeichen, weil sie für etwas
anderes stehen. Daten haben also über die syntaktische Dimension hinaus eine
semantische Dimension (sie stehen für etwas). Aber haben sie auch eine pragmatische Dimension? Sind Daten also in unserem Sinn Information? Oder eine
besondere Form der Information? Das Geburtsdatum Goethes stellt zunächst
keine weitere Handlungsforderung an uns als die, dieses Datum zur Kenntnis zu
nehmen. Insofern hat dieses Datum keine pragmatische, weiteres Handeln for-
dernde Dimension.

Wir wollen die Zwitterstellung von Daten zwischen Zeichen einerseits und Information andererseits hier nicht ausdiskutieren. Eine Entscheidung, wie man
Daten einordnen will, wird nur auf der Grundlage begrifflicher Präzisierungen
möglich sein. Aber wir wollen noch einen Strang verfolgen, der sich beim Umgang mit Daten zeigt: Meist begnügen wir uns nämlich nicht damit, Daten zur
Kenntnis zu nehmen, sondern wir neigen dazu, sie in einen größeren Rahmen
einzuordnen und sie zu interpretieren. Zwar sollten Daten als charakteristische
Zeichenkonstellationen, die etwas über Gegebenheiten oder Tatsachen aussagen,
von allen gleich wahr genommen werden, aber meist bemerken wir, dass diesel-
ben Daten – etwa die Ergebnisse einer Wahl – von den Betroffenen sehr unterschiedlich gesehen werden. Die Betroffenen sagen je nach Parteizugehörigkeit,
Interesse, Sichtweise: „Ich verstehe die vorliegenden Ergebnisse so, dass die
Wähler ...". Durch Zählung festgestellte und im amtlichen Wahlergebnis festge-
haltene Daten sind zwar insoweit objektive Daten, als alle Beteiligten sie als
solche zur Kenntnis nehmen und sie anerkennen. Dennoch führen sie dazu, dass
sie individuell höchst unterschiedlich verstanden und interpretiert werden. Diesen Zusammenhang kann man in Übereinstimmung mit unserem Informationsbegriff auch so formulieren: *Daten werden erst durch Interpretation zu Information.*

Der Zusammenhang zwischen Daten und Information wird noch dadurch komplizierter, dass es keine „Daten an sich" gibt. Daten fallen nicht vom Himmel, sie sind ein Produkt unseres Handelns, weil sie in irgend einer Weise auf dem Wege des Beobachtens, des Messens, des Zählens erhoben werden müssen. Bereits als Daten sind sie beobachtungsabhängig und insofern nicht immer objektiv und auch nicht unabhängig von uns gegeben. Dies kommt sehr schön im Terminus „Tat-Sachen" zum Ausdruck: Auch die in Diskussionen oft beschworenen Tatsachen sind eine Sache unserer Tat! Insbesondere hängt es von den verwendeten Instrumenten und den Verfahren der Beobachtung ab, welche Daten wir gewinnen können. „Erst ein Hörrohr verschafft dem Arzt Zugang zu inneren Daten des Patienten, und ein Röntgenapparat oder eine Kernspintomographie erzeugen für den Beobachter Daten, die vorher nicht existent waren. Besonders wichtige Instrumente der Beobachtung sind Ideen, Konzeptionen, Vorurteile, Ideologien, Theorie etc., insgesamt die kognitiven „Landkarten" in den Köpfen der Beobachter. Sie bestimmen das, was gesehen wird und was nicht" (Willke 1998, S. 7).[16]

Daten werden erzeugt und sie werden kodiert, um sie festzuhalten, aufzubereiten, auszuwerten und zu übertragen. Menschen verfügen über drei mögliche *Formen der Kodierung*: die *symbolische* (mittels Zahlen und sprachlicher Zeichen (Buchstaben, Wörter usw. bis zu Texten), die *ikonische* (mittels Bildern, Zeichnungen, Ikons usw.) und die *enaktive* (mittels Handeln; Bruner 1974). Die Frage ist, inwieweit die Form ihrer Kodierung Daten verändert. Inwieweit stimmen Daten als Daten über Gegebenheiten mit den Gegebenheiten selbst überein? Dieses Problem lässt sich am besten am Beispiel der enaktiven Kodierung und seiner Dekodierung durch Beobachter illustrieren. Das Problem der Dekodierung von enaktiven Kodierungen „(...) bedeutet zum Beispiel, dass Ausdrucksformen nicht-verbaler Kommunikation oder emotive Qualitäten von Verhaltensweisen als Daten verloren gehen oder eben erst dann zu Daten werden, wenn sie in Zahlen, Sprache/Text oder Bilder gefasst werden – und dann ist es die Frage, ob die symbolisierten Qualitäten noch etwas mit den „ursprünglichen" zu tun haben" (Willke 1998, S. 8).

Wir wollen die sicher noch unvollständige Erörterung über den Status von Daten an dieser Stelle zunächst abbrechen und vorläufig festhalten: Daten sind mehr als Zeichen, weil sie für etwas stehen. Zu Information in unserem Sinn werden sie aber erst dadurch, dass sie in einen Kontext des Verstehens – in eine Theorie, in Vorstellungen, in ein Weltbild usw. – eingeordnet werden. Anders formuliert (s. o.): Daten zusammen mit einer Interpretation ergeben Information als (subjektiv) Verstandenes. Aber gilt auch die Umkehrung: Information als (subjektiv)

---

[16] Diese Aussage gibt mit anderen Worten die dritte These von Weizsäckers wieder.

Verstandenem beruht auf interpretierten Daten? Gibt es keine Informationen, die mehr sind als interpretierte Daten?[17]

3.3 Zur Erlebensdimension des Handelns

Unter kognitivem Aspekt haben wir bisher nur den verhaltensmäßigen Informationsbezug des Handelns angesprochen, jedoch noch nicht das kognitive Erleben dieses Bezuges. Informationsbezug zielt bei uns auf Erzeugen und Verarbeiten von Information. Kognitives Erleben wäre das Erleben dieser Verarbeitung als Verarbeitung (falsch, richtig, gelungen, widersprüchlich usw. Information und ihre Verarbeitung kann auch emotional und motivational erlebt werden, was im Folgende skizziert wird.

Emotionales Erleben
Umgangssprachlich verbinden wir mit „Emotion" bzw. „Gefühl" sehr unterschiedliche Bedeutungen, die von rein physiologisch bedingten Empfindungen (z. B. Schmerz) bzw. Ahnungen (z. B. „ein ungutes Gefühl haben") über moralische Werte (z. B. „Verantwortungsgefühl") bis zu Persönlichkeitseigenschaften (z. B. ein gutes „Sprachgefühl") reichen. *Emotionen* zeichnen sich durch rasches Eintreten, kurze Dauer und einen relativ gut beobachtbaren Verlauf aus. Sie sind meist mit kurzfristigen physiologischen Veränderungen verbunden. Mehrere Emotionen können gleichzeitig auftreten, unter bestimmten Bedingungen sogar einander entgegengesetzte (Schmidt-Atzert 1981).

Beispiel: Ein guter Freund will Sie überraschen und schleicht sich von hinten an Sie heran. Sie bemerken ihn nicht und erschrecken sich, als er auf ihre Schulter tippt. In diesem Moment fahren Sie ängstlich zusammen. Ihr Herz scheint stehen zu bleiben und Sie verziehen das Gesicht. Im selben Augenblick bemerken Sie, dass Sie auf einen Streich hereingefallen sind. Ihre körperlichen Reaktionen nehmen wieder das Ausgangsniveau an und ein Gefühl der Erleichterung stellt sich bei Ihnen ein, Sie beruhigen sich.

Das emotionale Erleben, das alles Handeln begleitet, kann danach klassifiziert werden, ob es vom Handelnden als negativ oder als positiv empfunden wird. *Positive Emotionen* sind beispielsweise Freude, Lust, Hoffnung, Vorfreude, Ergebnisfreude, Erleichterung, Stolz. Beispiele für *negative Emotionen* sind Lan-

---

[17] Nach der klassischen Formulierung von Bateson (1972, S. 453) ist Information „a difference which makes a difference". Nach von Weizsäckers dritter These ergibt sich diese Differenz dadurch, dass Information immer Information unter einem Begriff ist. Dies bedeutet zugleich, dass es einen Unterschied zwischen Information und ‚ihrem" Begriff geben muss. Dieser Unterschied bezeichnet den Unterschied zwischen dem Handeln (Begriffe als Instrumente des Be-greifens) und seinem Produkt (der Information). Oder allgemeiner gesprochen: Der Unterschied kennzeichnet den Unterschied zwischen einer Form (dem Begreifen) und dem Geformtem (dem Begriffenem). Wann Information zu Wissen wird, soll später näher ausgeführt werden (vgl. 5.2).

geweile, Unlust, Angst, Hoffnungslosigkeit, Traurigkeit, Niedergeschlagenheit, Enttäuschung, Ekel und Scham. Dieses emotionale Erleben kann gegenwarts-, zukunfts- und vergangenheitsbezogen sein sowie das Handeln bzw. sein Ergebnis oder den sozialen Kontext des Handelns zum Gegenstand haben. *Positive soziale Emotionen* sind Dankbarkeit, Empathie, Bewunderung, Sympathie, Liebe, *negative soziale Emotionen* sind Ärger, Neid, Verachtung, Antipathie und Hass (Pekrun 1998).

Bezugsart	Bezug	Positiv	Negativ
	Gegenwart	Freude	Langeweile
		Lust	Unlust
	Zukunft	Hoffnung	Angst
Handeln/Ergebnis		Vorfreude	Hoffnungslosigkeit
	Vergangenheit	Ergebnisfreude	Traurigkeit
		Erleichterung	Enttäuschung
		Stolz	Scham
		Dankbarkeit	Ärger
Sozial		Empathie	Neid
		Bewunderung	Verachtung
		Sympathie/Liebe	Antipathie/Hass

Tabelle 4: Klassifikation ausgewählter Emotionen

Ergebnisse einer empirischen Studie (Pekrun 1998), bei der Art und Häufigkeit von Emotionen bei Schülern in unterschiedlichen Situationen untersucht wurden, zeigen: Positive und negative Emotionen halten sich annähernd die Waage, wobei in Unterrichts- und Lernsituationen positive Emotionen leicht, in Prüfungs- und Rückmeldesituationen hingegen negative Emotionen überwiegen. Die am häufigsten beschriebenen positiven Emotionen waren Freude und Erleichterung. Als häufigste negative Emotionen wurden Angst, Ärger, Enttäuschung, Unlust und Langeweile genannt. Diese erlebten Emotionen treten bei Schülern und Studierenden je nach Art des Kontextes – z. B. im Unterricht oder beim Lernen – verschieden häufig auf. So scheinen „die Verantwortlichkeitsemotionen Stolz und Scham/Schuld scheinen beim Lernen eher eine Rolle zu spielen als im Unterricht; und während im Unterrichtserleben die passive Emotion Langeweile häufig ist, gilt dies beim Lernen für die motivationale und insoweit weniger passive Unlust" (Pekrun 1998, S. 233).

Emotionen haben für das Handeln nicht nur motivationale Konsequenzen, sie können das Handeln selbst auch direkt beeinflussen, beispielsweise die Art und Weise, wie Informationen erzeugt, bearbeitet und erlebt werden. Emotionen binden Aufmerksamkeit, die dann für das konkrete Bearbeiten gestellter Aufgaben nicht zur Verfügung steht. So können sich Emotionen einerseits in hohem Maße leistungshemmend auswirken, andererseits gelten sie aber auch als unverzichtbar für Spitzenleistungen (Roth 2001).

Motivationales Erleben
Auf jeden Handelnden strömen aus seiner Umgebung ständig Zeichen und Signale ein. Er interpretiert sie und bewertet die gewonnenen Information hinsichtlich „bekannt/neu" und „wichtig/unwichtig" (Roth 1997). Bewertet er die Information als „neu" und „wichtig" und verbindet er damit die Erwartung, dass sie ihm dauerhaft nützlich sein könnte, wird er sich ihr intensiver zuwenden. Im emotional unterlegten Zusammenspiel von Handeln und Information wird ein weiterer Aspekt sichtbar, der mit der Dynamik des Handelns und den Kräften, die es tragen, zu tun hat, und der als *motivationale Dimension* des Handelns gefasst wird.[18] Bei der motivationalen Betrachtung des Handelns spielen die Konzepte „Interesse", „motivationale Kontrolle" und „Evaluation" bzw. „Attribution" eine Rolle.

Didaktisches Denken (beispielsweise Huber 1972, Roth 1973) ist traditionell am Interessenbegriff orientiert. Im Anschluss an interessentheoretische (Deci 1975, Schiefele, Hauser & Schneider 1979, Krapp & Prenzel 1992, Prenzel 1986, Nenniger 1986, 1993) und leistungsthematische Überlegungen und Befunde (Heckhausen & Rheinberg 1980, Rheinberg 1997) wird *Interesse* hier als eine Kombination (symbolisiert durch „x") aus Wert und Erwartung gesehen: Einem „Gegenstand" oder dem eigenen „Vorgehen" wird ein *Wert* zugeschrieben, verbunden mit einer *Erwartung*, das Wertgeschätzte realisieren zu können (Atkinson 1964).

Beim *Interesse am Gegenstand*[19] drückt die Wertkomponente aus, wie der Handelnde den Handlungsgegenstand (einen Sachverhalt, eine Information, den inhaltlichen Aspekt eines Lernziels) einschätzt. Die Erwartungskomponente bringt zum Ausdruck, wie der Handelnde es einschätzt, sich einen Sachverhalt (bzw. eine Information) gut oder schnell (leicht) erschließen bzw. ihn verstehen zu können. Beispielsweise kann ein Auszubildender es für wichtig halten, die Zu-

---

[18] In der Literatur wird nicht selten die motivationale mit der emotionalen Dimension vermengt. Ein Beispiel dafür ist der Handbuchbeitrag von Pekrun & Schiefele (1996) über emotions- und motivationspsychologische Bedingungen der Lernleistung. Anhand von Definitionen plädieren sie für eine klare Trennung von Emotion und Motivation, fahren dann aber im Text fort mit „Emotion bzw. Motivation". Aus dem Blickwinkel des hier entwickelten lern-lehr-theoretischen Ansatzes müsste die „motivationale Dimension" konsequenterweise als „anbahnende, ausrichtende bzw. orientierende und aufrecht erhaltende Dimension" bezeichnet werden. Da diese Terminologie allerdings nicht verbreitet ist, wird für diesen Sachverhalt die traditionelle Bezeichnung „motivationale" Dimension beibehalten.
[19] „Interesse am Gegenstand" entspricht in früheren Modellierungen dem „inhaltlichen Interesse" (Straka et al. 1996).

185

ständigkeiten einzelner Abteilungen seines Betriebs zu kennen (= Wert), und sich zugleich zutrauen, diese Zuständigkeiten selbst herauszufinden (= Erwartung). Er wird handeln, wenn die gedanklich vorweggenommene Kombination „Wert-x-Erwartung" denjenigen Schwellenwert überschreitet, ab dem er bereit ist, Zeit und Anstrengung in seinen Gegenstand zu investieren.

Beim *Interesse am Vorgehen* repräsentiert die Wertkomponente die persönliche Bedeutsamkeit, die konkreten Verhaltensweisen bzw. Handlungen (für das Realisieren eines angestrebten Handlungsziels) beigemessen wird. Die Erwartungskomponente bezieht sich auf die individuelle Einschätzung der eigenen Fähigkeiten und Fertigkeiten, die erforderlichen Verhaltensarten bzw. Handlungen auch realisieren zu können. Gegenstand des Vorgehensinteresses sind die den Handlungs- und Kontrollstrategien zugeordneten Aktivitäten (Handlungsebene 2). Beispielsweise kann ein Angestellter es für wichtig halten, Kollegen bei Bedarf um Auskunft zu fragen (= Wert). Ein entsprechendes Handeln wird jedoch nur dann eintreten, wenn er sich zutraut, Kollegen um Auskunft zu fragen (= Erwartung).

Im Unterschied zum Interessenkonzept, das von einer relativ klar bestimmten „Person-Gegenstand-Beziehung" (Krapp 1992) ausgeht, bezieht sich das Konzept *motivationale Kontrolle* eher gegenstandsunspezifisch auf Wert-x-Erwartungs-Abwägungen hinsichtlich einer allgemeinen Bereitschaft, für ins Auge gefasste Handlungsziele etwas zu leisten. In diesem Fall ergibt sich aus der Kombination der Wertkomponente als der individuellen Bedeutsamkeit eines angestrebten Handlungsergebnisses mit der Erwartungskomponente als der je individuellen Einschätzung, das für sich als bedeutsam erachtete Ziel/Ergebnis durch eigenes Handeln auch erreichen zu können, eine allgemeine Bereitschaft, für das Erreichen des Ziels etwas leisten zu wollen. Bei leistungsthematischen Motivationen wird also mehr oder weniger vom konkreten, in einem Kontext eingebunden Leistungsergebnis abstrahiert, wie es beispielsweise in der folgenden Aussage zum Ausdruck kommt: Für mich ist es wichtig, *jedes* Handlungsziel zu erreichen (= Wert). Ich bin *immer* überzeugt, mein Handlungsziel erreichen zu können (= positive Erwartung).

Während und vor allem nach Abschluss einer Handlung können Handelnde im Rahmen der kognitiven Kontrolle Gründe dafür finden, warum ein angestrebtes Ergebnis erreicht oder nicht erreicht wurde, und diese Gründe dem Zustandekommen des tatsächlich erzielten Handlungsergebnisse als Ursache zuweisen (*attribuieren*). Entsprechend der Attributionstheorie (Weiner 1986) werden die drei Aspekte kontrollierbar – unkontrollierbar, intern – extern und stabil – variabel unterschieden:

- Beim Aspekt *intern (i) – extern (e)* werden Handlungsergebnisse danach klassifiziert, ob sie auf die Kenntnisse, Fähigkeiten und andere interne Bedingungen beim Handelnden oder aber auf externe Bedingungen zurückzuführen sind (Beispiel: (i) Wenn ich die Aufgabe richtig gelöst habe, dann habe ich dies ausschließlich mir selbst zu verdanken. (e) Ich bin mir darüber im Klaren, dass die Lösung der Aufgabe ohne die intensive Mitarbeit meines Teams nie zustande gekommen wäre).

- Beim Aspekt *kontrollierbar (+) – unkontrollierbar (-)* werden Ergebnisse danach beurteilt, ob sie durch den Handelnden beeinflussbar sind oder nicht (Beispiel: (+) Diesmal hat man genau darauf geschaut, wie gut ich meine Arbeit mache, und das hat Folgen. (-) Ich kann es so gut oder schlecht machen, wie ich will, im Grunde genommen steht das Urteil über meine Arbeit sowieso schon fest).

- Beim Aspekt *stabil (s) – variabel (v)* werden Bedingungskonstellationen, unter denen ein Handlungsergebnis erreicht wurde, danach unterschieden, ob identische Bedingungen zu identischen Ergebnissen führen (s) oder nicht (v). (Beispiel: (s) Ich kann die gleiche Arbeit noch Hundert Mal machen, es kommt unter den gegebenen Umständen doch nichts anderes heraus. (v) Wie gut auch immer das Ergebnis meiner Arbeit ist, so kann ich doch eigentlich nie voraussehen, was dabei beim nächsten Mal herauskommen wird). Das motivationale Erleben, differenziert nach Interesse, Kontrolle und Attribution, wird in der folgenden Abbildung zusammengefasst:

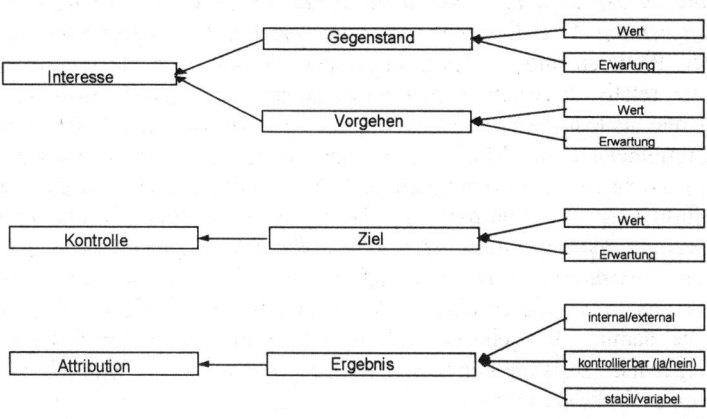

Abb. 8: Motivationales Erleben

Diese tendenziell strukturelle Darstellung des motivationalen Erlebens kann um dynamische Aspekte ergänzt werden. So können die unterschiedenen Attributionen Auswirkungen auf das Bild haben, das ein Handelnder von seinen Fähigkeiten bzw. Kompetenzen hat. Dieses Bild wiederum kann sich später in veränderten interessenspezifischen bzw. leistungsthematischen Erwartungen niederschlagen.

4   Handeln und Lernen – Handlungsepisode und Lernepisode

Handeln als zielorientierte und mit motivationalem, emotionalem und kognitivem Erleben verknüpfte aktuelle Auseinandersetzung des handelnden Subjekts mit seiner Umgebung ist mit vielfältigen Formen der Aktivierung der internen Bedingungen des Handelns verbunden. Diese für das aktuelle Handeln aktivierten internen Handlungsbedingungen (und nur diese) können im Verlauf des Handelns umstrukturiert werden: Neue Informationen werden erzeugt, die Formen, der Verlauf, die Intensität des Erlebens, konkrete Handlungselemente und Handlungsverläufe verändern sich (Handlungsebene 1), ebenso werden die Methodologie des konkreten Handelns, also das Planen, Durchführen, Steuern, Kontrollieren und Regulieren des Handelns (Handlungsebene 2) und das Begründen, Rechtfertigen, Reflektieren und Bewerten des Handelns (Handlungsebene 3) teilweise verändert, womöglich verbessert. Solche aktuellen Umstrukturierungen können zu dauerhaft veränderten internen Handlungsbedingungen führen. Dabei sollte beachtet werden, dass das handelnde Subjekt *unmittelbar nur die im aktuellen Handeln zu vollziehenden Umstrukturierungen zu beeinflussen vermag*. Wie diese dann über die dem Handeln zugrundeliegenden neuronalen Prozesse und gedächtnisbildenden Mechanismen als Umstrukturierungen der relativ dauerhaften internen Handlungsbedingungen manifest werden, sei es nun als Fähigkeiten im Umgang mit Informationen, als Wissensstrukturen, als Einstellungen, als Motive bzw. Interessen, als emotionale Dispositionen usw., entzieht sich dem (unmittelbaren) Einfluss des Subjekts (Roth 1998). Anders formuliert: *Allein im aktuellen Wechselspiel von Handeln und Information als interner Repräsentation externer Handlungsbedingungen vermag das Subjekt zu konstruieren, was es als dauerhaftes Lernergebnis verfügbar haben möchte*. Nur über dieses aktuelle Wechselspiel von Handeln und Information und die damit einhergehenden Aktivierungen im neuronalen System können Lernergebnisse zustande kommen bzw. *nur was zunächst im Handeln aktuell ist, kann auch dauerhaft werden*.

Die hier ganzheitlich entfaltete Vorstellung kennzeichnet Lernen als einen speziellen Typ des Handelns: Lernen ist ein Handeln mit dem Handlungsziel „dauerhafte Veränderung der internen Bedingungen des Handelns" und entsprechenden Ergebnissen dieses Handelns (ein anderer Handlungstyp wäre: ein Haus bauen). Wie bei jedem Handlungstyp lassen sich auch beim Handlungstyp Lernen Handlungsepisoden ausgliedern, deren charakteristische Merkmale erfüllt sein müssen, damit eine Handlungsepisode als eine Lernepisode bezeichnet werden kann. Wie bei jeder analytischen Betrachtung werden dabei Merkmale isoliert, die bei einer konkreten *Lernepisode* teilweise gleichzeitig, teilweise nacheinander oder miteinander verknüpft ablaufen:

(1) Lernen ist wie alles Handeln immer *individuelles* Handeln.

(2) Lernen ist wie alles Handeln *aktuelles* Handeln mit allen einhergehenden (neuronalen) Aktivierungen.

(3) Lernen ist aktuelles Handeln mit relativ dauerhaften (nachhaltigen) Folgen für diejenigen internen Bedingungen des Handelns, die im Handeln aktiviert werden: In der Auseinandersetzung mit der Umgebung wird zunächst im Handeln *aktuell konstruiert*, was dann als interne Bedingung *dauerhaft* werden soll. Die dauerhaften internen Produkte des Handelns nennen wir *Lernergebnisse.*

(4) *Ohne* aktuelles individuelles Handeln gibt es *keine Lernergebnisse.*

(5) Eine für Lernen zentrale aktuelle Konstruktion ist *Information* in ihrer Funktion als *aktuelle* interne Rekonstruktion *(Repräsentation)* der Umgebung.

(6) Alle dauerhaften Lernergebnisse sind *Wechselwirkungsprodukte* aus *Handeln* und *Information* und dem begleitenden *(motivationalen und emotionalen) Erleben.*

(7) Lernen ist wie alles Handeln *zeitlich erstreckt*: Es beginnt an einem Punkt spezifischer interner Bedingungen des Handelns (= Lernvoraussetzungen) und führt zu einem neuen Punkt interner Bedingungen des Handelns (= Lernergebnis).

(8) Lernen kann in unterscheidbare *Phasen* des Lernens eingeteilt werden.

(9) Die Ergebnisse des Lernens sind *nicht direkt beobachtbar*; vielmehr müssen sie aus Indikatoren (den beobachtbaren Aspekten des Handelns selbst und seinen beobachtbaren Produkten) erschlossen werden.

(10) Lernen ist – vom Ergebnis her gesehen – eine relativ dauerhafte Veränderung interner Bedingungen des Handelns, die für Außenstehende nur aus der *Differenz von Beobachtungen* vor (Zeitpunkt t_1) und nach (Zeitpunkt t_2) dem Lernen *erschlossen* werden kann.

(11) Lernen kann zu überdauernden Veränderungen *aller internen Bedingungen* des Handelns führen, die im aktuellen Zusammenspiel von Information, Verhalten, motivationalem und emotionalem Erleben zusammenwirken.

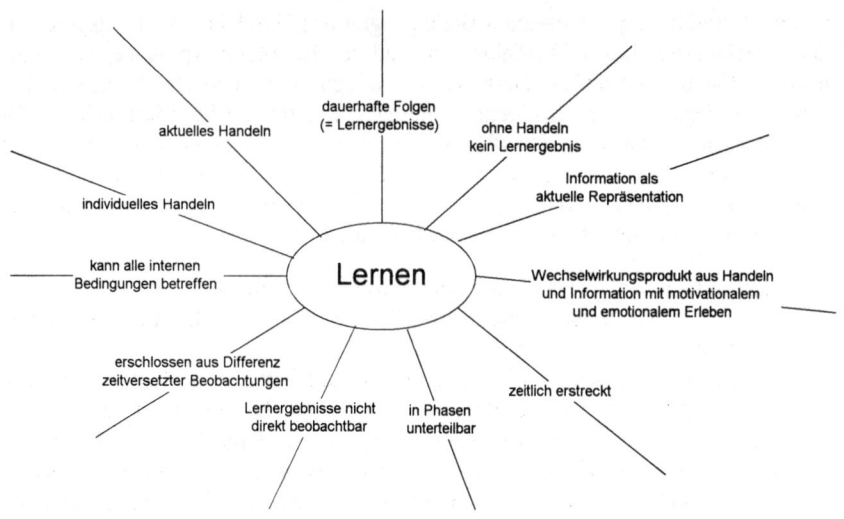

Abb. 9: Lernen

Menschliches Handeln, das wir aus wohlerwogenen Gründen als bewusst und erlebt gekennzeichnet haben, bedeutet nun keineswegs, dass Lernergebnisse nicht auch unbewusste und nicht direkt angestrebte Produkte unseres alltäglichen Handelns sein können. Der *springende Punkt* für den Zusammenhang von Handeln und Lernen ist *nicht die Bewusstheit des Handelns, entscheidend sind die internen Aktualisierungen und Aktivierungen, die mit jedem Handeln verbunden sind.* Wir wollen diesen Sachverhalt am Beispiel von Reaktionen auf Ergebnisse einer Befragung der Forschungsgruppe Lernen, Organisiert und Selbstgesteuert (*LOS*) über Art und Umfang selbstorganisierten Lernens im Prozess der Arbeit veranschaulichen. Die Ergebnisse (Straka, Stöckl & Kleinmann 1992) wurden den Befragten rückgemeldet und mit ihnen diskutiert. Eine Teilnehmerin äußerte sich wie folgt: *„Über die Fragen ihres Fragebogens kann man unterschiedliche Ansichten haben; was mir aber beim Ausfüllen des Fragebogens klar wurde, was ich bislang nicht wusste, ist, dass ich im letzten Jahr ganz schön viel dazu gelernt haben muss. Ich komme mit meinem PC inzwischen ganz gut zurecht, irgendwie muss ich mir das angeeignet haben".* Die Rückspiegelung dieser Aussage in die Gruppe ergab auch, dass vielen Befragten beim Ausfüllen des Fragebogens ähnliche Gedanken durch den Kopf gegangen sind.

Eine Interpretation dieser Aussagen ist, dass das Handeln der Mitarbeiter/innen des Betriebs weniger am expliziten Handlungsziel, Lernergebnisse zu erzielen,[20] orientiert war, sondern die im Nachhinein bewusst gewordenen Lernergebnisse eher beiläufige oder implizite Ergebnisse von Handlungen sind, die auf andere Ziele ausgerichtet waren. Ergebnisse *expliziten Lernens* wären dann solche überdauernden Veränderungen interner Bedingungen, die der Lernende in seinem Handeln explizit angestrebt hat und ihm dementsprechend bewusst ist, *wie*, unter *welchen Bedingungen* er *welche* Lernergebnisse erzielt hat. Demgegenüber sind *beiläufiges (= en passant) und implizites Lernen* gekennzeichnet durch:

- *Fehlende Intentionalität:* Das Handeln ist nicht auf ein angestrebtes Lernergebnis ausgerichtet. Vielmehr stellt sich ein Lernergebnis ohne die Absicht, etwas lernen zu wollen, ein.
- *Nicht-Bewusstheit:* Dem Lernenden ist nicht bewusst, dass er lernt und wie er lernt.
- *Fehlende Aufmerksamkeitszuwendung:* Lernen erfolgt, obwohl die das Handeln lenkende Aufmerksamkeit auf andere Handlungsziele ausgerichtet ist.
- *Form der Verfügbarkeit des Gelernten:* In den meisten Untersuchungen wählen Lernende Aufgaben, bei deren Bearbeitung sie erworbene Kompetenzen nutzen, ohne sich bewusst zu machen, dass sie über diese Kompetenzen verfügen.
- *Einbettung in Kontexte, Ganzheitlichkeit:* Eine Situation fordert zum Handeln heraus und führt als Folge des ausgelösten Handelns zu unbeabsichtigtem Lernen. Das schließt nicht aus, dass diese Handlungen absichtsgeleitet ablaufen, beispielsweise, um aus einer persönlich misslichen Situation herauszukommen.

Beim *impliziten Lernen* sind die bewussten Aufmerksamkeitsprozesse auf andere Handlungsziele gerichtet, d. h. die bewusste Kontrolle und Regulation orientieren sich nicht an Lernzielen und Lernergebnissen. Implizites Lernen hat in vielen Fällen implizite Kompetenz oder „tacit knowledge" zur Folge. Demgegenüber unterliegt das *beiläufige Lernen* nicht dieser strengen Einengung (Oerter 1997, Straka 2000, 2001 a, c).

Unabhängig davon, ob nun beiläufig oder explizit gelernt wird, lassen sich die Dynamik und Mehrdimensionalität einer Lernepisode wie folgt darstellen:

---

[20] Möglich ist auch die Interpretation, dass explizit gelernt wurde, das Gelernte durch den Gebrauch jedoch automatisiert und deshalb das, das Handeln leitende Wissen den Befragten nicht mehr gewahr war (vgl. auch Aeblis (1987) Ausführungen zur Automatisierung).

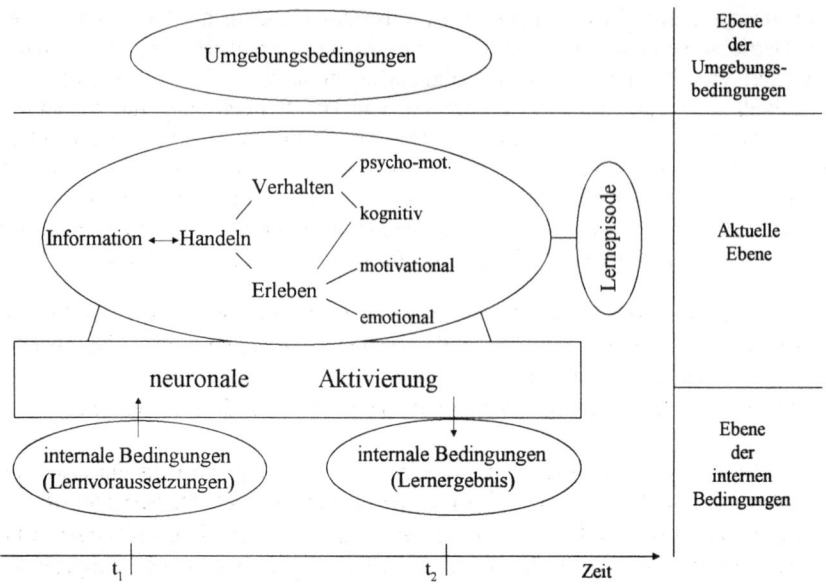

Abb. 10: Mehrdimensionalität einer Lernepisode[21]

Exkurs: Empirische Belege für die mehrdimensionale Modellierung einer Lernepisode

Die mehrdimensionale Modellierung einer Lernepisode wurde für die Konzepte Interessen, Emotionen, Lern- und Kontrollstrategien[22] empirisch überprüft. Angenommen wurde, dass Interesse und Emotionen mit Lern- und Kontrollstrategien in Beziehung stehen. Diese Annahme wurde an einer Stichprobe von 295 Erwerbspersonen aus dem kaufmännisch-verwaltenden Bereich im Rahmen des Wirtschaftsmodellversuchs „Selbstorganisiertes Lernen älterer Erwerbspersonen und arbeitsplatzbezogenes Lernen im Bereich EDV" (SELA)[23] überprüft.[24] Von den befragten Personen hatten 20 % einen Hauptschul-, 34 % einen Realschul- und 46 % einen höheren Schulabschluss; 26 % waren weiblich und 59 % waren über 40 Jahre alt.

---

[21] Information als intern repräsentierte Umgebungsbedingungen und/oder aktiviertes Wissen.

[22] Die zu erwerbende Information konnte in dieser Untersuchung nicht erhoben werden.

[23] Der vom Bundesministerium für Bildung, Wissenschaft, Forschung und Technologie (BMBWFT) geförderte Modellversuch wird durchgeführt vom Institut für Wissenschaftstransfer und Personalentwicklung (IWP) im Bildungszentrum der Wirtschaft im Unterwesergebiet und wissenschaftlich begleitet von der Forschungsgruppe *LOS* (*L*ernen, *O*rganisiert & *S*elbstgesteuert) der Universität Bremen.

[24] In die Analyse gingen Instrumente mit einer durchschnittlichen erklärten Varianz von 69 % und Faktorladungen ≥ 0.40 ein.

An dieser Stichprobe konnte das folgende lineare Modell mit dem Programm „Linear Structural Relationship, Version 8" (LISREL 8) rekonstruiert werden (vgl. Abb. 11). LISREL ermöglicht, strukturelle Beziehungen zu überprüfen, die zwischen latenten Variablen (= Konstrukten) und deren Indikatoren bzw. zwischen mehreren, durch Indikatoren beschriebenen latenten Variablen angenommen werden. Anhand von Kennwerten, die das Programm LISREL liefert, kann die Güte des überprüften Modells beurteilt werden. Des Weiteren sind die Stärke und Richtung der angenommenen Beziehungen berechenbar.

Für die latente Variable „Interessen" wurden die Indikatorvariablen „Interesse am Gegenstand" und „Interesse am Vorgehen" herangezogen und entsprechend für die latente Variable „Emotionen" die Indikatorvariablen „Langeweile", „Freude" und „Ärger". Für die latenten Variablen „Strategien" und „Kontrolle" wurden die Indikatorvariablen „Aneignen", „Organisieren" und „Planen" sowie „metakognitive Strategien" in die Modellprüfung aufgenommen. Zur Berechnung der Zusammenhänge zwischen den Konstrukten und der Modellanpassung wurden Korrelationskoeffizienten eingegeben.

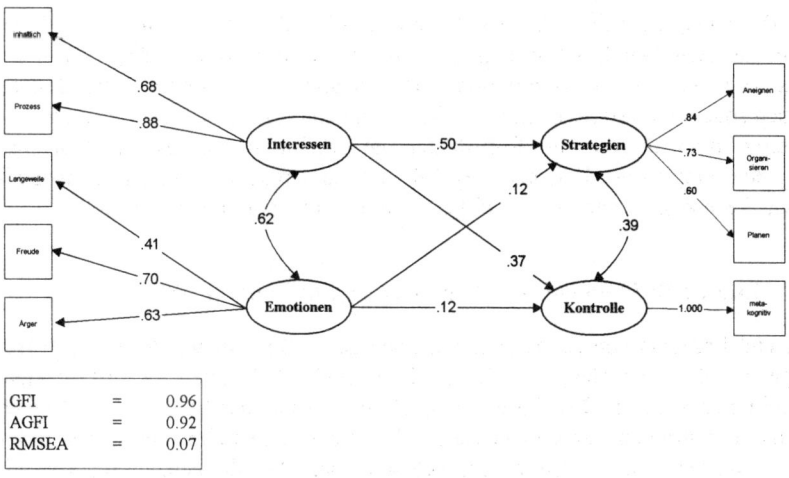

Abb. 11: Beziehungen zwischen Interesse, Emotionen, Strategien und Kontrolle

Der GFI (Goodness of Fit) und der AGFI (Adjusted Goodness of Fit) geben das Ausmaß an Varianz an, die durch das Modell erklärt wird. Die Werte können in den Grenzen zwischen 0 und 1 liegen. Ein Wert nahe 1 verweist auf eine gute und 0 auf keine Anpassung. Der RMSEA (Root Mean Square Error of Approximation) ist ein Maß für die Differenz zwischen den eingelesenen Korrelationen und den Korrelationen, die auf der Grundlage des geschätzten Modells berechnet wurden. Ein RMSEA nahe 0 verweist auf eine gute Anpassung des Modells an die eingegebenen Daten.

Die in der obigen Abbildung wiedergegebenen Kennwerte lassen eine gute Passung des Strukturmodells mit den eingegebenen Daten erkennen. Im einzelnen wurde ein relativ hoher Zusammenhang zwischen Interessen und Emotionen (.62) und ein geringer zwischen Lern- und Kontrollstrategien (.39) ermittelt. Der Gebrauch von Lernstrategien und die Kontrolle des Lernens scheinen einerseits bis zu einem gewissen Grad als Einheit gesehen zu werden, was durch den gemeinsamen Varianzanteil von etwa 15 %[25] ausgedrückt wird. Andererseits sind 85 % der Varianz auf andere Quellen zurückzuführen. Der weit höhere gemeinsame Varianzanteil von etwa 38 % von Interessen und Emotionen steht im Einklang mit den Annahmen des Münchner Interessenkonzepts. Ihm zufolge sind Interessen nicht nur gegenstandsspezifisch und wertbezogen, sondern auch durch eine „emotionale Tönung" gekennzeichnet (Krapp 1992).

Die Beziehung zwischen Interessen, Lern- (.50) und Kontrollstrategien (.37) ist höher als zwischen Emotionen und Lern- und Kontrollstrategien (jeweils .12). Dies lässt vermuten, dass Emotionen im Kontext einer „normal" verlaufenden Lernepisode tendenziell implizit wirken, während Interessen eher explizit zur Geltung kommen. Alles in allem deuten die Ergebnisse an, dass die Modellierung eine empirische Entsprechung hat und Lernepisoden von einem dynamischen Wechselspiel der zuvor entfalteten Dimensionen getragen werden.[26]

5   Interne Bedingungen des Lernens (kognitiver Bereich)

Ziel und Ergebnis von Lernen sind nachhaltige Veränderungen der internen Bedingungen des Handelns,[27] die Lernende ausschließlich durch eigenes Handeln herbeiführen können. Das Zusammenspiel von Lernen und Lehren muss deshalb auf die angestrebten Lernergebnisse als die gemeinsamen Handlungsziele ausgerichtet werden. Dafür dürfte es hilfreich sein, sich über die gemeinsamen Handlungsziele verständigen zu können. Im Folgenden werden deshalb knapp und

---

[25] Berechnet aus $0,39^2$ x 100.
[26] Die hier beschriebenen aktuellen Vollzüge beim Lernen unter dem Blickwinkel nachhaltiger Veränderungen interner Bedingungen sind eine Seite. Wird aber zudem angestrebt, dass diese internen Bedingungen nicht im Zustand von Trägheit verharren, sind auch die aktuellen Vollzüge beim Anwenden des Erlernten zu beschreiben (vgl. beispielsweise Straka 2001 b)
[27] Wegen der Zentralität der Bedingungen Handeln und Information beschränken wir uns hier vorläufig auf den kognitiven Bereich.

beispielhaft fünf Klassen kognitiver Lernziele bzw. Lernergebnisse beschrieben und einige Merkmale von Information, Wissen, Arten von Wissen und Wissensstrukturen dargestellt.

5.1 Fünf Hauptkategorien von Lernergebnissen (Gagné, Briggs & Wager)

Gagné & Briggs (1974), Gagné (1977) und Gagné, Briggs & Wager (1988) unterscheiden fünf Klassen („Hauptkategorien") möglicher Lernergebnisse, die sie als *Fähigkeiten* (capabilities) kennzeichnen:

(1) *Intellektuelle Fertigkeiten* (intellectual skills) ermöglichen es dem Individuum, auf der Grundlage symbolisch-begrifflicher Repräsentationen seiner Umgebung – also mittels Informationen – intern (rein verstandesmäßig) und ohne unmittelbaren Bezug zu seiner realen Umgebung zu handeln (Handlungsebene 1).

(2) *Kognitive Strategien* sind Fähigkeiten[28], die es Handelnden erlauben, ihr auf Informationen gerichtetes Lernen, Erinnern und Denken zu steuern. Die meisten der alltäglich auftretenden kognitiven Strategien sind bereichsspezifisch, d. h. auf spezifische Handlungs- und Wissensbereiche beschränkt. Nur wenige kognitive Strategien sind allgemeinerer, bereichsübergreifender Art. Beispiele dafür sind Strategien des Schlussfolgerns oder der Induktion (Handlungsebene 2).

(3) *Verbale Informationen* kennzeichnen die Fähigkeit, Informationen (Fakten, Ideen usw.) sprachlich formulieren und Gegenstandsbereiche beschreiben zu können[29] (Handlungsebene 1).

(4) *Motorische Fertigkeiten*[30] umfassen interne Bedingungen, die es ermöglichen, Bewegungen in Form organisierter motorischer Akte auszuführen (Handlungsebene 1).

(5) *Einstellungen* (attitudes) sind interne, überdauernde Zustände, welche die Wahl einer auf Objekte, Personen oder Ereignisse bezogenen Handlung eines Individuums beeinflussen (Gagné 1977, Gagné & Briggs 1974, Gagné, Briggs & Wager 1988) (Handlungsebene 2).

---

[28] Mit Fähigkeiten werden solche internen Bedingungen des Handelns bezeichnet, die es ermöglichen, bestimmte Handlungen immer wieder ausführen zu können (Beispiele sind die Fähigkeit, Begriffe zu verwenden, Probleme zu lösen, Sachverhalte präzise darzustellen).

[29] Vgl. hierzu auch „Daten und Information".

[30] Während Fähigkeiten im Allgemeinen Grundlagen komplexer Handlungen kennzeichnen, bezieht sich der Begriff Fertigkeit mehr auf das Verhalten als auf den psychomotorischen Anteil des Handelns. Wie das Beispiel „Addieren ungleichnamiger Brüche" zeigt, werden die Konstrukte „Fähigkeit" und „Fertigkeit" als theoretische Begriffe für direkt nicht beobachtbare interne Bedingungen immer noch auf der Ebene des aktuellen Handelns bzw. Verhaltens und deren beobachtbaren Anteilen beschrieben und präzisiert.

Beispiel: Die intellektuelle Fertigkeit „Addieren ungleichnamiger Brüche" soll erlernt werden (= Lehrziel). Dies setzt intellektuelle Fertigkeiten wie „Gleich-namigmachen ungleichnamiger Brüche" und „Zerlegen in Primfaktoren" voraus (Eigler & Straka 1978). Darüber hinaus wird der Lernende zumindest eine neutrale Lerneinstellung mitbringen müssen. Zum Aufbau der intellektuellen Fertigkeit „Addieren ungleichnamiger Brüche" sind ferner kognitive Strategien (etwa Strategien, wann welche (vorauszusetzende) intellektuelle Fertigkeiten einzusetzen ist), verbale Informationen (z. B. die Werte der ungleichnamigen Brüche (= Daten)) und motorische Fertigkeiten (z. B. den Gang der Addition und die Lösung aufschreiben zu können) erforderlich.

Aus diesem Beispiel geht zugleich hervor, dass in einer einzigen Lernepisode simultan vielfältige Klassen interner Bedingungen und damit Klassen von Lernergebnissen angestrebt werden können – nicht nur Wissen und emotionale oder motivationale Dispositionen, sondern auch verschiedene Arten von Fertigkeiten. Gagné, Briggs & Wager (1988, S. 49) sagen deshalb, dass im Unterricht Fähigkeiten aufgebaut werden, „which cut across the „content" of courses".

5.2 Information – Wissen – Arten des Wissens – Wissensstrukturen

Bei der Klärung unseres Informationsbegriffs haben wir stillschweigend auf den Begriff *Wissen* zurückgegriffen, ohne diesen Begriff zu erläutern. Dies soll hier nachgeholt werden. Was ist Wissen? Von Weizsäcker (1974, S. 348) sagt: „Wissen ist stets Wissen, das *jemand von etwas* hat" (Hervorhebung d. V.). Wissen hat also einen „Besitzer", Wissen ist etwas, das jemand haben kann, und als sein Besitz dürfte es von einiger Dauerhaftigkeit sein. Und Wissen ist Wissen von etwas anderem (oder über etwas anderes). Letzteres verweist auf den Zusammenhang zur Information, die ja auch Information über etwas ist. Der *Unterschied* ist nur: *Information ist noch kein dauerhafter Besitz, sondern eine aktuelle und flüchtige Konstruktion. Der Zusammenhang zwischen Information als der aktuellen Form und Wissen als der dauerhaften Form* lässt sich in zwei Richtungen präzisieren. In der Richtung Wissen → Information ist *Information die aktualisierte Form des Wissens,* das jemand von etwas hat. In der Richtung Information → Wissen ist Information die aktuelle Form des Wissens, das jemand in der Auseinandersetzung mit seiner Umgebung neu erwerben möchte. In dieser Variante des Zusammenhangs ist *Information die Quelle neuen Wissens und ein Maß für den Zuwachs an Wissen.* Diese eher metaphorisch (an der Metapher „Besitz, den jemand hat") illustrierten Unterschiede und Zusammenhänge zwi-

---

[31] Der Einfachheit halber haben wir die Begrifflichkeit von Gagné u. a. beibehalten. Auf Dauer ist diese Begrifflichkeit mit Hilfe unserer Kategorien Handlung, Handlungsgegenstand (Tylermatrix) und Handlungsebenen zu interpretieren und zu präzisieren. Die letzte Bemerkung zu Fähigkeiten und „content of courses" fordert darüber hinaus, aus unserer Sicht des Verhältnisses von Handeln und Wissen auch das Verhältnis von Wissen und Können (Fähigkeiten und Fertigkeiten) vertiefend zu diskutieren.

schen Information und Wissen wollen wir in der Sprache von Information und Handeln noch etwas vertiefen.

Information als Verstandenes haben wir als aktuelle Konstruktion des Handelns dargestellt, die wesentlich von den Vorerfahrungen, den bestehenden Begriffen und dem Vorwissen des Handelnden bestimmt wird. Insofern gibt es keine „isolierte" aktuelle Information und als deren überdauernde, dauerhaft verfügbare Form auch kein isoliertes Wissen. Wissen als dauerhaft verfügbare Form aktuell konstruierter Information ist deshalb nicht nur subjektives Wissen, sondern immer in unterschiedlichen Kontexten individuell und höchst idiosynkratisch interpretiertes, bewertetes und eingeordnetes Wissen. Die Kontexte können Relevanzkriterien umfassen – wie beispielsweise wichtig/unwichtig oder neu/bekannt –, aber auch individuelle Erfahrungen, die Handelnde gemacht haben und die für ihr weiteres Handeln bedeutsam sind. Integriert werden neue Informationen in das je individuelle Wissen im aktuellen Handeln mittels Verarbeitungsstrategien des Aneignens, des Strukturierens, des Elaborierens und gegebenenfalls des Wiederholens; *jede Art bzw. Form des Wissens ist ein handelnd erzeugtes, relativ dauerhaft verfügbares internes Zustandssystem, das als „Wissen über etwas" auf ein Drittes verweist* (Macke 1978). In analoger Weise dürfte im aktuellen Vollzug strukturiertes Verhalten (als Komponente des Handelns) zu Fertigkeiten bzw. Fähigkeiten führen, eine aktuelle Motivation sich zum Motiv verfestigen, aktuelles Interesse zur Interessendisposition (Krapp 1992) und erlebte oder gelebte Emotionen zu emotionalen Dispositionen in Form von Gefühlshaltungen (Goller 1992) werden.[32]

Einige Kennzeichen, die den *Status von Wissen* ganz allgemein charakterisieren, sind in der folgenden Übersicht noch einmal zusammengestellt:

Wissen ist stets ...

- Wissen, das jemand von etwas hat;
- ein Produkt individuellen Handelns (des Verstehens);
- eine subjektive, idiosynkratische Konstruktion (individuell Verstandenes);
- ausgewählt, interpretiert, reflektiert, bewertet;
- geordnet, verknüpft, vernetzt;
- relativ dauerhaft;
- im Handeln aktualisierbar, verwendbar und darstellbar (enaktiv, ikonisch, symbolisch);
- veränderbar;
- über Verständigung (Interaktion und Kommunikation) sozial gestützt.

---

[32] Beim Aufbau dauerhafter Motive und emotionaler Dispositionen dürfte das implizite Lernen bedeutsamer sein als beim Erwerb von Wissen und Fähigkeiten.

Wissen, das jemand von etwas hat, kann in vielfältiger Weise klassifiziert werden. Beispielsweise kann man *Arten des Wissens* nach dem *Handlungstyp* unterscheiden, mit dessen Hilfe es erworben wurde (durch individuell gemachte Erfahrungen, durch Lesen, durch Beobachten, durch Nachahmen usw.) und nach den *Gegenstandsbereichen*, auf die es sich bezieht (Wissen über die Welt (Weltbild), Wissen über die eigene Person (Selbstbild), Wissen über das eigene Handeln (Handlungswissen) usw., Straka & Macke 1979). Das durch seine Gegenstandsbereiche gekennzeichnete Wissen (Wissen über etwas) lässt sich in Anlehnung an Anderson (1995) weiter durch die Wissensformen deklaratives und prozedurales Wissen differenzieren. *Deklaratives Wissen* über Gegenstandsbereiche ist Wissen, das die Gegenstände und ihre Eigenschaften beschreibt. Als *Wissen* über den Gegenstandbereich *Welt* umfasst es beispielsweise Eigenschaften von Materialien oder Finanzierungsarten (= Daten). *Prozedurales Wissen* über Gegenstandsbereiche ist Wissen darüber, wie man im jeweiligen Gegenstandsbereich handeln kann oder wie die Gegenstandsbereiche durch Handeln verändert werden können. Ein Dachdecker weiß zum Beispiel, wie er mittels Temperatur (erzeugt durch den Föhnautomaten) und Druck (erzeugt mit einer von ihm geführten Rolle) Plastikfolien verschweißt, um Flachdächer abzudichten (Straka & Zschüntzsch 1999). Eine Bankauffrau weiß, wie sie beim Eröffnen eines Privatkontos vorgehen muss (Straka, Lang & Lange, 2000). Prozedurales Wissen ist Bestandteil von Fachkompetenz und von Modellen über die Außenwelt, es steuert und reguliert konkretes, situiertes Handeln.[33]

Auch *Wissen über sich selbst* umfasst beide Anteile: *Deklaratives* Wissen ist das Bild, das jemand von sich selbst hat (= Selbstbild). Dieses Wissen geht beispielsweise in die Erwartungskomponente des Interesses ein. *Prozedurales* Wissen umfasst etwa explizites bzw. implizites Wissen über Lern- und Kontrollstrategien als Prozesskomponenten individueller Handlungskompetenz. Es geht in das Können ein.

Ob und wie Wissen aktualisiert wird, also *verhaltenswirksam* wird, wird von kognitiven (kognitive Fähigkeiten), motivationalen und emotionalen Elementen des Handelns bestimmt, dürfte aber auch damit zusammenhängen, in welcher Form das Wissen konstruiert ist und welche *strukturellen Eigenschaften* den Formen und der Organisation des Wissens zukommen (semantische Netze, Begriffsnetze, Wissensstrukturen).

---

[33] Vgl. „Operatives Abbildungssystem" bei Hacker 1998.

Wissen als die überdauernde Form aktueller Information kann auch durch *strukturelle Eigenschaften* gekennzeichnet werden, die sowohl der Information als auch dem Wissen zukommen. Information als Verstandenes wird durch Verknüpfen mit schon Verstandenem – also mit aktualisiertem Wissen – erzeugt. Insofern ist Information immer in Strukturen eingebunden und hat dementsprechend strukturelle Eigenschaften, die im Prozess des Verstehens erzeugt werden und somit auch dem Wissen als überdauernder Form zukommen. Strukturen können beschrieben werden durch Art und Anzahl ihrer Elemente und Art und Anzahl der Beziehungen zwischen den Elementen. Daraus ergeben sich strukturelle Eigenschaften wie Grad der Komplexität und der Vernetztheit (einschließlich der Frage nach dem Vorhandensein freier Elemente), Klarheit, Transparenz und Dynamik einer Struktur (Dörner 1976).

6 Interaktion und Kommunikation als Bedingungen des Zusammenspiels von Lernen und Lehren

Bislang haben wir Lernen und Lehren unabhängig voneinander als Handeln betrachtet. Zu klären bleibt noch, wie Lernen und Lehren in aktuellen Handlungssituationen (Lern-Lehr-Situationen) zusammenspielen. Welches sind die Bedingungen des Zusammenspiels? Wie kann das Zusammenspiel gestaltet werden? Wie lassen sich die Bedingungen und die Gestaltungsprinzipien des Zusammenspiels handlungsleitend darstellen?

Ziel des Zusammenspiels ist ja, Lernende zu einem Handeln anzuregen, dessen nachhaltige Folgen die gewünschten Veränderungen ihrer internen Bedingungen sind. Wir gehen nach wie vor davon aus und sind aufgrund unserer Konzeption entgegen aller technologisch orientierten Didaktikkonzeptionen davon überzeugt, dass das Zusammenspiel von Lernen und Lehren in allen Bildungseinrichtungen – vom Kindergarten über Schule und Hochschule zur Erwachsenenbildung – von Lehrenden gestaltet werden wird. Zwar werden sich Lehrende auf unterschiedliche und sich wandelnde Rollen einstellen müssen, die mit veränderten Unterrichtsformen und interaktiveren Methoden des Lehrens einhergehen, aber *trotz* aller notwendigen Veränderungen und vor allem gerade *wegen* Multimedia werden Handlungssubjekte unserer Überzeugung nach eine zunehmend wichtigere Stellung in allen Bildungseinrichtungen einnehmen. Im Zentrum des Zusammenspiels von Lernen und Lehren werden handelnde Subjekte stehen, die mittels kommunikativem, interaktivem und sozialem Handeln das Zusammenspiel gemeinsam und möglichst selbstbestimmt gestalten werden. Insofern werden reale soziale Interaktionen und Kommunikation die zentralen Bedingungen des Zusammenspiels sein. Die einfachste Form des Zusammenspiels ist die dyadische Interaktion. An ihr lassen sich die Grundvorstellungen über das Zusammenspiel und seine Bedingungen am besten entwickeln.

6.1 Miteinander Handeln (Interaktion)

In *sozialen Handlungssituationen* wird das emotional-motivational unterlegte und von Erleben begleitete Wechselspiel von Information und Handeln durch mehrere handelnde Personen bestimmt, die ihre je eigenen Handlungsziele verfolgen und die Situation je individuell interpretieren. In einer dyadischen Situation, in der in einem vorgegebenen Kontext bzw. Rahmen zwei Personen (Person A und Person B) aufeinander bezogen handeln, kann folgende Interaktion ablaufen:

B will verreisen. A bringt B zum Bahnhof. Beide haben sich verabschiedet. B ist in den Zug eingestiegen und hat das Abteilfenster geöffnet. Der Zug setzt sich in Bewegung. B winkt A zu. A läuft neben dem sich beschleunigenden Zug her und winkt zurück. Der Zug wird schneller. B beugt sich heftiger winkend aus dem Abteilfenster hinaus. A zieht ein weißes Taschentuch aus der Tasche und winkt damit zurück, bis B nicht mehr zu sehen ist.

Im Kontext der beschriebenen Handlungssituation wollen wir nur die beobachtbaren Verhaltensanteile des Handelns näher betrachten und emotionale Aspekte (beispielsweise Abschiedsschmerz) oder motivationale Aspekte (z. B. die Absicht, den Abschied erleichtern zu wollen) des Handelns ausklammern. Die beobachtbaren wechselseitigen Aktionen bzw. Reaktionen von A und B ergeben eine Abfolge wechselseitig aufeinander bezogener Verhaltensweisen:

- Der Zug setzt sich in Bewegung und B winkt.
- A winkt neben dem Zug herlaufend zurück.
- B winkt mit zunehmendem Abstand immer heftiger und lehnt sich dabei immer weiter aus dem Abteilfenster hinaus.
- A unterstützt sein Winken mit einem weißen Taschentuch, bis B nicht mehr zu sehen ist.

Die Verkettung der beschriebenen, aufeinander folgenden und aufeinander bezogenen Verhaltensweisen ergibt eine *dyadische Interaktion*, die durch drei Merkmale gekennzeichnet werden kann:

- Inter*aktion* bedeutet, dass die beobachtbaren Verhaltensweisen von A und B aufeinander bezogen sind und sich so eine fortlaufende Verkettung zwischen dem Verhalten von A und dem Verhalten von B ergibt. Solche Verkettungen des Verhaltens von zwei Personen werden oft in der Form von *Trajektorien*[34] dargestellt.

- Die *Inter*aktion, die Verbindung zwischen den Aktionen, kommt dadurch zustande, dass die beteiligten Personen den jeweils anderen und dessen Aktionen beobachten und jeweils gemäß ihrer Beobachtungen und deren Interpretation reagieren (gegenseitiges Beobachten des Verhaltens als verbindendes Glied).

- Letztlich liegt der *Interaktion* also ein *Prozess der Informationsbildung* zugrunde: Die Beteiligten interpretieren das wahrgenommene Verhalten (= die Daten) des jeweils anderen, bilden also Information, die sie zur Steuerung ihres Verhaltens heranziehen. Natürlich sind Informationsbildung und Verhalten davon abhängig, wie die Beteiligten die Situation erleben und wie sie die Handlungssituation insgesamt sehen.

Die folgende Skizze möge die dyadische Interaktion und die ihr zugrunde liegenden informationsbildenden Prozesse noch einmal veranschaulichen:

Person A	Person B
„Winkt"	
	Wahrnehmen des „Winkens"
	Interpretieren des „Winkens"
	(= Informationsbildung)
	„Läuft und winkt"
Wahrnehmen des „Laufen und Winkens"	
Interpretieren des „Laufen und Winkens" (= Informationsbildung)	
„Winkt heftiger und lehnt sich hinaus"	
	Wahrnehmen des „Heftigen Winkens" usw.

Tab. 5: Skizze einer dyadischen Interaktion

---

[34] Trägt man in die weiter unten folgende Skizze (Tab. 5) einer dyadischen Interaktion Pfeile ein, die die Abfolge von Aktion und Reaktion markieren, erhält man ein Beispiel für eine Trajektorie.

Am konkreten Beispiel wird noch einmal deutlich, wie Handeln und Information zusammenhängen:

• Handelnde verfügen nur über die Information, die sie handelnd selbst erzeugen (semantischer Aspekt).

• Handelnde gebrauchen ihre Information, um ihr Handeln zu steuern (pragmatischer Aspekt).

• Handelnde erzeugen folglich einen ununterbrochenen *Kreisprozess zwischen Information und Handeln*: Handeln erzeugt Information, die erzeugte Information steuert das Handeln einschließlich des damit verbundenen emotional-motivationalen Erlebens.

Für *dyadische Interaktionen*, bei denen ausschließlich *nicht-sprachliches Verhalten* betrachtet wird, lässt sich der in einen Handlungsrahmen eingebettete *Kreisprozess von Verhalten und Information* in einem Schaubild darstellen, das wir später zur Verständigung über Kommunikation weiter differenzieren wollen.

Dyadische Interaktion als wechselseitig aufeinander bezogenes beobachtbares Verhalten von zwei Personen umfasst zwei unverzichtbare Elemente:

• zum einen die *beobachtbaren Verhaltensweisen* der beteiligten Personen;

• zum anderen die auf der Grundlage gegenseitigen Beobachtens *gebildete Information über das Verhalten* des jeweils anderen, die die jeweils folgende Verhaltensentscheidung beeinflusst;

• das begleitende *Erleben*, das hier noch ausgeklammert wird.

Auch der betrachteten Form einer dyadischen Interaktion liegt letztlich ein *Kreisprozess* zwischen Handeln und Information zugrunde (vgl. Abb. 12):

• Betont wird der *Verhaltensaspekt* dieses Kreisprozesses, also das wechselseitig aufeinander bezogene beobachtbare Verhalten und die daraus entstehende Verkettung von Verhalten.

• Aufrecht erhalten wird der Kreisprozess mittels *Information*, die auf der Grundlage gegenseitigen Beobachtens des Verhaltens gebildet und zur jeweiligen Verhaltensentscheidung herangezogen wird.

- Die Informationsbildung wird davon bestimmt, wie die beteiligten Personen ihre Beobachtungen und die Situation interpretieren, d. h. in welchen Handlungsrahmen sie das beobachtbare Verhalten einbetten.

6.2 Interaktion und Kommunikation

Komplizierter werden die Verhältnisse, wenn zum nichtsprachlichen *sprachliches Verhalten* hinzu kommt, das Handeln also explizit der Kommunikation[35] dienen soll. Kommunikation als Prozess soll wechselseitige Verständigung herbeiführen, was auf *zweierlei Weise* möglich ist:

- zum einen durch *nichtsprachliches Verhalten*, indem die mittels Körpersprache übermittelten Signale und die darauf aufbauenden Informationsbildungen „auf den Begriff" gebracht werden und sprachliche Verständigung herbeigeführt wird;

- zum anderen mittels *sprachlichen Verhaltens*, indem Verstandenes und die Begriffe, unter denen jeweils verstanden wird, so lange wechselseitig überprüft und korrigiert werden, bis Verständigung erzielt ist.

Die Zusammenhänge zwischen Interaktion und Kommunikation lassen sich am einfachsten anhand einer Differenzierung unseres Grundmodells dyadischer Interaktion darstellen:

---

[35] Eine begriffliche Klärung mag eine Besinnung auf die lateinischen Wurzeln des Begriffs bringen. Es bedeuten: *communio*: Gemeinschaft; *communico*: etwas gemeinsam machen, vereinigen, zusammenlegen; jemandem etwas mitteilen, jemanden an etwas teilnehmen lassen, etwas mit jemanden gemeinsam haben; *communicatio*: Mitteilung, Gewährung, Verbindung; *communicare*: eine Mitteilung machen, mitteilen, etwas gemein (-sam) machen, vereinigen, in Verbindung stehen. Diese begrifflichen Wurzeln weisen darauf hin, dass *im Kreisprozess zwischen Information und Handeln (Verhalten) etwas zur gemeinsamen Sache* gemacht werden soll, nämlich Information als Verstandenes und Erzeugtes.

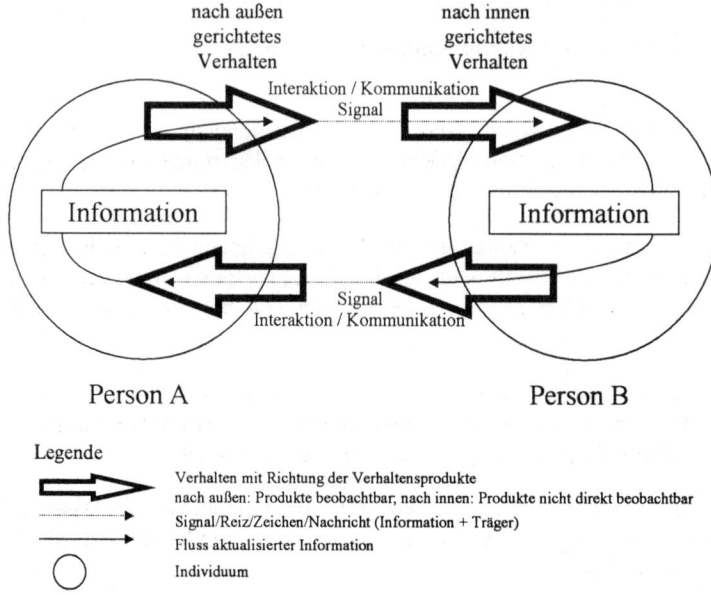

Abb. 12: Grundmodell von Interaktion und Kommunikation

- Wird der *Verhaltensaspekt* des dargestellten Kreisprozesses betont, also das wechselseitig aufeinander bezogene Verhalten und die daraus entstehende Verkettung von Verhalten, dann beschreibt der Kreisprozess eine soziale *Interaktion*. In diesem Fall dient die Kommunikation der Interaktion.

- Wird dagegen der *Informationsaspekt* des Kreisprozesses thematisiert, d. h. die wechselseitig aufeinander bezogenen Prozesse der Informationsbildung und der Informationserzeugung, dann beschreibt der Kreisprozess menschliche *Kommunikation*. In diesem Fall dient die Interaktion – sei sie nun sprachlich oder nicht-sprachlich – der Kommunikation.

- Interaktion und Kommunikation sind – wie Handeln und Information – *zwei Seiten einer Medaille*: Die eine Seite der Medaille ist Handeln bzw. Interaktion, die andere Seite ist Information bzw. Kommunikation. Ist Information Mittel zum Miteinander Handeln, sprechen wir von Interaktion, ist Handeln das Mittel zum Miteinander Reden, sprechen wir von Kommunikation.

6.3   Miteinander Reden (Kommunikation)

Nachdem das *Allgemeine* in seinen Umrissen skizziert ist – jedenfalls in der Form allgemeiner *Begriffe (Information und Handeln)* und in der Form allgemeiner *Zusammenhänge (Interaktion und Kommunikation)* – wollen wir die Vorstellungen darstellen, die Schulz von Thun (1992) darüber entwickelt hat, wie wir miteinander reden sollten. Diese Vorstellungen sind geeignet, unsere Sicht von Information und Kommunikation zu ergänzen und ein Stück weit handlungsleitend zu differenzieren.

Schulz von Thun schlägt vor, zwischenmenschliche Kommunikation als „Miteinander Reden" zu verstehen. In seiner Sprache formuliert werden sprachlich kodierte (= zeichengebundene) *Nachrichten* (= das Gesprochene) gesendet und empfangen. Jede Nachricht umfasst für ihn simultan vier Arten von Botschaften (Mitteilungen). In unserer Sprache formuliert: Jede Nachricht kann nach Schulz von Thun unter vier verschiedenen Begriffen Information erzeugen:

* unter dem Begriff *„Sachinhalt"* (Über welche *Sache* reden die Beteiligten?);
* unter dem Begriff *„Selbstoffenbarung"* (Was sagen die Beteiligten *über sich selbst?*);
* unter dem Begriff *„Beziehung"* (Wie sehen die Beteiligten ihre *Partner und die Beziehung zu ihnen?*);
* unter dem Begriff *„Appell"* (Was wollen die Beteiligten *bewirken?*).

Obgleich Schulz von Thun den Begriff Information nicht expliziert, zeigt seine Begrifflichkeit, dass er den Informationsbegriff in unserem Sinn verwendet:

* Der Begriff *„Nachricht"* kennzeichnet den *syntaktischen* Aspekt von Information.
* Die Begriffe *„Sachinhalt"*, *„Selbstoffenbarung"* und *„Beziehung"* bieten Möglichkeiten, wie der *semantische* Aspekt von Information durch Informationserzeugung unter verschiedenen Begriffen differenziert werden kann.
* Der Begriff *„Appell"* hebt den *pragmatischen* Aspekt von Information hervor.

Schulz von Thun ist nun der Meinung, dass jede Nachricht simultan (mindestens) vier Botschaften (oder Mitteilungen) umfasst, weil die individuelle Informationsbildung (mindestens) unter den vier genannten Begriffen erfolgen kann. Diesen Sachverhalt veranschaulicht er auf der Seite des *Senders* durch ein Modell des *Nachrichtenquadrats* mit den vier Seiten *Sachinhalt, Selbstoffenbarung, Beziehung* und *Appell* und analog auf der Seite des *Empfängers* durch das Modell des *Vierohrigen Empfängers* mit den entsprechenden Ohren.

Schulz von Thuns Überlegungen regen dazu an, Information als Verstandenes und Erzeugendes beim Miteinander Reden entsprechend differenziert zu behandeln und menschliche Kommunikation aus der Sicht des Senders und der des Empfängers jeweils simultan unter den vier genannten Gesichtspunkten zu analysieren:

- Wie hat der *Sender* die vier Botschaften seiner gesendeten Nachricht ursprünglich verstanden? (Welches Verständnis *möchte* er beim Empfänger erzeugen?)
- Wie versteht der *Empfänger* die vier Botschaften der empfangenen Nachricht? (Welches Verständnis wird beim Empfänger *tatsächlich* erzeugt?)
- Welche *Verständigungsprobleme* entstehen dadurch, dass Information als Verstandenes und Erzeugendes als sprachgebundene Nachricht übermittelt werden muss? (syntaktische Ebene)

Verständnis und Absicht des *Senders* veranschaulicht Schulz von Thun durch sein *Nachrichtenquadrat* als gesendete Nachricht:

SACHINHALT

Worüber ich informiere

SELBSTOFFENBARUNG

Ich-Botschaft
Was ich von mir selbst kundgebe

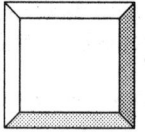

APPELL

Wozu ich Dich veranlassen möchte

BEZIEHUNG

Du-Botschaft: Was ich von Dir halte
Wir-Botschaft: Wie wir zueinander stehen

Abb. 13: Nachrichtenquadrat nach Schulz von Thun (1992)

Das Verstehen seitens des *Empfängers* und die beim Empfänger erzeugte Information veranschaulicht er durch das Bild des „*vierohrigen Empfängers*":

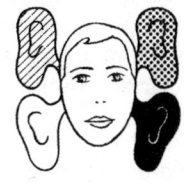

Selbstoffenbarungs-Ohr		Sach-Ohr
Was ist das für eine/r?		Wie ist das zu verstehen?
Beziehungs-Ohr		Appell-Ohr
Du-Botschaft:		Was will er/sie von
So eine/r bin ich also?		mir?
Wir-Botschaft:		
So stehen wir zueinander?		

Abb. 14: Vierohriger Empfänger nach Schulz von Thun (1992)

6.4 Zusammenfassung: Wie Lernen und Lehren zusammenspielen

Die Zusammenfassung wollen wir unter die Frage stellen: „Was haben Interaktion und Kommunikation mit Lehren und Lernen zu tun?" Die Frage zielt auf das *Zusammenspiel von Lehren und Lernen,* dessen *Bedingungen* wir unter dem Gesichtspunkt der *Information* und unter dem der *Kommunikation* zusammenführen wollen.

Lehren als Handeln mit dem Ziel, Lernen als Handeln anzuregen und zu unterstützten, ist angewiesen auf ein gelingendes Zusammenspiel von Lehren und Lernen, also auf Handeln, auf Information, auf Interaktion und auf Kommunikation. In diesem allgemeinen Rahmen zielt das Zusammenspiel auf die ganze Person der Handelnden und somit auf die Persönlichkeitsentwicklung.

Allerdings ist wohl unstrittig, dass in unserem bestehenden Bildungssystem – besonders unter der Perspektive der sich formierenden Informations- bzw. Wissensgesellschaft –, das Zusammenspiel von Lehren und Lernen in seinem Kern darauf gerichtet ist, beim Lernenden *Information als Verstandenes zu erzeugen,* die dann zu *relativ dauerhaft verfügbarem Wissen* werden soll. In dieser Sichtweise kommen die semantische, die pragmatische und die syntaktische Dimension von Information ins Spiel:

*   Die *semantische,* weil aktuelles Verstehen und Verständnis erzeugt werden sollen;
*   Die *pragmatische,* weil dauerhaftes Verstehen und Verständnis sowie die Verfügbarkeit des Wissens im Handeln als beabsichtigte Wirkungen angestrebt werden;
*   Die *syntaktische,* weil weder die aktuellen noch die dauerhaften Wirkungen ohne Zeichen als Vehikel zu erzielen sind.

Das Zusammenspiel von Lehren und Lernen, das im Miteinander Handeln und Reden auf *gemeinsame Handlungsziele* auszurichten ist, kann ohne Interaktion und Kommunikation nicht gelingen. *Verstehen*, zu dem Lernende angeregt werden sollen, *bedarf der gegenseitigen Verständigung* darüber, ob das Verständnis des Lernenden angemessen, vollständig, fehlerfrei ist und dem Verständnis entspricht, das der Lehrende erzeugen wollte:

- Der *Lehrende* muss überprüfen, ob das vom Lernenden *aktuell Verstandene* der Information entspricht, die *er* erzeugen wollte, und ob das vom Lernenden *dauerhaft aufgebaute Wissen* angemessen organisiert und verfügbar ist.

- Der *Lernende* muss sich vergewissern, ob *sein aktuelles Verstehen* dem vom Lehrenden angestrebten Verständnis entspricht und ob er sein Wissen dementsprechend organisiert hat.

Insofern kommt unter lern-lehr-theoretischen Gesichtspunkten dem *Feedback (der Rückmeldung) zwischen Lehrenden und Lernenden* eine wichtige Funktion zu, sowohl bezogen auf die semantische (aktuelles Verstehen) als auch auf die pragmatische Dimension (dauerhaftes Wissen) der in Kommunikationsprozessen jeweils erzeugten Information.

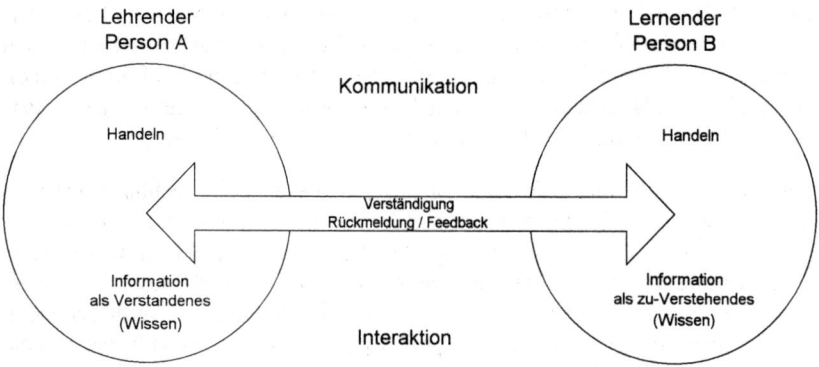

Abb. 15: Bedingungen des Zusammenspiels von Lehren und Lernen

Die genannten Bedingungen und die Zusammenhänge zwischen ihnen sind in der obigen Abbildung noch einmal veranschaulicht. In den beiden folgenden Kapiteln wird genauer danach gefragt, nach welchen Prinzipien das Zusammenspiel gestaltet werden sollte und welche professionellen Werkzeuge Lehrenden als Mittel der Gestaltung verfügbar sind.

7   Das Zusammenspiel von Lernen und Lehren gestalten

Didaktische Fragestellungen sind solche nach dem Zusammenspiel von Lehren und Lernen. An dieser Stelle lautet die Frage: Wie kann das Zusammenspiel im Rahmen von Lehrveranstaltungen so gestaltet werden, dass es möglichst effektiv zu den gemeinsamen Handlungszielen führt – nämlich dem Erreichen der angestrebten Lernziele? Welche Funktionen müssen Lehrende dabei erfüllen? Solche Funktionen herauszuarbeiten, zu beschreiben, zu erläutern und als Leitlinien für die Gestaltung von Lern-Lehr-Prozessen fruchtbar zu machen, ist Aufgabe der Didaktik. Im Folgenden werden daher als begrifflicher Rahmen zunächst die Begriffe „Funktion", „Didaktik" und „didaktische Funktion" umrissen. Dann werden vor dem Hintergrund unseres Ansatzes einige didaktische Funktionen herausgearbeitet und beispielhaft danach systematisiert, wie das Zusammenspiel von Lehren und Lernen in seinem zeitlichen Verlauf zu gestalten ist.

7.1   Funktion – Didaktik – Didaktische Funktion

Der Begriff *Funktion* hat seine Wurzel im lateinischen Wort „functio", das mit „Verrichtung" übersetzt wird. Wenn Menschen, Maschinen, Organisationen usw. Funktionen erfüllen, etwas verrichten sollen, müssen sie tätig werden und etwas leisten: Verkehrsmittel *transportieren* Menschen oder Güter von einem Ort A zu einem Ort B, Ärzte *heilen* Krankheiten, Polizisten *schaffen Ordnung*, Juristen *sprechen Recht*, Kraftwerke *erzeugen Strom* usw.

Was soll nun Lehren verrichten? *Was* soll Lehren leisten? Auf der Ebene der in den genannten Beispielen angesprochenen allgemeinen Funktionen – Güter transportieren, Krankheiten heilen usw. – bietet sich unter einem lern-lehr-theoretischen Blickwinkel als allgemeine Funktion von Lehren an: Lehren soll *Lernen ermöglichen.*

Wie dies geleistet werden kann, *wie* also eine Funktion erfüllt werden kann, ist erst zu beantworteten, wenn möglichst genau beschrieben ist, was geleistet werden soll. Wie die sehr allgemeine Funktion *Lernen ermöglichen* genau beschrieben werden kann, welche Teilfunktionen ausgegliedert, wie sie geordnet und wie die genauer bestimmten Funktionen dann erfüllt werden können, sind Fragestellungen der Allgemeinen Didaktik und – bereichsbezogen – der Fachdidaktiken.

Das Wort *Didaktik* leitet sich vom griechischen Wort „didáskein" her, das sowohl mit Lehren oder Unterrichten als auch mit Lernen (oder belehrt werden, unterrichtet werden) übersetzt werden kann. Dieser doppelten Sichtweise wird die Auffassung gerecht, dass sich Didaktik mit dem *Zusammenspiel von Lehren und Lernen* befasst, die *allgemeinen Bedingungen* dieses Zusammenspiels untersucht (Handeln, Information, Wissen, Interaktion, Kommunikation) und der Frage nachgeht, wie das Zusammenspiel *konkret gestaltet* werden kann. Dazu sind die jeweils *speziellen Bedingungen* des Zusammenspiels (die Ziele und Gegenstände (Inhalte), das Lehrhandeln, die Lehrformen, die Medien und Lernaufgaben) zu planen und zu realisieren.[36]

Die bisher genannten Bedingungen des Zusammenspiels ergeben einige Aspekte, wie sich das Zusammenspiel von Lehren und Lernen konkret gestalten lässt, und entsprechende *Prinzipien der Gestaltung:*[37]

(1) Miteinander Handeln (Interaktion)
(2) Miteinander Reden (Kommunikation)
(3) Auf Ziele ausrichten (Handlungs-, Lehr-, Lernziele)
(4) Am Thema halten (Sachaspekt der Kommunikation)
(5) Den Ablauf gestalten (Klassischer Dreischritt)
(6) Zyklen durchlaufen (Phasen des Lernens)
(7) Die Interaktionsmuster wechseln (Einatmen – Ausatmen)
(8) Virtuell entlasten
(9) In größere Einheiten einbetten / Auf Abschlussprüfungen ausrichten

Aufgrund der bisherigen begrifflichen Vorklärungen können *didaktische Funktionen* als „Verrichtungen" bestimmt werden, die das Zusammenspiel von Lehren und Lernen regeln. Didaktische Funktionen herauszuarbeiten und zu präzisieren bedeutet demnach, Lehrveranstaltungen als Orte des Lehrens *und* des Lernens aufzufassen und zu überlegen, wie Lehren als *Bedingung von Lernen zu gestalten* und das *Zusammenspiel so zu regeln* ist, dass *Lernen ermöglicht* wird. Welches professionelle Handwerkzeug Lehrenden dabei zur Verfügung steht (Lehrziele als Kombination von Inhalten und Verhalten, Lehrhandlungen, Medien, Lernaufgaben und Lehrformen), wird später skizziert. Zunächst geht es darum, am Beispiel des Gestaltungsprinzips „den Ablauf gestalten" exemplarisch zu erläutern, welche didaktischen Funktionen zu erfüllen sind, um den zeitlichen Verlauf des Zusammenspiels zu gestalten.

7.2 Den Ablauf gestalten (klassischer Dreischritt)

In der didaktischen Literatur ist eine Vielzahl von Varianten zu finden, Lehren auf Lernen als zeitlich erstrecktes Handeln und auf Phasen, die im Verlauf des

---

[36] Es existieren unterschiedlich weite Begriffsbestimmungen von Didaktik als Wissenschaft. Wir wollen hier der weitesten Auffassung folgen, die Didaktik als Wissenschaft vom Lehren und Lernen in allen Formen und auf allen Stufen von Bildung und Erziehung versteht.
[37] Zu diskutieren wäre noch die Frage, in welchen Stufen des Bildungssystems die genannten Aspekte mit welchem Gewicht relevant sind. Eine solche stufenspezifische Diskussion wollen wir in diesem allgemeinen Rahmen jedoch nicht führen.

Lernens unterschieden werden können, zu beziehen. Natürlich ist nach unseren Vorstellungen Lernen als spezifischer Typ des Handelns in einen kontinuierlichen, ununterbrochenen Handlungsstrom eingebettet. Alle Versuche, Verlaufsformen und Phasen zu definieren, sind deshalb „künstliche" Markierungen im Handlungsstrom, die analytischen und oder gestalterischen (didaktischen) Zwecken dienen. Eine einfache und einleuchtende Markierung im Strom des Handelns, die mit unserem Handlungsbegriff verträglich ist (vgl. 2.1), ergibt sich aus der Vorstellung, dass Lernen als Handeln an einem bestimmten Punkt interner Bedingungen des Handelns beginnt – also einen Ausgangspunkt hat –, dass das Handeln eine von gegebenen Bedingungen und Interaktionen bestimmte Verlaufsform hat, und dass das Lernhandeln an einem neuen Punkt interner Bedingungen endet – also zu einem (allerdings meist vorläufigen) Endpunkt führt.[38] Wenn Lehren auf diese Grundvorstellung von Lernen bezogen wird, ergibt sich ein dreischrittiges Muster zur Gestaltung des Zusammenspiels von Lernen und Lehren. Es wird in der didaktischen Literatur als *Klassischer Dreischritt* mit den Schritten „Einstieg", „Arbeitsphase" und „Abschluss" bezeichnet.

Aus der Zuordnung der Schritte des „Klassischen Dreischritts" zum Muster Ausgangspunkt – Handlungsverlauf – Endpunkt des Lernhandelns wird die allgemeine didaktische Funktion der Schritte unmittelbar deutlich:

* Der *Einstieg* hat die Funktion, den geplanten Ausgangspunkt des Lernens zu sichern.
* In der *Arbeitsphase* geht es darum, eine das Lernen anregende und unterstützende Handlungssituation bereitzustellen.
* Dem *Abschluss* kommt die Aufgabe zu, den intendierten Endpunkt des Lernens zu sichern.

Weitere didaktische Funktionen, die Lehren jeweils zu erfüllen hat, lassen sich am einfachsten durch Fragen ermitteln: Was muss ich leisten? Was will ich erreichen? Was kann ich tun? Welche Fragen im einzelnen gestellt und welche didaktischen Funktionen unterschieden werden können, soll hier für den „Klassischen Dreischritt" beispielhaft durchgespielt werden.

Um die *didaktischen Funktionen eines Einstiegs* zu ermitteln, sind mindestens drei Fragen zu beantworten:

---

[38] Früher haben wir im Anschluss an Gagné (1973) in diesem Zusammenhang vom Lernprozess gesprochen. Inzwischen sind wir der Auffassung, dass die dem Lernen zugrunde liegenden Veränderungsprozesse, die vom Handlungsverlauf gesteuert werden, der Ebene der neurologischen Korrelate der internen Bedingungen zuzuordnen sind.

- *Wo* stehen wir? (Sichern des für das angestrebte Lernhandeln geplanten *Ausgangspunkts*)

- *Was* wollen wir erreichen? (Frage nach den gemeinsamen *Zielen*, die am Ende des Dreischritts erreicht sein sollen)

- *Wie* wollen wir die gemeinsamen Ziele erreichen? (Frage nach dem *Vorgehen* in der Arbeitsphase)

Die Fragen beziehen sich also auf die zu sichernde Ausgangslage und auf die Orientierung nach vorn (gemeinsame Ziele, Vorgehen). Die Antworten führen zu didaktischen Funktionen wie Ermitteln, Aktivieren, Orientieren, Motivieren, Legitimieren und Anbahnen, die ein Einstieg mindestens erfüllen sollte:

- *Ermittelt* werden müssen beim Einstieg in eine Lehrveranstaltung die internen Handlungsbedingungen der Teilnehmenden (= Lernvoraussetzungen wie Vorkenntnisse, Fähigkeiten, Interessen, Motive, emotionale Dispositionen bzw. Kompetenzen). Im Einzelfall kann es erforderlich sein, eine Verständigung über die vom Lernenden erwarteten Lernvoraussetzungen herbeizuführen.

- Vorwissen, Fähigkeiten, Interessen, aber auch Motive und emotionale Dispositionen bzw. Kompetenzen, auf denen aufgebaut werden soll, müssen *aktiviert* werden, wenn Lernhandlungen Teil einer umfassenderen Folge von Lernschritten sind, die mehrere Sitzungen umfassen. Dazu werden relevante Vorkenntnisse angesprochen, Zusammenhänge zu den bisher behandelten Themen hergestellt, Anknüpfungspunkte für die folgenden Lernhandlungen deutlich gemacht und Hinweise für angemessene Einordnungen bereitgestellt etc.

- *Orientieren* nach vorn bedeutet, über Lehrziele bzw. Inhalte und Intentionen sowie das Vorgehen zu informieren. Dies kann dadurch erfolgen, dass eine thematische Übersicht gegeben wird und Zusammenhänge zwischen Teilthemen hergestellt werden. Lehrziele können in Teillehrziele aufgelöst, geordnet und in größere Zielzusammenhänge eingeordnet werden. Das Vorgehen kann hinsichtlich der Lehrformen unter thematischen und sozialen Gesichtspunkten erläutert werden.

- *Motivieren* erfordert, das Lernhandeln auf Ziele auszurichten, Interesse an den Themen und der Art des Vorgehens beim Bearbeiten zu wecken bzw. den möglichen Gewinn des Lernens anzusprechen. Darüber hinaus sind Handlungssituationen zu schaffen, die das Handeln der Lernenden in Gang bringen und aufrecht erhalten.

- *Legitimieren* erfordert, die Bedeutsamkeit und Relevanz von Themen, angestrebten Zielen und Vorgehensweisen zu ihrer Realisierung zu begründen und in den Kontext weiterführenden Lernens einzuordnen.

- *Anbahnen* sozialer Handlungsbedingungen bedeutet, für die Arbeitsphase günstige Interaktionsbedingungen wie Gruppenstruktur, Sozialbeziehungen und Klima der Interaktion und Kommunikation vorzubereiten.

Die *didaktischen Funktionen der Arbeitsphase* sind darauf ausgerichtet, Lernen als Handeln zu ermöglichen. Es geht also hauptsächlich um folgende Fragen:

- *Wie* kann das erwünschte Handeln angeregt, in Gang gebracht und aufrecht erhalten werden?
- *Wie* kann das Handeln unterstützt werden?
- *Wie* kann das Handeln so gelenkt werden, dass die Handlungsziele tatsächlich erreicht werden?

Anregen, Unterstützen und Lenken des Handelns der Lernenden als didaktische Funktionen der Arbeitsphase bedeuten im einzelnen:

- *Anregen* lässt sich das Handeln, indem Impulse gegeben werden oder Handlungssituationen in Form von Aufgabenstellungen, Problemsituationen, Fragestellungen oder Arbeitsaufträgen bereitgestellt werden, die zu konkreten (Teil-) Handlungen (Interaktionen und Aktivitäten) führen.

- *Unterstützen* lässt sich das Handeln von Lernenden, indem man ergebnis- und prozessorientierte Hilfen bietet, an Vorkenntnisse, Ziele und Hilfsmittel erinnert und gezielt weiter helfende Anregungen bietet (Teilergebnisse, Teillösungen). Darüber hinaus kann man auffordern, das bisher Erreichte zusammenzufassen, man kann auf übersehene Zusammenhänge hinweisen, Schwierigkeiten überwinden helfen, bei Missverständnissen klärend eingreifen usw. Lob und Ermutigung halten die Lernbereitschaft ebenso aufrecht wie Rückmeldungen über den Stand des Erreichten und den verbliebenen Weg zum Ziel und darüber, wie die erarbeiteten Teilergebnisse einzuordnen und zu bewerten sind.[39]

---

[39] Vgl. dazu auch die Unterscheidung von Aufgaben, Lehrhandlungen usw. in Abschnitt 8.

- *Lenken* lässt sich Lernhandeln, indem man geeignete Lehrformen als Sozial- und Arbeitsformen organisiert und die Aktivitäten der Lernenden moderiert, also das Vorgehen klärt, Alternativen anspricht, an Teil- bzw. Zwischenziele erinnert, Lösungswege zeigt, auf mögliche Fehler hinweist bzw. auftretende Fehler korrigiert und die Aufmerksamkeit und die Aktivitäten immer wieder auf die gemeinsamen Ziele ausrichtet.

Fragen, die auf *didaktische Funktionen des Abschlusses* zielen, lauten:

- *Wo* haben wir begonnen? (Frage nach dem Ausgangspunkt)
- *Was* haben wir getan? (Frage nach dem Vorgehen)
- *Was* haben wir erreicht? (Frage nach den erzielten Lernergebnissen)
- *Wie* soll (kann) es weitergehen? (Frage nach dem anschließenden Lernen)

Diese Fragen führen zu didaktischen Funktionen wie Abschließen, Sichern, Festigen, Überprüfen, Rückmelden, Bewerten und Öffnen:

- Lernen *abzuschließen* heißt, die Ergebnisse zusammenzuführen, das Erarbeitete zusammenzufassen, zentrale Ergebnisse zu wiederholen und in Zusammenhänge bzw. Kontexte einzuordnen.

- *Sichern* der Zielerreichung erfordert über das Abschließen des Lernprozesses hinaus, das Gelernte zu vertiefen und in ersten Anwendungen zu festigen.

- Zu *überprüfen* ist in jedem Fall, ob das Gelernte richtig, vollständig, sicher, genau und vollständig ist.

- Über den Grad der Zielerreichung sollten Lernende immer und unmittelbar *Rückmeldung* erhalten.

- Lernergebnisse sollten stets *bewertet* werden.

- Lernen zu *öffnen* bedeutet, das Erreichte in den Fortgang des Lernens einzuordnen. Geeignet sind Hinweise auf mögliches Weiterlernen (z. B. ergänzende oder vertiefende Lektüren), auf Anwendungen und Transfermöglichkeiten, auf offene oder ergänzende Fragestellungen, auf abweichende Theorien und Untersuchungsergebnisse, auf Handlungskontexte für das Gelernte. Insgesamt sollte das Öffnen dazu anregen, das Lernen in möglichst viele und auch verschiedene Richtungen fortzuführen.

8 Formen des Zusammenspiels – Werkzeuge in der Hand der Lehrenden

Das Zusammenspiel von Lernen und Lehren als Verständigung der Handelnden untereinander zu gestalten, müssen Lehrende über interaktiv-kommunikative Kompetenzen, über lern-lehr-theoretisches Professionswissens und über fach-, domänen- bzw. „Lernfeld"-spezifisches Wissen verfügen. Dazu gehören ein Repertoire an Lehrhandlungen, die typisch für Lehren als Handeln und für den Lehrberuf sind, der kompetente Umgang mit Medien und Lernaufgaben und der zielorientierte Einsatz von Lehrformen im Sinne von *Werkzeugen*, mit deren Hilfe das Zusammenspiel interaktiv-kommunikativ gestaltet werden kann.

Lehrhandlungen können motorisch (vormachen), mimisch (zustimmendes Lächeln bei einer ungewöhnlichen Antwort), sprachlich-verbal (Lehrervortrag) oder schriftsprachlich (etwas an die Tafel schreiben) akzentuiert sein. Auswahl und Einsatz von Lehrhandlungen werden durch die Funktion bestimmt, die sie im Zusammenspiel des Lernens und Lehrens erfüllen sollen (vgl. 7.2). Ein großer Teil der Handlungen von Lehrenden hat *moderierenden* Charakter. Lehrende übermitteln in potentiell lernförderlicher Absicht eine Vielzahl von Nachrichten, etwa Hinweise, was bei einer Aufgabenstellung zu beachten ist, prozess- und ergebnisorientierte Hilfen bei „offensichtlichen" Schwierigkeiten der Lernenden, Aufforderungen an die Mitlernenden, sich ruhig zu verhalten und andere beim Bearbeiten gestellter Aufgaben nicht zu stören. Sie stellen Fragen, geben Impulse, bewerten Aufgabenlösungen oder geben in anderer Form Rückmeldungen.

Lehrhandlungen können durch *Medien* unterstützt werden. Medien sind in unserem Verständnis Mittel der Verständigung und Hilfsmittel dafür, dass das Zu-Verstehende verstanden wird (die gewünschte Information erzeugt wird). Insofern erweitert der Einsatz von Medien das Handlungsrepertoire der Lehrenden. So kann ein Sachverhalt als Film, als Abfolge von Bildern, als Graphik oder als Strukturgraph etc. dargestellt werden. Medien können darüber hinaus so gestaltet werden, dass eine „künstliche" Umwelt für Lernen entsteht, in der vielfältige Lehrfunktionen realisiert sind. Medien und „Neue Medien" („informationstechnische" Medien) ermöglichen es inzwischen, Wissen in Formen zu kodieren, die ohne diese Werkzeuge nicht erreichbar wären. Allerdings hängt es ausschließlich vom kompetenten Handeln der Lernenden ab, ob und wie diese Möglichkeiten genutzt werden![40]

Aufgaben, die Lehrende Lernenden stellen, sind ein weiteres Werkzeug, das Zusammenspiel von Lehren und Lernen zu regeln und auf die Ziele und deren Er-

---

[40] Auf eine weitergehende Unterscheidung von Medienfunktionen soll an dieser Stelle verzichtet werden. Vgl. etwa Tulodziecki & Straka 1998, Stöckl 2000, Straka & Stöckl 1997.

reichen auszurichten. Aufgaben enthalten eine Aufgabenstellung bzw. einen Arbeitsauftrag, Angaben zur Ausgangssituation des Handelns, zum angestrebten Handlungsergebnis und Hinweise dazu, wie und auf welchem Wege der Handelnde von der Ausgangssituation zu einem Ergebnis (einer Lösung der Aufgabe) kommen kann. Aufgaben regen Lernende zum Handeln an und dazu, die im Handeln aktualisierten und konstruierten internen Bedingungen für sich als Lernergebnisse dauerhaft verfügbar zu machen. Aus der Sicht der Lehrenden ist eine gestellte Aufgabe also eine *potentielle Lernaufgabe* – verbunden mit dem Appell an die Lernenden, sie zu *ihrer* Lernaufgabe zu machen. *Aufgaben bilden Lernziele ab.* Ihre Bearbeitung soll die angestrebte Veränderung der internen Bedingungen herbeiführen (deswegen potentielle Lernaufgaben). *Überprüfungsaufgaben* haben diagnostische Funktion; mit ihrer Hilfe soll überprüft werden, ob und in welchem Umfang die gemeinsamen Ziele – Lehrziele bzw. Lernziele – erreicht wurden. Lern- und Überprüfungsaufgaben müssen sich nicht voneinander unterscheiden (Schott et al. 1981, Straka 1983).

Die Handlungsmöglichkeiten, die die Werkzeuge Lehrhandlungen, Medien und Lernaufgaben für das Gestalten des Zusammenspiels von Lehren und Lernen eröffnen, können zu sehr unterschiedlichen Formen und Mustern kombiniert werden, in denen Lehrende und Lernende miteinander kommunizieren und interagieren. Solche Kombinationsformen sind etwa ein Lehrervortrag, das Bearbeiten potentieller Lernaufgaben, das gemeinsame Problemlösen in Kleingruppenarbeit oder der „fragend-entwickelnde Unterricht". Solche Kombinationsformen der Elemente Lehrhandlung, Medium und Lernaufgabe mit je spezifischen Kommunikations- und Interaktionsmustern fassen wir unter dem Begriff *Lehrform* zusammen.[41] Ist dabei Information Mittel zum Miteinander Handeln, steht also der soziale Aspekt im Vordergrund, sprechen wir von einer *Sozialform*. Ist Handeln das Mittel zum Miteinander Reden, steht also die Information im Mittelpunkt, sprechen wir von einer *Unterweisungs- bzw. Instruktionsform.*

Die Gestaltung der genannten vier Elemente und ihre wechselseitige Abstimmung erfolgt auf der Grundlage der gemeinsamen Handlungsziele von Lehrenden und Lernenden (der *Lehr-, Lern- oder Bildungsziele*). Die Lehrformen nennen wir dann lern-lehr-theoretisch begründet, wenn sie auf begründeten Vorstellungen vom Zusammenspiel des Lernens und Lehrens beruhen. Der allgemeine Orientierungsrahmen ist in der folgenden Abbildung *Lern-Lehr-Theorie* wiedergegeben:

---

[41] In früheren Abhandlungen haben wir den Begriff Sozialform verwendet, der jetzt eine Teilmenge der Lehrformen bezeichnet.

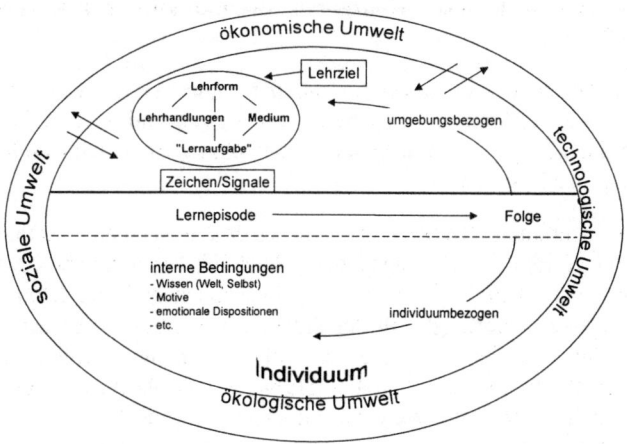

Abb. 16: Lern-Lehr-Theorie

Das Bearbeiten einer „Lernaufgabe" und die im Rahmen einer Lernepisode erzielten Ergebnisse[42] können in zweifacher Hinsicht Handlungsfolgen haben: für die Lernenden eine nachhaltige Veränderung ihrer internen Bedingungen, für die Lehrenden eine Revision seiner Lehrform nach Inhalt und Anordnung der Elemente. Beispielsweise kann ein Lehrender aus Ergebnis und Art des Bearbeitens einer „Lernaufgabe" schließen, dass die „Passung" (Heckhausen 1969) der Aufgabe an die Lernvoraussetzungen der Schüler/innen nicht angemessen war. Er wird dann die Schüler/innen eine andere Aufgabe wählen lassen oder ihnen eine andere Aufgabe stellen. Oder er wird sich sogar für eine andere Lehrform entscheiden – beispielsweise für Gruppenarbeit statt Unterweisung.

Die Funktion *professionellen Lehrens* ist es also, seine Lehrformen so auszuwählen und einzusetzen, dass das Zusammenspiel von Lernen und Lehren den Lernenden hilft, die angestrebte Lernepisode zu durchlaufen und die angestrebten Lernergebnisse zu erreichen. Diese Mikroperspektive des Lern-Lehr-Zusammenhangs schließt jedoch nicht aus, dass der Zusammenhang von „Kräften" mitbestimmt wird, die von der sozialen, ökonomischen, technologischen und ökologischen Umwelt ausgehen.

---

[42] Kein Ergebnis kann auch ein Ergebnis sein.

9 Wie lässt sich unser Konzept in die didaktische Diskussion einordnen?

In diesem Abschnitt wollen wir abschließend noch skizzieren, wie sich unser Konzept in die Tradition didaktischer Überlegungen und in die Diskussion darüber einordnen lässt, wodurch Didaktik zur Wissenschaft wird und was sie als Wissenschaft zu leisten habe.[43]

Das bislang entfaltete Konzept hat von seiner allgemeinen Struktur her (nicht jedoch vom gewählten Ausgangspunkt „Handeln" her und schon gar nicht von seiner systematischen Begründung als Zusammenspiel handelnder Personen her!) eine große Nähe zu der in der didaktischen Tradition so genannten „Allgemeinen Unterrichtslehre". Diese versucht, „allgemeine Lerntheorien und Methodenschemata zu entwerfen" (Klafki 1964, S. 54). Allerdings genügen solche Entwürfe nicht „erziehungswissenschaftlichen Ansprüchen", wenn sie isoliert erfolgen. „Vor allem sollte – welcher Terminologie man sich auch immer bedienen mag – die Unterscheidung der auf das „Wozu" und das „Was" der Lehre und des Unterrichts bezogenen von den auf das „Wie" und „Womit" gerichteten Überlegungen festgehalten werden: Methodische Erwägungen setzen immer schon didaktische voraus und haben an ihnen ihr Kriterium; insofern gilt der Satz *vom Primat der Didaktik gegenüber der Methodik.* Das bedeutet jedoch nicht, dass methodische Folgerungen einfach aus didaktischen Entscheidungen abgeleitet werden können; erstere müssen vielmehr auf letztere hin entworfen werden und erfordern folglich eine besondere Phantasie" (Klafki 1964, S. 54; Hervorhebung d. V.).

Eine ausgewogenere Position zur Frage, was Didaktik denn sei, vertritt Jürgen Diederich – ein Schüler Klafkis: „Didaktisches Denken vollzieht sich (...) und wird zu Didaktik, wenn Erziehung durch Unterricht ergänzt wird. Allgemeine Didaktik als Wissenschaft untersucht dieses Denken systematisch und kritisiert es. Oft wird als didaktische Frage nur angesehen, *wie* etwas „beigebracht" werden kann. Allgemeine Didaktik fragt zuvor, *was* gelehrt werden soll. Beide Fragen ins rechte Verhältnis zu setzen ist eines der klassischen Probleme der Didaktik" (Diederich 1988, S. 7).

Es wird deutlich, dass unsere bisher vorgetragenen Überlegungen auf die *„Frage nach dem Wie"* konzentriert sind. Die *„Frage nach dem Was"* haben wir bisher nur implizit durch unsere Begrifflichkeit und unsere Argumentation berührt. Explizit und systematisch haben wir sie noch nicht diskutiert. Sie kann allerdings indirekt auch aus dem Geltungsbereich der jeweils vorgestellten Ansätze erschlossen werden. Beispielsweise geht es Ausubel darum, eine klare, stabile, gut

---

[43] Vgl. dazu Fußnote 1.

organisierte Wissensstruktur aufzubauen. Demgegenüber betonen Bruner und Roth stärker den Prozess – genauer den Problemlöseprozess –, über den nicht nur Problemlösefähigkeiten, sondern auch die Bereitschaft, sich lernend mit Problemen auseinander setzen zu wollen, und bereichsbezogenes Wissen aufzubauen sind. Aebli geht es um beide Bereiche, nämlich um den Aufbau von Handlungen, Operationen und Begriffen.

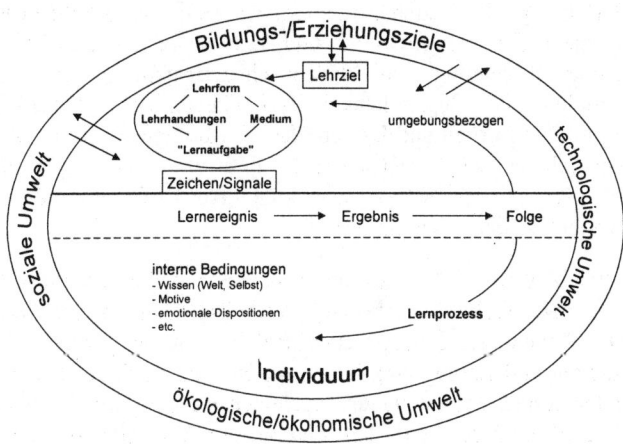

Abb. 17: Lern-lehr-theoretische Didaktik

Die Frage danach, was gelernt werden soll, ist nur ein Aspekt der „Frage nach dem Was". Eine weiterer Aspekt, der in der Tradition der didaktischen Diskussion einen weitaus größeren Raum eingenommen hat, ist die Frage nach Kriterien, mit deren Hilfe begründet werden kann, warum das eine gelernt werden soll und das andere nicht (Problem der Auswahl von und der Entscheidung zwischen Lehr-, Lern- und Bildungszielen). Dieser Aspekt von Didaktik erlaubt es, sowohl Brücken zu Bildungstheorien bzw. zu anthropologischen Leitvorstellungen zu schlagen als auch zu professionellem pädagogischen Handeln auf Handlungsebene 3 unseres Drei-Ebenen-Modells (vgl. 3.1). Bei Ausubel und Bruner sind oberstes Kriterium und Leitbild Menschen, die ihr Wissen und Können in für sie neuen Situationen eigenständig einsetzen können. Vergleichbare Vorstellungen liegen den Ansätzen „Anchored Instruction", „Cognitive Apprenticeship" und der „Gestaltung problemorientierter Lernumgebungen" zugrunde. Hier ist das Leitbild der Experte, der in bestimmten Bereichen neue Herausforderungen sachkundig und eigenständig zu bewältigen vermag.

Wird – wie zuvor ausgeführt – Didaktik als Wissenschaft und Lehre vom Lehren und Lernen (Klafki 1964) verstanden, dann lassen sich diesem Verständnis sowohl die zuvor genannten lerntheoretisch ausgerichteten Ansätze zuordnen als auch jene, die in der Tradition bundesdeutschen didaktischen Denkens meist nur allgemeinste Ziele oder Kriterien angeben. Typische Beispiele sind das Hamburger Modell oder Klafkis bildungstheoretische bzw. kritisch-konstruktive Didaktik. Schulz (1980) unterscheidet in seiner Perspektivplanung die Intentionen „Kompetenz, Autonomie und Solidarität", die mit den Themen „Sach-, Gefühls- und Sozialerfahrung" in Beziehung zu bringen sind. Bei Klafki (1991) führen die Fragen nach der „Gegenwarts- und Zukunftsbedeutsamkeit" sowie der „exemplarischen Bedeutung" zur „thematischen Struktur". Von ihr schlägt er über das Problem der „Zugänglichkeit bzw. Darstellbarkeit" die Brücke zum Zusammenspiel von Lernen und Lehren, das im Mittelpunkt dieser Monographie steht. Dabei gilt es zu berücksichtigen, dass die von Klafki und Schulz verwendeten Kategorien selbst wiederum Ausdruck kulturell-historischer Bedingungen und Machtverhältnisse sind.

Dieser Sachverhalt ist in Abb. 17 im Außenkreis durch Bildungs- und Erziehungsziele, soziale, technologische und ökologisch-ökonomische Umwelt symbolisiert. Der Außenkreis definiert einen Rahmen, in den jegliches Zusammenspiel von Lehren und Lernen eingebettet ist. Bei uns ist dieser Rahmen implizit im auf Verstehen und Verständigung angelegten Handeln der Beteiligten und im Handlungsbegriff angelegt, auf den sich unsere Vorstellungen gründen. Der Handlungsbegriff ist nicht nur Ausgangspunkt für die systematische Entfaltung unseres Ansatzes, sondern zugleich auch bildungstheoretisch und pädagogisch-anthropologisch fundierte Leitvorstellung für das, was aus Lernenden werden und im Zusammenspiel Handelnder Gestalt annehmen soll. Er steht stellvertretend für das von uns noch nicht ausgeführte Menschenbild, das ein Stück weit in unserem Drei-Ebenen-Modell des Handelns sichtbar gemacht wurde und das für alle Handelnden – für Lernende und Lehrende – gelten soll. Die Hierarchisierung der Handlungsebenen hat präskriptiven Charakter und bringt zum Ausdruck, dass Handeln – sowohl professionelles Handeln von Lehrenden als auch selbst verantwortetes und selbst gesteuertes, also möglichst professionelles Handeln zunehmend autonomer Lernender – nicht nur konkretes Handeln im Zusammenspiel von Lehren und Lernen sein sollte, sondern sich auch dadurch auszeichnen sollte, dass es *methodisches Handeln und begründetes Handeln* ist. Diese Begründungen sind sowohl lern-lehr-theoretisch (Welche Bedingungen bestimmen das Zusammenspiel von Lernen und Lehren? Wie ist das Zusammenspiel zu gestalten?) als auch anthropologisch-bildungstheoretisch zu leisten (Was ist der Mensch? (Kant) Was soll aus ihm werden und wie ist es zu leisten? (H. Roth)).

Im Kontext wissenschaftlicher Didaktik lassen sich drei Arten von Begründungen unterscheiden: *Beschreibende bzw. deskriptive*, die nachweisliche Zusammenhänge zwischen Lernen und Lehren angeben; *vorschreibende bzw. präskriptive*, die bei einem gegebenem Lehrziel angeben, welches Lehrarrangement zu realisieren ist um die Lernhandlungen auszulösen, die mit hoher Wahrscheinlichkeit zum angestrebten Lernergebnis beitragen; *bildungstheoretische bzw. normative*, die als richtig anerkannten Grundsätze bzw. Wahrheiten, die keines Beweises bedürfen, ausgehen und Lehrarrangements empfehlen.

Hier schließt sich nunmehr der Kreis: Unser Ausgang, die *Frage nach dem Wie* vom Handeln der am Zusammenspiel von Lernen und Lehren aus zu bearbeiten, markiert durch die Art, wie wir die Frage bearbeitet haben, zugleich, was aus dem Lernenden werden soll: Ein unter den institutionellen Bedingungen des Lehrens und Lernens *heranwachsender, möglichst autonom und professionell Handelnder*, dessen Autonomie und Professionalität auch außerhalb der Bedingungen, unter denen er sie erworben hat – also in Berufs- und Arbeitswelt –, tragfähig sind, weil er beispielsweise im erlebten Zusammenspiel das *Lernen lernen* professionell erworben hat und auf *Lebenslanges Lernen* gut vorbereitet ist.

Literatur

Aebli, H. (1987). *Zwölf Grundformen des Lehrens. Eine allgemeine Didaktik auf psychologischer Grundlage.* Stuttgart: Klett-Cotta.

Anderson, J. R. (1995). *Learning and memory: an integrated approach.* New York: Wiley.

Atkinson, J. W. (1964): *An introduction to motivation.* New York: Van Nostrand.

Ausubel, D. P. (1968). *Educational psychology. A cognitive view.* New York: Holt, Rinehart and Winston.

Bateson, G. (1972). *Steps to an ecology of mind.* New York: Ballantine.

Baumert, J., Köller, O., Lehrke, M. & Brockmann, J. (2000). Anlage und Durchführung der Dritten Internationalen Mathematik- und Naturwissenschaftsstudie zur Sekundarstufe II (TIMSS/III) – Technische Grundlagen. In J. Baumert, W. Bos und R. Lehmann (Hrsg.), *TIMSS/III. Dritte internationale Mathematik- und Naturwissenschaftsstudie.* Band I. Opladen: Leske + Budrich.

Becker, D., Oldenbürger, H.-A. & Piehl, J. (1987). Motivation und Emotion. In G. Lüer (Hrsg.), *Allgemeine experimentelle Psychologie*. Stuttgart: Fischer. S. 431-470.

Boekaerts, M. (1999). Self-regulated learning: where are we today. *International Journal of Educational Research*, 31, 445-457.

Bruner, J. S. (1974). *Entwurf einer Unterrichtstheorie*. Berlin: Berlin-Verlag.

Deci, E. L. (1975). *Intrinsic motivation*. New York: Wiley.

Diederich, J. (1988). *Didaktisches Denken: Eine Einführung in Anspruch und Aufgabe, Möglichkeiten und Grenzen der allgemeinen Didaktik*. München: Juventa.

Dörner, D. (1976). *Problemlösen als Informationsverarbeitung*. Stuttgart: Kohlhammer.

Eigler, G. & Straka G. A. (1978). *Mastery learning, Lernerfolg für jeden?* München: Urban & Schwarzenberg.

Ewert, O. (1983). Ergebnisse und Probleme der Emotionsforschung. In H. Thomae (Hrsg.), *Theorien und Formen der Motivation*. Serie IV der Enzyklopädie der Psychologie, Bd. 1. Göttingen: Hogrefe. S. 397-452.

Gagné, R. M. (1973). Die Bedingungen menschlichen Lernens. Hannover: Schroedel.

Gagné, R. M. (1977³). *The conditions of learning*. New York: Holt, Rinehart and Winston.

Gagné, R. M. & Briggs, L. J. (1974). *Principles of instructional design*. New York: Holt, Rinehart and Winston.

Gagné, R. M., Briggs, L. J. & Wager, W. W. (1988). *Principles of instructional design*. New York: Holt, Rinehart and Winston.

Goller, H. (1992). *Emotionspsychologie und Leib-Seele-Problem*. Stuttgart: Kohlhammer.

Hacker, W. (1998). *Allgemeine Arbeitspsychologie*. Bern: Huber.

Heckhausen, H. (1969). *Allgemeine Psychologie in Experimenten*. Göttingen: Hogrefe.

Heckhausen, H. & Rheinberg, F. (1980). Lernmotivation im Unterricht, erneut betrachtet. *Unterrichtswissenschaft*, 8, 7-47.

Huber, F. (1972). *Allgemeine Unterrichtslehre*. Bad Heilbrunn: Klinkhardt.

Klafki, W. (1964). Didaktische Analyse als Kern der Unterrichtsvorbereitung. *Die deutsche Schule*. 5-34.

Klafki, W. (1991). *Neue Studien zur Bildungstheorie und Didaktik: Zeitgemäße Allgemeinbildung und kritisch-konstruktive Didaktik*. Weinheim: Beltz.

KMK (1996). Handreichungen für die Erarbeitung von Rahmenlehrplänen der Kultusministerkonferenz (KMK) für den berufsbezogenen Unterricht in der Berufsschule und ihre Abstimmung mit Ausbildungsordnungen des Bundes für anerkannte Ausbildungsberufe. o. O. (Stand 15. September 2000) (www.kmk.org./doc/publ/handreich.pdf).

Klauer, K. J. (1974). *Methodik der Lehrzieldefinition und Lehrstoffanalyse*. Studien zur Lehrforschung Band 10. Düsseldorf: Schwann.

Klauer, K. J. (1978). *Handbuch der Pädagogischen Diagnostik*. Band 1. Düsseldorf: Schwann.

Klix, F. (1971). *Information und Verhalten: kybernetische Aspekte der organismischen Informationsverarbeitung*. Einführung in naturwissenschaftliche Grundlagen der allgemeinen Psychologie. Bern: Huber.

Krapp, A. (1992). Das Interessenkonstrukt. Bestimmungsmerkmale der Interessenhandlung und des individuellen Interesses aus der Sicht einer Person-Gegenstands-Konzeption, In A. Krapp und M. Prenzel (Hrsg.), *Interesse, Lernen, Leistung. Neuere Ansätze der pädagogisch psychologischen Interessenforschung*. Münster: Aschendorff.

Krapp, A. & Prenzel, M. (1992). *Interesse, Lernen, Leistung. Neuere Ansätze der pädagogisch psychologischen Interessenforschung*. Münster: Aschendorff.

Küppers, B. O. (1986). *Der Ursprung biologischer Information: Zur Naturphilosophie der Lebensentstehung*. München: Piper.

Ledoux, J. (1998). *Das Netz der Gefühle*. München: C. Hanser.

Lenk, H. (1992). Handlung(stheorie). In H. Seiffert & G. Radnitzky (Hrsg.), Handlexikon zur Wissenschaftstheorie. München: dtv. S. 119-127.

Luhmann, N. (1997). *Die Gesellschaft der Gesellschaft*. Erster Teilband. Frankfurt/Main: Suhrkamp.

Macke, G. (1978). Gagnés Ansatz des kumulativen Lernens. In G. Macke, *Lernen als Prozess. Überlegungen zur Konzeption einer operativen Lehr-Lern-Theorie*. (Beltz Forschungsberichte.) Weinheim (Beltz). S. 247-257.

Macke, G. & Straka, G. A. (1981). Lehr-lern-theoretische Aspekte der Unterrichtsplanung. In *Schriftenreihe des Instituts für Lehrerfort- und –weiterbildung Mainz* (ILF), 34. Mainz.

Nenniger, P. (1986). The content-oriented task-motiv and its effects on the acquisition of knowledge and skills. In J. H. L. van den Berken, de Bruyn & Th. C. M. Bergen (Hrsg.), *Achievement and task motivation*. Berwyn: Swets North America Inc.

Nenniger, P. (1993). Von der summativen zur strukturellen Betrachtung des Unterrichts. Zu den theoretischen Folgen des methodologischen Zugangs der Unterrichtsforschung. *Empirische Pädagogik*, 7 (1), 21-35.

Oerter, R. (1997). Beiläufiges Lernen – nur eine beiläufige Angelegenheit? In H. Grube & A. Renkl (Hrsg.), *Wege zum Können: Determinanten des Kompetenzerwerbs*. Bern: Huber, S. 138-153.

Pekrun, R. (1998). Schüleremotionen und ihre Förderung: Ein blinder Fleck der Unterrichtsforschung. *Psychologie in Unterricht und Erziehung*, 44, 230-248.

Pekrun, R. & Schiefele, U. (1996). Emotions- und motivationspsychologische Bedingungen der Lernleistung. In F. E. Weinert (Hrsg.), *Psychologie des Lernens und der Instruktion*. Göttingen: Hogrefe. S. 153-180.

Pintrich, P. R. & De Groot, E. V. (1990). Motivational and Self-Regulated Learning Components of Classroom Academic Performance. *Journal of Educational Psychology*, 82, No. 1, 33-40.

Prenzel, M. (1986). *Die Wirkungsweisen von Interessen*. Köln: Westdeutscher Verlag.

Rahmenlehrplan Bank (1998). Bekanntmachung der Verordnung über die Berufsausbildung zum Bankkaufmann/zur Bankkauffrau nebst Rahmenlehrplan. *Bundesanzeiger* vom 5. Mai 1998.

Rheinberg, F. (1997). *Motivation*. Grundriss der Psychologie; Bd. 6. Stuttgart: Kohlhammer.

Roth, G. (1997[5]). *Das Gehirn und seine Wirklichkeit*. Kognitive Neurobiologie und ihre philosophischen Konsequenzen. Frankfurt/Main: Suhrkamp.

Roth, G. (1998). Ist Willensfreiheit eine Illusion? *Biologie in unserer Zeit*, 28, 2, 6-15.

Roth, G. (2001). *Affekte, Emotionen und Gehirn*. In M. Cierpka & P. Buchheim (Hrsg.), Psychodynamische Konzepte. Berlin: Springer.

Roth, H. (1973[14]). *Pädagogische Psychologie des Lehrens und Lernens*. Hannover: Schroedel.

Schiefele, U.; Hauser, & Schneider, (1979). „Interesse" als Ziel und Weg der Erziehung: Überlegungen zu einem vernachlässigten pädagogischen Konzept. *Zeitschrift für Pädagogik*, 25, 1-20.

Schmidt-Atzert, L. (1981). *Emotionspsychologie*. Stuttgart: Kohlhammer.

Schott, F; Neebs, K.-E. & Wieberg, H.-J. W. (1981). *Lehrstoffanalyse und Unterrichtsplanung*. Braunschweig: Westermann.

Schulz, W. (1980). *Unterrichtsplanung*. München: Urban und Schwarzenberg.

Schulz von Thun, F. (1992). *Miteinander reden: Störungen und Klärungen*. Band 1. Hamburg: rororo.

Stöckl, M. (2000). *Lehr-lern-theoretische Empfehlungen zur Gestaltung von Lernsoftware für ältere Erwachsene*. Hamburg: Verlag Dr. Kovac.

Straka, G. A. (1983). Lernen, lehren und bewerten. Stuttgart: Kohlhammer.

Straka, G. A. (2000). Lernen unter informellen Bedingungen (informelles Lernen). In Arbeitsgemeinschaft Qualifikations-Entwicklungs-Management (QUEM, Hrsg.), *Kompetenzentwicklung 2000: Lernen im Wandel – Wandel durch Lernen*. Münster: Waxmann. S. 15-70.

Straka, G. A. (2001) (a). Denn sie wissen nicht, was sie tun – Lernen im Prozess der Arbeit. In AG BWF, Projekt Qualifikations-Entwicklungs-Management (Hrsg.), *QUEM-report*. Schriften zur beruflichen Weiterbildung. Berlin. S. 161-167.

Straka, G. A. (2001) (b). Lern-lehr-theoretische Grundlagen der beruflichen Bildung. In B. Bonz (Hrsg.), *Didaktik der beruflichen Bildung*. Berufsbildung konkret Band 2. Baltmannsweiler: Schneider-Verlag. S. 6-30.

Straka, G. A. (2001) (c). Informelles, implizites Lernen und Coca Cola. *GdWZ* 6, 255-258.

Straka, G. A.; Lang, S. & Lange, U. (2000). Folgen des Lernfeldkonzepts für die Ermittlung von Lernergebnissen. *Zeitschrift für Berufs- und Wirtschaftspädagogik*. 96. Band, Heft 3. 433-441.

Straka, G. A. & Macke, G. (1979). *Lehren und Lernen in der Schule*. Stuttgart: Kohlhammer.

Straka, G. A.; Nenniger, P.; Spevacek, G. & Wosnitza, M. (1996). Motiviertes selbstgesteuertes Lernen in der kaufmännischen Erstausbildung. Entwicklung und Validierung eines Zwei-Schalen-Modells. In K. Beck & H. Heid (Hrsg.), Lehr-Lern-Prozesse in der kaufmännischen Erstausbildung. *Zeitschrift für Berufs- und Wirtschaftspädagogik*, Beiheft 13, 150-162.

Straka, G. A.; Stöckl, M. (1997). New learning formats and venues in the context of information and communication technologies. In M. Tessaring (Hrsg.), *European report on research and development in vocational education*. Thessaloniki: CEDEFOP. S. 116-122.

Straka, G. A.; Stöckl, M. & Kleinmann, M. (1992). Selbstorganisiertes Lernen für den Arbeitsplatz (SoLfA). *Wirtschaft- und Berufserziehung*, 44, 302-307.

Straka, G. A, & Zschüntzsch, M. U. (1999). Das habe ich mir praktisch angeeignet ...! *Berufsbildung* 60. 17-18.

Tulodziecki, G; Straka, G. A. (1998). Medien lern-lehrtheoretische betrachtet. In D. Euler (Hrsg.), *Berufliches Lernen im Wandel – Konsequenzen für die Lernorte?* Nürnberg: Institut für Arbeitsmarkt- und Berufsforschung der Bundesanstalt für Arbeit. S. 102-110.

Tyler, R. W. (1973). *Curriculum und Unterricht*. Düsseldorf: Schwann.

Weiner, B. (1986): *An attributional theory of motivation and emotion*. Berlin: Springer.

Weinstein, C. E. & Mayer, R. E. (1986). The teaching of learning strategies. In M. C. Wittrock (Hrsg.), Handbook of research in teaching. New York: Macmillan. S. 315-327.

Weinstein, C. E., Palmer, D. R. & Schulte, A. C. (1987): *Learning and study strategies inventory*. Florida: H & H Publishing Company, Inc.

von Weizsäcker, C. F. (1974). *Die Einheit der Natur: Studien*. München: dtv.

Willke, H. (1998). *Systemisches Wissensmanagement*. Stuttgart: Lucius & Lucius.

Wittgenstein, L. (1992[8]). *Tractatus logico – philosophische Tagebücher 1914 – 1916*. Band 1. Frankfurt/Main: Suhrkamp.

Sachregister

In dieser Reihe sind folgende Bände erschienen:

- *European views of self-directed learning. Historical, conceptional, empirical, practical, vocational.* Hrsg. von Gerald A. Straka (1997). Münster: Waxmann. Dieser Band ist nicht mehr lieferbar, er kann jedoch über die Homepage unter

  www.los-forschung.de

  abgerufen werden (Link: „Waxmann series").

- *Conceptions of self-directed learning. Theoretical and conceptional considerations.* Hrsg. von Gerald A. Straka (2000). Münster: Waxmann.